50 Jahre Slavisches Seminar der Universität Zür

Den Blick nach Osten weiten

50 Jahre Slavisches Seminar der Universität Zürich (1961–2011)

HERAUSGEGEBEN VON
PETER BRANG, GERMAN RITZ, SYLVIA SASSE, DANIEL WEISS

Der Band wurde aus Mitteln des Slavischen Seminars und
der Abel-Schmotkin-Spende finanziert.

Weitere Informationen zum Verlagsprogramm:
www.chronos-verlag.ch

© 2011 Chronos Verlag, Zürich
ISBN 978-3-0340-1099-3

Inhalt

Vorwort   7

Slavistik in Zürich. Jahre des Auf- und des Ausbaus (1960–1990)
Zur Vorgeschichte – Gründerjahre – Raumprobleme – Das Slavische Seminar und die OEG – Lehrtätigkeit – Eine zweite Professur – Sprachunterricht – Dringliches Erfordernis: Studentenaustausch – Studentenunruhe – Studierende – ihre Anzahl, ihre Interessen, ihre Herkunft, ihre Ziele – Seminarbibliothek – Russisch an Mittelschulen – Die Gründung des OPRJAŠ – Das MKS und die Entstehung der SAGS – Das Seminar als Dienstleistungsbetrieb – Forschungstätigkeit
PETER BRANG   13

Die Geschichte des Slavischen Seminars nach 1990
Entwicklung im Zeichen des Wandels – Die Zeit der Wirren – Neustarts 1991 und 1993 – Internationale Vernetzung – Stärkung der Rolle des Sprachunterrichts – Die Lehre in Slavischer Literaturwissenschaft – Entwicklung der Bibliothek – Lektorinnen und Lektoren – Zur Entwicklung nach 2000: Evaluationen und Bologna
GERMAN RITZ   65

Porträts

Slavische Literaturwissenschaft, Russische Kulturgeschichte und Komparatistik. Ein Rückblick auf die Jahre 1991–2008
JOCHEN-ULRICH PETERS   91

Die Unbeständigkeit der Faszination
GERMAN RITZ   101

Früher mobil, heute stabil. Porträt eines Spätheimkehrers
DANIEL WEISS   107

Verspätete Begeisterung
SYLVIA SASSE   113

Von der Dissertation zur Habilitation
Das Slavische Seminar Zürich aus der Sicht eines Mittelbauangehörigen
MARKUS GIGER   121

Eine ›Sechzigerin‹ blickt zurück
MONIKA BANKOWSKI-ZÜLLIG   127

»Eure und unsere wunderbare, mächtige und wohlklingende russische Sprache«
Bemerkungen eines Russischlehrers
WLADIMIR BITTER   135

Vom Slavischen Seminar in die Schule
THOMAS SCHMIDT   139

Interviews

»Literatur von der Sprache her angehen«
SYLVIA SASSE IM GESPRÄCH MIT PETER BRANG   145

»Die grosse Form liegt mir nicht«
SYLVIA SASSE IM GESPRÄCH MIT ILMA RAKUSA 159

»Themen werden umso interessanter, je mehr man über sie weiss«
STUDIERENDE UND ABSOLVENTEN ÜBER DAS STUDIUM DER SLAVISTIK   173

Studierendenstatistik 1961–1989, 1990–2011   194

Lizentiatsarbeiten und Dissertationen   198

Gastvorträge und Lesungen 1961–2010   210

Forschungsprojekte am Slavischen Seminar   218

Tagungen und Konferenzen   219

Vorwort

Slavistik 2011 in Zürich: das sind knapp 300 Studierende, ein in die Jahre gekommener Plattenbau in der Plattenstrasse, drei Professoren, fünf Assistierende, eine Oberassistierende, fünf Lehrpersonen für Bosnisch/Kroatisch/Serbisch, Polnisch, Russisch und Tschechisch, weitere MitarbeiterInnen in Sekretariat, Bibliothek und wissenschaftlichen Forschungsprojekten sowie 105 000 Bücher und Zeitschriften in der Bibliothek.

Mit diesem Band blicken wir gemeinsam zurück auf 50 Jahre Zürcher Slavistik, auf eine Zeit des Aufbaus und des permanenten Wandels. Davon zeugen nicht nur radikale politische Umbrüche wie der Fall des Eisernen Vorhangs, sondern auch unumkehrbare Schritte der Hochschulpolitik und bedeutende inhaltliche und methodische Entwicklungen in der literatur- und sprachwissenschaftlichen Forschung sowie in der Sprachvermittlung.

Slavistik ist heute kein exotisches Fach mehr, die Kenntnis slavischer Sprachen ist nicht mehr nur Slavisten und Muttersprachlern vorbehalten. Die politische Entwicklung der vergangenen 20 Jahre hat den östlichen Teil Europas auf eine andere Art und Weise erforschbar und erfahrbar gemacht, als das bis zur sogenannten Wende der Fall war. Und sie hat den östlichen Teil Europas über den ehemals unüberwindlichen Rand schwappen lassen: Migranten, Touristen und Magnaten aus dem Osten verändern direkt und indirekt das Studium und die Berufsperspektiven der Absolventen.

Diese ›Normalisierung‹ des Fachs hat nicht nur der Forschung, sondern auch dem Studium und der Lehre gut getan. Archive haben sich geöffnet, zumindest teilweise, Studierenden- und Dozierendenaustausch ist auf einem ganz anderen Niveau möglich. Allerdings stellt diese ›Normalisierung‹ die Slavistik vor neue Herausforderungen: AuslandsslavistIn zu sein bedeutet nun vor allem in der Literatur- und Kulturwissenschaft nicht mehr, vom Vorteil der freien Meinungsäusserung im Westen gegenüber den durch Ideologie behinderten oder durch Gefahren eingeschränkten Möglichkeiten des Forschers im Osten profitieren zu können. Die traditionell ideologiefernere Sprachwissenschaft war demgegenüber in sozialistischer Zeit einem weniger ausgeprägten politischen Druck ausgesetzt und konnte sich ungestörter entfalten. AuslandsslavistIn zu sein bedeutet nun, gleichzeitig Schritt halten zu müssen mit der Internationalisierung der Slavistik, deren Wissenschaftssprache immer deutlicher durch das Englische geprägt wird, mit der jeweiligen Heimatslavistik, welche die Archive vor der Tür hat und oft über ganz andere Ressourcen verfügt, und mit der fachlichen literatur- und sprachwissenschaftlichen Diskussion im Inland. Nur wenn die Slavistik disziplinär im eigenen Land anschlussfähig ist, wenn sie in der Forschung und in der Lehre gut vernetzt ist, kann sie eine wichtige Rolle in der Wissenslandschaft, in der intellektuellen Diskussion und öffentlichen Wahrnehmung spielen, ja eine eigentliche Aufklärungsfunktion übernehmen, besteht doch hierzulande immer noch eine gehörige Wissenslücke hinsichtlich des ethnisch, sprachlich, historisch und kulturell so vielfältigen ostmittel- und osteuropäischen Raums.

Die Forschung und Lehre auf diese dreifache Fragestellung auszurichten ist vielleicht die eigentliche Herausforderung der gegenwärtigen Slavistik. Was bedeutet das im Konkreten? Blickt man auf die Situation im Inland, also auf die Slavistik in der Schweiz, dann wird es in Zukunft darum gehen müssen, die slavistischen Standorte zu konsolidieren und – entgegen dem Trend der letzten 20 Jahre – wieder auszubauen. Dass die Zürcher Slavistik die vergangenen Jahre unbeschadet überlebt hat und sogar einzelne bescheidene Expansionsschritte möglich waren, hat sie in eine besondere Rolle beziehungsweise Position innerhalb der Schweizer Slavistik versetzt. Zürich ist in der Lage, und so soll es auch bleiben, Lehre und Forschung in der Ostslavistik (Russistik), Westslavistik (Polonistik und Bohemistik) und Südslavistik (Bosnisch/Kroatisch/Serbisch) anzubieten. Dass das so ist, hat auch mit der sanften Bologna-Reform der Universität Zürich zu tun. Im Unterschied zu anderen Universitäten in der Schweiz und im deutschsprachigen Ausland hat die Universität Zürich kein Major- und Minorsystem im BA eingeführt und kleine und mittelgrosse Fächer nicht in Monomaster gezwungen. So haben die grösseren (Russistik) und die kleineren Fächer (Polonistik, Bohemistik, Südslavistik) ihrer Grösse entsprechend in Haupt- und Nebenfächern erhalten bleiben können. Die grosse Nachfrage der Nebenfachstudierenden in der Slavistik bestätigt diese Entscheidung im Nachhinein. Die Erhaltung dieser vielfältigen Fächerstruktur aus Hauptfach und kleinem und grossem Nebenfach hat die Slavistik auch nicht dazu gezwungen, in einem *area studies*-Bereich Osteuropa aufgehen zu müssen. Ganz im Gegenteil, der Studiengang Osteuropastudien, der seit 2008 im BA und im MA angeboten wird, ersetzt die Slavistik nicht wie in vielen anderen Universitäten, sondern nutzt das disziplinäre Potenzial zum zusätzlichen Zusammenschluss mit jenen Fächern, die mit Osteuropa zu tun haben, der Osteuropageschichte und in Zukunft auch der Politikwissenschaft.

Die Slavistik in Zürich verfolgt also ein doppeltes Interesse, einerseits die Verankerung in der Disziplin und andererseits die stärkere Berücksichtigung einer interdisziplinären und zum Teil kulturwissenschaftlichen Perspektive, die wiederum fachbasiert ist. In der gegenwärtigen Forschung zeigt sich das in unterschiedlichen Projekten. In der Literaturwissenschaft wird in einem neuen Nationalfonds-Forschungsprojekt die Gerichtsrhetorik in sowjetischen und postsowjetischen Prozessen gegen Werke der Kunst und Literatur untersucht. Das Forschungsprojekt wird in enger Verbindung mit

Kollegen aus den Rechtswissenschaften durchgeführt. Analog gilt das Augenmerk in der Sprachwissenschaft seit drei Jahren dem Aufschwung der forensischen Linguistik im postsowjetischen Russland. Neben dieser interdisziplinären Vernetzung ist es für die literaturwissenschaftliche Slavistik natürlich zentral, sich in den Verbund der Literaturwissenschaften einzubringen. Zu diesem Zweck wurde 2009 ein von der Slavistik mitinitiiertes Forum geschaffen, das »Forum Literaturwissenschaft«, das in Zukunft die literaturwissenschaftliche Methodendiskussion zwischen den Philologien beleben und zudem in der Lehre für gemeinsame Veranstaltungen sorgen soll. Darüber hinaus engagiert sich die literaturwissenschaftliche Slavistik auch in zwei fächerübergreifenden Studiengängen, im BA und MA Allgemeine und Vergleichende Literaturwissenschaft sowie im MA Kulturanalyse.

In der Sprachwissenschaft, die neu in das Zürcher Kompetenzzentrum Linguistik (ZüKL) eingebunden ist und sich auch im fächerübergreifenden Master-Studiengang Historische Linguistik engagiert, besteht seit vielen Jahren ein Forschungsschwerpunkt im Bereich Sprache und Politik; während dieser bisher vorwiegend auf die sozialistische Zeit ausgerichtet gewesen ist, konzentriert er sich gegenwärtig auf die multimedial vermittelte implizite Kommunikation in postsozialistischen Parlamentsdebatten, Politikerinterviews und Talkshows, dies in enger Kooperation mit dem National Center of Competence in Research Democracy an der Universität Zürich.

Hinter den Projekten, Foren und Zentren steht selbstverständlich nicht nur der Austausch der DozentInnen, sondern eine gezielte DoktorandInnenausbildung. Mit Bologna hat sich nicht nur das Studium verändert, sondern auch die Doktoratsstufe: mehr Konzentration auf die Promotionsarbeit, weitere theoretische und methodische Ausbildung, Bezug zur Praxis, Austausch, das heisst Kolloquien, Sommerschulen und Tagungen mit Doktorierenden aus anderen Fächern und anderen Universitäten. Eigene Doktoratsprogramme lohnen sich für die Slavistik nicht, wir setzen eher auf den Verbund in den Disziplinen, so das an unserer Fakultät angesiedelte Doktoratsprogramm Linguistik, und auf eine Kooperation mit den Slavischen Seminaren in Basel, Bern, Freiburg im Üechtland und Konstanz.

Mit dem Blick ins slavischsprachige Ausland und auf die internationale Slavistik sind es vielleicht zwei Interessen, welche die Zürcher Slavistik verfolgt: zum einen eine institutionelle Kooperation mit Instituten und Kollegen in Bosnien, Kroatien, Polen, Russland, Serbien und Tschechien, zum anderen eine Vernetzung der Zürcher Slavistik mit anderen Slavistik-Instituten in der Schweiz und im internationalen Ausland, zu nennen sind hier die Humboldt-Universität zu Berlin, die Universität Konstanz, die Russische Staatliche Geisteswissenschaftliche Universität in Moskau, die Russländische Akademie der Wissenschaften in Moskau, die Universität Toruń und die Universität Berkeley.

Die wohl deutlichste Veränderung hat sich in den letzten 20 Jahren in den Möglichkeiten der Vernetzung mit Osteuropa ergeben. Bilaterale Verträge und Erasmuspartnerschaften ermöglichen nun, jenseits des Angebots der Rektorenkonferenz der Schweizer Universitäten für den Studierendenaustausch, Rahmenverträge mit konkreten Instituten und Lehrstühlen. So kann die Betreuung der Studierenden im Ausland durch die persönlichen Kontakte der Professoren besser organisiert und zudem finanziell unterstützt werden. Die Zürcher Slavistik wird in den nächsten Jahren vor allem versuchen, diese Möglichkeiten auszuschöpfen und dadurch nicht nur den Studierendenaustausch, sondern vor allem einen Austausch von Doktorierenden und Lehrenden in die Wege leiten. Möglich werden dadurch auch Workshops, die von Kollegen aus den Partnerinstituten veranstaltet werden.

Zur internationalen Verankerung eines Fachs gehören jedoch nicht nur die Kooperationsbeziehungen, sondern vor allem der intellektuelle Austausch, ein Transfer, der durch Publikationen, Konferenzen und gemeinsame Projekte immer besser gestaltbar ist. Ein wichtiger Teil dieses Transfers besteht für eine Auslandsslavistik darin, für die Übersetzung wichtiger literatur-, sprach- und kulturtheoretischer Texte aus den slavischen Ländern zu sorgen und die eigene Forschung in der jeweiligen Heimatslavistik sprachlich zugänglich zu machen. Nur so kann auch die Schweizer Slavistik ihr Fach in die hiesige und in die internationale Diskussion gebührend einbringen.

Es stehen aber noch andere Herausforderungen vor der Tür. Eine davon betrifft die Sprachausbildung. Die positiven Konsequenzen eines offeneren Europas zeigen sich überdies darin, dass wir Studienanfänger mit ganz unterschiedlichen Sprachkenntnissen auszubilden haben. Einige kommen aus Familien mit Migrationshintergrund und sind zum Teil schon den ›Secondos‹ zuzurechnen, andere haben Russisch-Kurse im Gymnasium besucht, einige wenige sogar ein Schuljahr in Osteuropa verbracht, wieder andere sind absolute Neueinsteiger. Alle sind willkommen und alle müssen ihren Vorkenntnissen entsprechend im Sprachunterricht berücksichtigt werden. Das ist eine schwierige Aufgabe, schliesslich ist das Deputat der Sprachdozenten begrenzt. Wie also kann man einigermassen homogene Gruppen schaffen und zugleich von der Heterogenität der Gesamtgruppe profitieren? Die Beantwortung dieser Frage ist nicht abgeschlossen, vielmehr muss hier – im Kontakt mit anderen slavistischen Instituten – nach innovativen und flexiblen Lehrmodellen gesucht werden, zum Beispiel nach integrativen Lehrkonzepten und Tandemunterricht, der individuell und zugleich für die Gruppe profitabel fördert. Hinzu kommt, dass der Sprachunterricht in der Universität gestalterisch wichtig ist für den Sprachunterricht in den Mittelschulen. Eine enge Zusammenarbeit von Lehrern, Verband und Uni liegt uns am Herzen, schliesslich sind es häufig unsere Absolventen, die den Russischunterricht an den Mittelschulen anbieten, und es sind unsere künftigen Studierenden, die sich an den Schulen bereits für Russisch interessieren.

Ein letzter Punkt sei noch erwähnt, der Bezug zur Praxis und zur Gegenwart. Immer wieder wird über die Praxisfähigkeit von geisteswissenschaftlichen Studiengängen diskutiert, gerade der BA sollte vom Konzept her praxisbezogener ausgerichtet sein. Doch was bedeutet Praxisnähe oder Praxisbezogenheit? Schliesslich ist es unsere vorwiegende Aufgabe, junge Menschen in unseren Disziplinen auszubilden, sie zum selbständigen Denken zu bewegen, zur selbständigen Formulierung von Argumenten und Thesen, ihnen beizubringen, woher man das Wissen bekommt, wie man sich dieses aneignet und weitervermittelt. Zu meinen, dass es sich dabei nicht um eine Praxis handelt, ist eine Illusion. Vielmehr sollte es verstärkt darum gehen, die Praxisrelevanz jener Techniken herauszustreichen, die man gerade im Studium lernt – oft eher implizit als explizit. Und schon im Studium kann man zeigen, was man mit diesen Fertigkeiten jenseits von ECTS-Punkten anfangen kann. Zu diesem Zweck hat die Zürcher Slavistik zum Beispiel 2008 eine Redaktion der Internetzeitschrift *novinki* eröffnet, bei der die Studierenden in Workshops die Gelegenheit haben, ihr slavistisches Wissen in der publizistischen Praxis anzuwenden.

Einen neuen Praxisbezug gewonnen hat auch unser akademischer Nachwuchs. Noch kaum je haben sich an unserem Institut Assistierende neben der Forschung an ihrem Dissertationsvorhaben und der Lehrtätigkeit so aktiv und selbständig am internationalen Konferenzgeschehen beteiligt, Sommerschulen besucht und ihre Beiträge in Fachorganen publiziert. Weit stärker als frühere Jahrgänge nimmt diese Generation die Herausforderungen des akademischen Betriebs aktiv an und wird sich so im internationalen Wettbewerb besser zu behaupten verstehen.

Praxisnähe, egal, wie man sie versteht, bedeutet auch Gegenwartsbezogenheit. Heutige Wissenstechniken und -praktiken sind nicht ohne die technischen Neuerungen der vergangenen Jahre zu denken. Aber nicht nur in Bezug auf die Praxis ist die Auseinandersetzung mit der Gegenwart auch im Studium zentral. Die Gegenwart ist jener Filter, vor dem sich historische Forschung überhaupt erst als notwendige Voraussetzung erweist. Dass die osteuropäische Gegenwart besonders spannend ist, davon profitiert die Slavistik. Nirgendwo sonst in Europa haben sich in den letzten Jahren so viele tief greifende Transformationsprozesse ereignet, deren Ausgang weder abgeschlossen noch vorhersehbar ist. Das Studium der Slavistik zwingt regelrecht dazu, die historischen Grundlagen dieser Prozesse zu erarbeiten, sich in einem noch nicht kanonisierten und abgeschlossenen kulturellen Feld zu bewegen und sich an den kulturellen Prozessen selbst auch zu beteiligen.

Der vorliegende Band ist ein Archiv der Zürcher Slavistik mit Dokumenten und Zahlen, die erstmals so publiziert werden. Er ist darüber hinaus ein Ort der Erinnerung: Erinnerung an historische und persönliche Ereignisse und Erlebnisse ganz unterschiedlicher Generationen von Slavisten am Slavischen Seminar und bei ihrer Forschungstätigkeit in Osteuropa. Dass er als Archiv und Erinnerungsschrift auf diese

Weise zustande kommen hat können, ist vor allem dem privaten Archiv von Peter Brang zu verdanken. Und mit Archiv ist hier nicht nur das minutiöse Sammeln und Ablegen von Fakten gemeint, sondern vor allem ein schon fast unheimliches Erinnerungsvermögen, das die Arbeit an diesem Buch auch für die heutige Generation zu einer Entdeckungsreise durch die mal ruhigen, mal stürmischen Fahrwasser der letzten 50 Jahre hat werden lassen.

Slavistik in Zürich
Jahre des Auf- und des Ausbaus (1960–1990)

PETER BRANG

Zur Vorgeschichte

»Von einer Slavistik in der Schweiz kann nur unter Vorbehalt gesprochen werden.« Mit diesen skeptischen Worten leitete 1929 der russische Philologe Sergej Karcevskij, der 1907 als politischer Flüchtling nach Genf gekommen war und sich dort 1927 habilitiert hatte, den kurzen Bericht über die Situation der slavenkundlichen Lehre und Forschung an den Schweizer Universitäten ein, den er im ersten Band der Prager *Slavischen Rundschau* veröffentlichte.[1]
In der Tat besass damals keine der Schweizer Universitäten einen Lehrstuhl für Slavische Philologie; später noch als in den Nachbarstaaten wurde dieses Fach in den Kanon der anerkannten Philologien aufgenommen. Die relativ späte Institutionalisierung von Lehr- und Forschungsstätten, die sich mit der slavischen Welt befassen, hat ihre Gründe. Die Schweiz hatte, anders als die Donaumonarchie und Preussen, keine slavischen Minderheiten, sie hat keine gemeinsame Grenze mit slavischen Ländern. Es gab aber auch keine bündnispolitischen Interessen, die eine Förderung der slavischen Studien nahelegten, wie in England und Frankreich. Zudem stellte sich und stellt sich in dem mehrsprachigen Land, anders als in anderen westeuropäischen Staaten, zwingend die Aufgabe, den Austausch und Ausgleich zwischen seinen verschiedenen Sprachregionen zu fördern.
Auch an der Universität Zürich haben sich die slavistischen Studien erst allmählich und nicht sehr kontinuierlich entwickelt. Weder die bemerkenswert frühe Habilitation des Thurgauers Friedrich Haag im Jahr 1872 für Russische und bulgarische Sprache (Privatdozent 1878–1883) – er hielt im Wintersemester 1881/82 erstmals ein Seminar über Puškins Versroman *Evgenij Onegin* – noch die Anwesenheit recht starker Gruppen von slavischen Studentinnen und Studenten seit den späten 1860er Jahren und bis 1914 bewirkten, dass man die Slavische Philologie als Fach einführte. Allerdings gab es hin und wieder Vorlesungen und andere Lehrveranstaltungen über

---

1 Sergej Karcevskij, »Die Slavistik in der Schweiz«, in: *Slavische Rundschau*, Bd. 1, Prag 1929, 248 f.

slavische Sprachen und Literaturen oder aus anderen Gebieten der slavischen Kulturen; namentlich Eduard Schwyzer und Manu Leumann boten gelegentlich solche an. Zwischen 1921 und 1936 hatte der aus Russland emigrierte A. V. Leontieff an der Zürcher Universität einen Lehrauftrag für *Russische Sprache und Literatur.*
Seit 1936 wurde das Fach Slavistik durch Ernst Dickenmann (1902–1985) vertreten. Er hatte in Berlin bei Max Vasmer mit der Arbeit *Untersuchungen zur Nominalkomposition im Russischen* 1934 promoviert und sich in Zürich 1936/37 für *Slavische Philologie mit besonderer Berücksichtigung der sprachlichen Seite* habilitiert. Von 1941 an wirkte er als Privatdozent zugleich an der Universität Bern; 1945 wurde er in Zürich zum Titularprofessor, 1946 in Bern zum Extraordinarius, 1957 auch in Zürich zum persönlichen und 1958 zum vollamtlichen Extraordinarius ernannt; 1960 folgte er dem Ruf auf ein Ordinariat nach Münster in Westfalen, wo er während der acht Jahre bis zu seiner Emeritierung als Direktor dem Slavisch-Baltischen Seminar vorstand. Dickenmanns Habilitationsschrift trug den Titel *Studien zur Hydronymie des Savesystems* (Bd. I 1939, Bd. II 1966). Er wies nach, dass die meisten Gewässernamen des mittleren Savesystems slavischen Ursprungs sind. Dickenmanns Hauptarbeitsgebiete lagen in der Onomastik – er war seit 1949 Mitherausgeber der *Beiträge zur Namenforschung* –, dazu im Bereich der Wortbildung und der Etymologie; 1977 veröffentlichte er eine Studie zu den russischen Pferdenamen. Während seiner Schweizer Zeit hatte Dickenmann erhebliche Mühe, die Anliegen der Slavistik durchzusetzen, das Fach wurde noch immer als Anhängsel der Indogermanistik betrachtet; bei den allgemein niedrigen Studentenzahlen wurde die Tatsache, dass er eine reiche Privatbibliothek an Slavica besass, zum Argument gegen die Schaffung eines Slavischen Seminars.
Als Lektor für Russisch wirkte an der Eidgenössischen Technischen Hochschule (ETH) und der Universität Zürich von 1959 bis zu seinem Tod (1963) Kita Tschenkéli, der sich vornehmlich durch seine zweibändige *Einführung in die georgische Sprache* (1958) und das dreibändige *Georgisch-Deutsche Wörterbuch* (1960–1974) verdient gemacht hat.

Gründerjahre

Fast überall in den westlichen Ländern und in den USA brachten die 1950er und 60er Jahre einen zügigen Ausbau der Slavistik, die Einrichtung von Lehrstühlen und Seminaren. Der Hamburger Slavist Dietrich Gerhardt nannte das Fach gelegentlich einen Kriegsgewinnler. Tatsächlich verhalf leider erst der Zweite Weltkrieg der Slavenwelt zu vermehrter Beachtung. Auch der Kalte Krieg, der ihn bald ablöste, spielte eine Rolle. Noch Anfang der 1950er Jahre gab es im westlichen Deutschland nur vier Lehrstühle für Slavische Philologie: in München (1911), Hamburg (1919–1933, erneut 1946), Göttingen (1936) und Berlin an der Freien Universität (1949). Daneben bestanden in der DDR Leipzig (1870) und Berlin (1874); die Lehrstühle in Breslau (1842) und Königsberg (1914) existierten nicht mehr.

In Zürich standen nach der Wegberufung von Ernst Dickenmann Fakultät und Behörden vor der Frage, wie mit diesem Fach zu verfahren sei. Die wachsende Bedeutung der slavisch-osteuropäischen Welt war nicht zu übersehen; es wurde immer deutlicher, dass auch die kleine und neutrale Schweiz Spezialisten benötigen würde, welche ein tieferes Verständnis der slavischen Kulturen besassen. Die Emigranten und die schweizerischen Remigranten, welche ihre Kenntnisse über die Slavenwelt weitergegeben hatten, standen für diese Tätigkeit aus Altersgründen immer weniger bereit. Auch setzte sich die Einsicht durch, dass es keine Lösung war, »ein Lektorat als Ersatz für eine Professur einzurichten«, ein Vorgehen, vor dem der Byzantinist Karl Krumbacher bereits am Anfang des Jahrhunderts in seiner Schrift *Der Kulturwert des Slawischen und die slawische Philologie in Deutschland* gewarnt hatte: »Ein Lektor im üblichen Sinne könnte die wissenschaftliche Seite nicht vertreten und würde ihrer Vertretung vielleicht sogar den Weg verbauen.«[1] Ebendies war an den Schweizer Universitäten, nicht nur in Zürich, zum Teil der Fall gewesen. Zudem eröffnete, wie überall im Westen, die wirtschaftliche Prosperität der Nachkriegsjahre nun neue finanzielle Möglichkeiten.

Im Herbst 1960 wurde der Verfasser dieses Berichts (geboren 1924) zum Beginn des Sommersemesters 1961 auf ein neu geschaffenes Extraordinariat für Slavische Philologie berufen, damit verbunden war die Gründung des Slavischen Seminars. So wurde mir die ›Gnade des Anfangs‹ zuteil. Ich hatte 1952 in Marburg mit *Untersuchungen über Puškins Verhältnis zur Sprache* promoviert und mich in Bonn 1959 mit einer Arbeit zur russischen Prosa im 18. und frühen 19. Jahrhundert habilitiert (*Studien zu Theorie und Praxis der russischen Erzählung. 1770–1811*). Die Zürcher Fakultät verlangte von mir beim ›Probesingen‹ (im Mai 1960) zwei Vorträge zu hören. Ich sprach über *Schriftreformen bei den Slaven und ihre geistesgeschichtlichen und politischen Hintergründe* und über *Das Duell im russischen Leben und in der russischen Literatur*. Die Fakultät hatte gewünscht, »ein Thema der sprachlichen und eines der literarischen Richtung« vorzubereiten. Das war verständlich, da zunächst für das Gesamtfach nur eine Professur eingerichtet werden sollte – die Philosophische Fakultät bestand damals aus kaum mehr als 30 Professoren und nicht wie heute aus mehr als 120. Ein eigener Lehrstuhl speziell für Slavische Sprachwissenschaft sollte denn auch erst 1974 hinzukommen.

Das Seminar war anfangs im ›Schönleinzimmer‹ untergebracht, im Dachstock des Hauptgebäudes der Universität. Im Herbst 1961 erhielt es mehrere sehr stilvolle

---

1 Karl Krumbacher, »Der Kulturwert des Slawischen und die slawische Philologie in Deutschland« (1908), in: Ders., *Populäre Aufsätze*, Leipzig 1909, 371.

Räume an der Florhofgasse 11, in einem alten, verwinkelten Haus, das auch das Indogermanische und das Klassisch-Philologische Seminar beherbergte. Im Januar 1964 wurden diese fünf – eher kleinen – Seminarräume mit einer Feier in Anwesenheit von Erziehungsdirektor Dr. Walter König eingeweiht. Prof. Margarete Woltner aus Bonn behandelte in ihrem Festvortrag das Thema *Utopischer Roman und ›wissenschaftliche Phantastik‹ in Russland*. Mir bot sich die Gelegenheit, den allgemeinen Werdegang der slavistischen Studien in Westeuropa zu schildern und meine Konzeption des Fachs vorzustellen: Slavische Philologie als Erforschung der slavischen Sprachen und Literaturen auf dem Hintergrund der Geschichte und Kulturgeschichte der slavischen Völker. Es gab schweizweit ein lebhaftes Presseecho, wie man es sich heute für universitäre Anlässe gerne wünschen möchte. Die Zahl der Studierenden, die bei Beginn kaum über zehn lag, nahm schnell zu, bis zum Herbst 1965 betrug sie insgesamt etwa 30, im Wintersemester 1968/69 stieg sie auf 55, im Wintersemester 1972/73 auf 71. Die Bibliothek wuchs rasch, da der Regierungsrat den 1960 beantragten einmaligen Ausstattungskredit von 50 000 Franken und einen jährlichen, ordentlichen Kredit von 5000 Franken bewilligt hatte. In der Fakultät erregte dies Aufsehen, der Jahreskredit des Romanischen Seminars betrug damals 4000 Franken, derjenige der Psychologen 4500 Franken. Bei der Einweihung umfasste die Seminarbibliothek bereits 7000 Bände.

Neben dem Aufbau der Bibliothek bestand eine der ersten Aufgaben darin, das Fach in die Studienreglemente einzubringen. Gemäss dem Antrag vom 26. April 1961 wurde Slavische Philologie im Sommer 1961 als Haupt- und Nebenfach in die Promotionsordnung und das Lizentiatsreglement aufgenommen, Russische Sprache und Literatur zugleich als Nebenfach. Im Februar 1963 stimmte der Erziehungsrat der Aufnahme von Russisch als Nebenfach in das Diplomprüfungsreglement für das Höhere Lehramt zu, wobei eine Zusatzbestimmung den Verhältnissen jener Zeit Rechnung trug: »Für das Russische kann der Nachweis eines Aufenthalts im betreffenden Sprachgebiet erlassen werden.« Somit war eine wesentliche Voraussetzung dafür geschaffen, dass Russisch an Gymnasien gleich wie andere Sprachfächer von staatlich diplomierten Lehrkräften unterrichtet werden konnte. 1967 wurde dem Wunsch nicht weniger Studierender, nach einem Studium mit dem Hauptfach Slavistik an einer Mittelschule Russisch zu unterrichten, dadurch Rechnung getragen, dass ein Mittelschulhauptfach, wie zum Beispiel Englisch oder Deutsch, im Lizentiatsstudium auf Sprache und Literatur aufgeteilt, in der Diplomprüfung aber (nach gewissen Zusatzleistungen) zum Hauptfach zusammengelegt werden konnte. Diese von den Slavisten initiierte Regelung, die 1970 in die Prüfungsordnung Eingang fand, kam auch anderen Fächern zugute, die am Gymnasium nur als Nebenfach unterrichtet wurden, wie beispielsweise Kunstgeschichte, Musikwissenschaft oder Philosophie. Die Einführung des Gymnasialtyps D in die Maturitätsanerkennungsverordnung (1972) eröffnete die Möglichkeit, nach einem entsprechend ausgerichteten Slavistikstudium

Das Seminargebäude Florhofgasse 11, I. Stock (1962–1966)

(»80% Russistik«) das Russische an Gymnasien als Hauptfach zu unterrichten; und seit 1974 war Russisch ebenso wie Spanisch im Zürcher Diplomprüfungsreglement als Hauptfach vertreten.

Auf den Beginn des Sommersemesters 1964 wurde das Extraordinariat für Slavische Philologie in ein Ordinariat umgewandelt. Einem Ruf an die Universität Bonn im Mai 1965 leistete ich nicht Folge, wofür sich die Studierenden mit einer heute kaum mehr denkbaren Manifestation bedankten: mit einem Fackelzug.

Raumprobleme

Angesichts der steigenden Studentenzahlen und wegen des raschen Wachstums der Seminarbibliothek reichten die Räumlichkeiten im Florhof bald nicht mehr aus. Der Abschied von diesen familiär-intimen Räumen fiel allen schwer – es musste jedoch dringend eine andere Lösung gefunden werden. Zu Beginn des Wintersemesters 1966 konnte das Seminar zusammen mit dem Volkskundlichen Seminar und dem Soziologischen Institut vom Kanton angemietete Räume in einem modernen Neubau am Zeltweg 63 beziehen; damals umfasste die Bibliothek 12 000 Bände. Bald geriet man auch hier wieder in Raumnot, die Zahl der Studierenden wie die der Bücher wuchs. Schon 1969 und erneut 1971 meldete der Seminarleiter den

Das Seminargebäude Zeltweg 63, später auch 67 (1966–1981). Die Seminarräume im zweiten Stock

Das Seminargebäude Plattenstrasse 43 im Rohbau (1980)

kommenden Bedarf an. Wenig später begannen die Universitätsbehörden mit der Planung eines Neubaus an der Plattenstrasse 43, in enger Nachbarschaft zur dort beheimateten Steinerschule und zum Englischen Seminar in der Villa Wehrli. Vorläufig aber mussten Interimslösungen gefunden werden. Eine von ihnen war die Zuweisung von zwei Räumen des Volkskundlichen Seminars, das Anfang Mai 1973 den Zeltweg verliess, eine andere im Herbst 1977 die Zumietung zweier weiterer Räume im Haus Zeltweg 67.

Bereits Ende 1972 legten die Universitätsbehörden ein erstes Projekt für ein neues Gebäude vor. Der Plan bezweckte die Schaffung eines ›Philologischen Zentrums‹ – neben der Slavistik würde auch die Vergleichende Literaturwissenschaft darin untergebracht werden. Das Untergeschoss sollte 480 Quadratmeter Bücherstellfläche bieten, schon damals wurde an Kompaktanlagen gedacht. Ende 1974 übermittelte

Umzug des Seminars an die Plattenstrasse 43, 17. September 1981 (oben, von links: R. Zett, K. Brang, C. Stieger, A. Herold, P. Surber, A. Horvath, R. Schmid, E. Hess-Kasprzak, M. Bankowski-Züllig, S. Roth, W. Maurer, B. Weideli, R. Schibli) (unten von links: A. Horvath, A. Herold, E. Hess-Kasprzak, C. Stieger, S. Roth, M. Bankowski-Züllig)

das Slavische Seminar dem Baukoordinator der Universität eine detaillierte Aufstellung seiner Raumbedürfnisse. Das Projekt hätte den Raumbedarf auf lange Zeit hin befriedigt, wurde jedoch aus städtebaulich-ästhetischen Gründen verworfen – der Neubau hätte nicht in das Quartier gepasst. Für sich genommen hätte er mit seinen riesigen Glasflächen der Gebäudeästhetik des Jahres 2010 sehr wohl entsprochen. Im Herbst 1976 wurde ein etwas reduziertes Projekt präsentiert, das sich besser in die Architektur des Quartiers eingliederte; es sollte wiederum nicht nur den Raumbedarf des Slavischen Seminars, sondern auch denjenigen des Seminars für Vergleichende Literaturwissenschaft (Prof. Hans-Jost Frey) mit der Abteilung Literaturkritik (Prof. Werner Weber) decken. Die Finanzmittel von 4,75 Millionen Franken wurden vom Kantonsrat am 21. Februar 1979 bewilligt. Pikanterweise sprachen sich dabei Vertreter der SP gegen den Antrag aus: »Für ein vermehrtes Studium der Slavistik

> Karl Krumbacher:
>
> DER KULTURWERT DES SLAWISCHEN UND DIE
> SLAWISCHE PHILOLOGIE IN DEUTSCHLAND   (1908)
> (In: Populäre Aufsätze. Leipzig 1909. Nr. 24)
>
> Dreifach geteilt ist die christliche Welt. Germanen, Romanen und Slawen sind es, aus denen sie sich zusammenbaut. Die kleineren Völker, wie die Reste der Griechen, Albanesen, Armenier und Magyaren kommen heute für die weltgeschichtliche Rechnung wenig in Betracht und ändern jedenfalls nichts am Gesamtbild. Jede der drei grossen Völkergruppen, die durch das Merkmal der Sprache deutlich geschieden sind, hat sich ihr eigenes Christentum herausgebildet: die Romanen gehören vorwiegend zur römisch-katholischen, die Slawen vorwiegend zur griechisch-orthodoxen, die Germanen vorwiegend zur protestantischen Kirche. Dass die religiöse Spannung derart mit der nationalen zusammentrifft, ist kein Zufall und beruht nicht bloss auf historischen Ereignissen, sondern zu einem grossen Teil auch auf tiefliegenden seelischen Eigenschaften der drei Völkerfamilien.
> Die Höhe und Ausbreitung der Kultur bei den drei grossen Völkergruppen steht im geraden Verhältnis zu ihrer Zahlenstärke. Die Germanen behaupten gegenwärtig die führende Stellung, ihnen folgen die Romanen, dann in erheblichem Abstand die Slawen. Im Altertum und Mittelalter besass, wenn wir von der älteren griechischen Periode und ihrer nur für den Osten gültigen byzantinischen Fortsetzung absehen, die lateinisch-romanische Welt die Vorherrschaft. Ob diese Vorherrschaft später einmal den Slawen, der zeitlichen Folge ihres Eintritts in die Weltkultur gemäss, zufallen wird, ist zweifelhaft. Denn die entwicklungsgeschichtliche Konstruktion, auf der eine solche Annahme beruht, ist von der Beobachtung der biologischen Stufen des Individuums hergenommen; es ist aber nicht erwiesen, so beliebt auch der Vergleich ist, dass der Begriff der menschlichen Al-

Titelseite der 1964/65 im Seminar hergestellten, auf dem «Umdrucker» vervielfältigten Abschrift eines programmatischen Aufsatzes des Münchener Byzantinisten; 1981 besorgte die Zürcher Universitätshausdruckerei einen Reprint aus dem Band von 1909

besteht gar kein Bedürfnis, diese Leute finden gar keine Beschäftigung.« Aber der Rat stimmte mit 79 gegen 30 Stimmen zu.
Vom 15. bis 17. September 1981 fand unter kräftiger Mithilfe der Studierenden der Umzug des Seminars vom Zeltweg 63 und 67 an die Plattenstrasse 43 statt, am 28. Mai 1982 folgte die offizielle Einweihungsfeier in Anwesenheit der Regierungsräte Alfred Gilgen (Erziehungsdirektor) und Albert Sigrist (Baudirektor). Sie war mit einer Ausstellung über verschiedene slavenkundliche Themen verbunden: *Geschichte und*

Umzug der RBC (Russkaja Bibliotheka v Cjuriche) in das Slavische Seminar am 13. Juli 1983 (G. Ritz, unbekannt, R. Zett, V. Fedjuschin, E. Hess-Kasprzak, M. Bankowski-Züllig, W. Maurer

Verbreitung des Slavischen; Die Schweiz als Druckort slavischer Bücher; Slavische Studenten an der Universität Zürich 1865–1875; Slavisch-schweizerische literarische Wechselbeziehungen; Die russische Ikone; Der russische Formalismus und Strukturalismus; Die schweizerisch-slavische Wechselseitigkeit. Die oben erwähnte 50-seitige Schrift des Byzantinisten Karl Krumbacher über den *Kulturwert des Slavischen*, eine eindringliche Warnung vor der Vernachlässigung der Slavenwelt, war von der Hausdruckerei der Universität in mehr als 300 Exemplaren nachgedruckt worden; diesen Text hatten wir schon 1967 zur Seminareinweihung im Zeltweg abgeschrieben (!) und auf dem Umdruckapparat in 100 Exemplaren vervielfältigt, um die Öffentlichkeit – aber auch die Studierenden! – zu informieren. Im Druck lag überdies die Broschüre *Slavisches Seminar der Universität Zürich. 1961–1981* vor. Die Bibliothek umfasste zu jener Zeit 43 000 Bände.

Die Schweizer Landesregierung beschloss am 1. September 1982, den von ihr gemäss Hochschulförderungsgesetz zu leistenden ordentlichen Beitrag von 1,34 Millionen Franken »an die Errichtung und Ausstattung des Neubaus für Slawistik und Vergleichende Literaturwissenschaft der Universität Zürich um 194 000 Franken aufzustocken«. Das Eidgenössische Departement des Innern (EDI) sprach in einer Mitteilung »von einem eigentlichen Zentrum der Osteuropaforschung in Zürich.« In der Tat sei dort, so hiess es, »neben der Gesamtslawistik auch das Fach osteuropäische Geschichte stark vertreten. In Zürich werden die Hälfte aller Schweizer Slawisten ausgebildet, und mehr als die Hälfte der Gesamtpublikationstätigkeit geht von dort aus.«

Bereits während der späten 1980er Jahre mussten für den im Souterrain untergebrachten Hauptteil der Bibliothek Kompaktanlagen installiert werden, zumal im April 1983 die von Heimkehrern aus Russland und Exilrussen 1927 gegründete Russkaja Biblioteka v Cjuriche, etwa 6000 Titel mit circa 180 Laufmetern, dem Seminar geschenkt worden war; sie wurde mithilfe eines Sonderkredits neu katalogisiert. Der Bedarf an Übungs- und Arbeitsräumen hingegen war nun vorerst befriedigt, weil die Vorlesungen weiterhin im Hauptgebäude stattfanden. Dieses war jetzt nur noch halb so weit entfernt wie zuvor, die Zeit des ›Exils am Zeltweg‹ war vorüber.

Die Mitarbeitenden

In jeder Ansprache bei Seminareinweihungen oder anderen Anlässen gab es, und auch in diesem Bericht hier gibt es guten Grund, mit Nachdruck darauf hinzuweisen, dass alles jeweils Erreichte sich der Mithilfe, dem Einsatz sehr vieler Einzelner verdankt. Neben den Lehrbeauftragten und Lektoren waren es die Assistentinnen, die Assistenten und die Sekretärinnen, die den Aufbau des Seminars ermöglichten. Zu Beginn wurde 1961 lediglich eine Assistentenstelle bewilligt; eine zweite kam 1966 hinzu, eine dritte 1971; und später wurde Prof. Zett auf seinen Amtsantritt 1974 hin eine vierte bewilligt beziehungsweise, wie es heute heissen würde, von ihm eingeworben; dazu erhielt er eine halbe Sekretärinnenstelle – solche Stellen waren inzwischen in Deutschland üblich geworden, in Zürich kannte man sie nur an grossen Seminaren.

Schweizer, welche die Assistentenstelle hätten übernehmen können, gab es 1961 zunächst nicht. Während der ersten zwei Jahre versah die Stelle Julyan Watts, ein mir von Prof. Elsa Mahler empfohlener, damals in Basel arbeitender B.-A.-Absolvent von Cambridge mit vorzüglichen Russischkenntnissen, aber wenig Sitzfleisch. Er wechselte denn auch nach zwei Jahren zu einer internationalen Organisation. Aber nach vier Semestern waren die ersten Studierenden so weit, dass sie, noch vor dem Abschlussexamen, Assistentenpflichten erfüllen konnten. Ihre wichtigste Aufgabe war die Mitarbeit beim Aufbau und bei der Verwaltung der Bibliothek – für diese Tätigkeit waren möglichst ausgedehnte slavische Sprachkenntnisse erforderlich. Im Weiteren ging es um die allgemeine Verwaltung des Seminars und die Rechnungslegung, um die Mithilfe bei der Vorbereitung und Durchführung der Lehrveranstaltungen, um die Beratung der Studierenden und die Vertretung des Seminars nach aussen. Eine Ganztagsstelle erhielt 1963 als erste Rosmarie Schlinger. Später wurden die Stellen

Rosmarie Schlienger-Locher und P. Brang, im Seminar Florhofgasse 11, 23. Januar 1964

zumeist geteilt, boten sie doch eine gewisse finanzielle Sicherung des Studiums, wiewohl das Salär insbesondere für die, welche noch keinen Studienabschluss hatten, nicht eben fürstlich war. Es gab recht häufige Wechsel vor allem deshalb, weil, wer eingearbeitet war, in der Regel nach einem Stipendienaufenthalt im slavischen Ausland oder nach sonstigem auswärtigem Studienaufenthalt wieder Anspruch auf die frühere Stelle haben sollte. Wie Rosmarie Schlienger waren, meist mit Unterbrechungen, später als Assistenten zunächst Ute Spengler und Hans-Peter Stoffel tätig, sodann Christian Weiss, Elisabeth Baur-Goślicka, Monika Bankowski-Züllig, Ilma Rakusa, Regula Schmid, Helena Kanyar, Daniel Weiss, Stefan Speck, Lorenzo Amberg, German Ritz, teilweise während jeweils sechs Jahren. Es können hier nicht alle genannt werden. Wir haben jedoch versucht, in der beigefügten Namenliste möglichst niemanden zu vergessen (Anhang, S. 195–197). Besonders lange blieb dem Seminar Regula Schmid verbunden, denn nach ihrer Promotion übernahm sie die Stelle einer Wissenschaftlichen Mitarbeiterin – eine der vier Assistentenstellen war 1974 in eine solche umgewandelt worden. Sie hatte vor allem Koordinationsaufgaben bei der Verwaltung des immer grösser werdenden Seminars zu versehen, beteiligte sich auch mit Engagement an der Lehre und wirkte zudem umsichtig bei den langwierigen Planungen für das Seminargebäude an der Plattenstrasse mit.

Das Slavische Seminar und die Abteilung Osteuropäische Geschichte des Historischen Seminars (OEG)

Von Anfang an stand für mich fest, dass die Zürcher Slavistik in möglichst naher Zukunft durch eine Professur für Osteuropäische Geschichte ergänzt werden müsse; die Leiter des Historischen Seminars gewährten diesem Anliegen sehr bald bereitwillige Unterstützung. Am 13. Dezember 1962 fand eine erste Sitzung im Hinblick auf die Äufnung eines Grundstocks von Büchern zur Geschichte Osteuropas statt. Für die Jahre 1962 und 1970 bewilligten die Behörden je 10 000 Franken, in der Folgezeit wurden etwa 1000 Bände angeschafft. Aber erst 1971 konnte eine Professur eingerichtet werden, auf die Prof. Carsten Goehrke berufen wurde. Sowohl der Seminarleiter der Slavistik als auch die Studierenden hatten sich gewünscht, dass nicht ein ›Osteuropa-Institut‹ geschaffen werde (es gab solche Erwägungen); die Osteuropäische Geschichte sollte bei den Historikern angesiedelt werden und die Slavistik eine ›Philologie‹ bleiben wie Anglistik oder Romanistik. Dieser Wunsch traf sich mit den Vorstellungen des Berufenen. Trotz und teilweise vielleicht auch wegen dieser Selbständigkeit beider Fachrichtungen hat sich bald eine enge interdisziplinäre Zusammenarbeit in Lehre und Forschung zwischen dem Slavischen Seminar und der OEG herausgebildet, die nun schon bald 40 Jahre währt. Es wurden eine ganze Reihe von Seminaren gemeinsam geführt. Interesse fanden besonders die Seminare *Messianismus bei den Slaven, Russische Memoiren und Tagebücher, Geschichte und Volksliteratur bei den Slaven* (alle Brang/Goehrke), *Altslavische Aktenkunde, Das Problem der ostslavischen Ethnogenese* (Zett/Goehrke). Und es wurden gemeinsame Exkursionen unternommen. Die Zusammenarbeit lag nicht zuletzt deshalb nahe, weil viele Studierende der Osteuropäischen Geschichte zugleich Slavische Philologie oder Russische Sprache und Literatur studierten und umgekehrt.

Lehrtätigkeit

Die Zahl der Studierenden lag am Anfang, wie erwähnt, unter 20, sie stieg in den folgenden Jahren aber kontinuierlich an: Im Wintersemester 1965/66 lag sie bei 30, im Wintersemester 1968/69 bei 55 (es waren unter anderem einige Flüchtlinge aus der Tschechoslowakei hinzugekommen) und im Wintersemester 1972/73 bei über 70 (diese Erhöhung war teilweise der Gründung der OEG zu danken).
Auch wo die Konzeption von der Slavischen Philologie als einer Einheit besteht, muss sich die Lehre natürlich auf bestimmte Gebiete beschränken. Während der 13 Jahre bis zur Errichtung einer zweiten Professur stand die russische Literatur und Kultur von ihren Anfängen bis in die Gegenwart im Vordergrund des Angebots von Vorlesungen und Seminaren. Der Slavenwelt als einer Gesamtheit wurde durch Vorlesungen über *Die Slaven* Rechnung getragen, durch Übungen zu Altkirchenslavisch, Altpolnisch, Altserbisch und Altrussisch, durch Vorlesungen speziell zur polnischen und zu den südslavischen Literaturen, schliesslich durch die Integration von Themen aus verschiedenen slavischen Sprachen in Seminare und Übungen mit allgemein literaturwissenschaftlicher Thematik.

Seminarübung zur Nestorchronik im Slavischen Seminar Florhofgasse 11, Januar 1964 (von links: J. Šakić, U. Spengler, R. Schlienger-Locher, J. Wild-Luczak, Chr. Weiss, L. Bächtold-Robert, E. Baur-Goślicka, H.-P. Stoffel, Hanni Dorman (?), A. Braunschmidt-Engel)

Seminarausflug ins Muotatal und die Höllgrotten, 11. Juli 1962 (von links: L. Bächtold-Robert, M. Bankoul, R. Schlienger-Locher, P. Brang, J. Watts, Liliana Saladin, H.-P. Stoffel, Elke Noltenius)

Thematik und Methodik waren auch durch die gegebenen Verhältnisse mitbestimmt. Die Literatur musste vor dem Hintergrund der osteuropäischen Geschichte und Kulturgeschichte betrachtet werden, weil deren Kenntnis von den Gymnasien in jener Zeit noch wenig gefördert wurde. Die russische Literatur wurde nach Perioden unterrichtet: die altrussische gemäss ihrem Kiewer und Moskauer Zeitalter, dann diejenige des 18. Jahrhunderts, das 19. Jh. jedoch gemäss den bedeutenden Schriftstellern, auch diese jeweils in ihrer Zeit betrachtet und neben den *dii minores* (Puškin und seine Zeit, Lermontov, Gogol', Dostoevskij, Turgenev, Tolstoj, Čechov), das 20. Jahrhundert nach den Stilepochen (Symbolismus, Akmeismus), die Sowjetliteratur nach ihren Perioden. Für methodische Erneuerung konnte man zu den Standardwerken des Formalismus und Strukturalismus greifen. Ich hatte eine Reihe von ihnen bereits während meiner Studienzeit Anfang der 1950er Jahre nutzen können, dank dem Umstand, dass man die Preussische Staatsbibliothek während der Nachkriegsjahre nach Marburg ausgelagert hatte; 1955 war dann Victor Erlichs *Russian Formalism* erschienen (deutsch 1964), bald gab es erste westliche Nachdrucke und Übersetzungen russischer literaturwissenschaftlicher Standardwerke der 1920er Jahre. Die Bedeutung dieser westeuropäischen und amerikanischen Reprints – insgesamt mehrerer 100 Bände – von im Osten damals verbotenen literarischen Werkausgaben und methodologischen Standardwerken für jene nicht unbedeutenden wissenschaftlichen Leistungen, welche die westliche Slavistik vor dem Ende der Sowjetunion erbrachte, war gewaltig und ist erst noch zu erforschen. Als besonders anregend für mich, der ich mich schon früh für die Zusammenhänge zwischen literarischem und gesellschaftlichem Leben, desgleichen für die Probleme der literarischen Form interessierte, erwies sich Jurij Tynjanovs Konzeption der äusseren und inneren literarischen Reihen – das sprachliche Kunstwerk im Mittelpunkt von konzentrischen Kreisen. Der kulturelle Hintergrund gehörte immer dazu. Genrefragen wurden in Seminaren und Übungen zu Lyrik, Drama und Theater behandelt. Spezielles Gewicht wurde auf die Volksliteratur gelegt, auf die Literatursoziologie, die in den 1960er Jahren bei Zürcher Literaturwissenschaftlern allgemein noch nicht hoch im Kurs stand, auf die Probleme der literarischen Übersetzung und auf die literarischen Wechselbeziehungen – hier konnte man bestimmte Stärken der westlichen Forschung zur Geltung bringen, den Zugang nämlich zu den Werken im sowjetischen Bereich verfemter Schriftsteller und zu verlässlichen Textausgaben westlicher Dichter. Diesen Fragen sind denn auch besonders viele der unter meiner Leitung verfassten Lizentiatsarbeiten gewidmet – 31 von insgesamt 71. Die Themen stammten während der Zeit bis 1990 vornehmlich aus dem russischen Bereich: 55 behandelten russische Gegenstände, neben sieben mit polnischer, sechs mit tschechischer, einem mit slowakischer und zwei mit serbokroatischer Thematik. Fünf der Lizentiatsarbeiten waren sprachwissenschaftlichen Themen gewidmet.

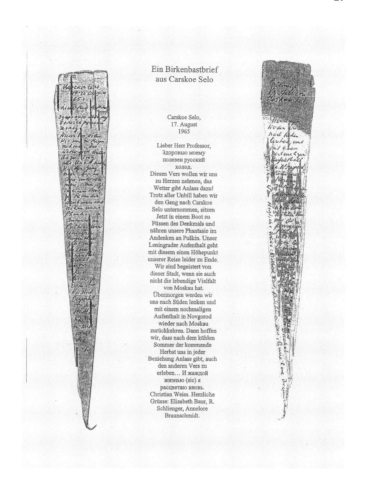

Ein Brief auf Birkenbast von einer Studienreise mit VW-Käfer

Was im Übrigen die literaturwissenschaftliche Methodik anbetrifft, so erzieht die jahrzehntelange Beschäftigung mit Literaturforschung zu einer gewissen Gelassenheit. Auch hier ist das einzig Beständige der Wandel. Er vollzieht sich in aller Regel als Pendeln zwischen Extremen, der Fokussierung etwa auf Inhalte oder aber auf Strukturen. Solcher Wandel lässt sich am besten mit einem vorzüglichen Modell der Kulturentwicklung umschreiben: der huxleyschen Spirale. Sie ist genauer als die Vorstellung von einer Pendelbewegung. Denn die Konstellationen mögen oft ähnlich sein, aber sie sind nicht gleich; und die Spirale erlaubt mit der Bewegung nach oben oder unten auch Fortschritt oder Rückschritt anzuzeigen. Wesentlich ist die Angemessenheit der Methode für den jeweiligen Gegenstand.

i) **Slavische Sprachen und Literaturen**
580 Puschkin und seine Zeit. Di. Fr. 9-10 — Prof. P. Brang
581 Geschichte der russischen Literatursprache. Di. 10-11 — Prof. P. Brang
582 Einführung in das Altkirchenslavische. Di. Fr. 8-9 — Prof. P. Brang
583 Majakovskij. Fr. 10-11 — Prof. P. Brang

Slavisches Seminar
584 Russische Lyrik des 19. Jahrhunderts. Do. 14-16 — Prof. P. Brang

585 Russisch, für Anfänger. Mo. Do. 12-14 — Dr. Maria Bankoul-Kirpičev
586 Russisch, für Vorgerückte. Mo. Do. 14-15 — Dr. Maria Bankoul-Kirpičev
587 Russisch, Oberkurs (Lektüre). Mo. Do. 9-10 — Dr. Maria Bankoul-Kirpičev
588 Deutsch-russische Übersetzungsübungen. Do. 10-11 — Dr. Maria Bankoul-Kirpičev
589 Russische Konversation. Mo. 10-11 — Dr. Maria Bankoul-Kirpičev
590 Serbokroatisch, für Anfänger. 2 Stdn. — Jasmina Šakić
591 Lektüre von Schriftstellern der jugoslavischen Moderne. 2 Stdn. — Jasmina Šakić
592 Polnisch, für Vorgerückte. 2 Stdn. — T. Sarnecki
593 Lektüre von Schriftstellern der «Młoda Polska». 2 Stdn. — T. Sarnecki
594 Tschechisch, für Vorgerückte. Mo. 15-16, Do. 16-17 — Jiřina Stehli-Pánková

Vorlesungsverzeichnis Sommersemester 1965 (oben) und Sommersemester 1967 (unten)

i) **Slavische Sprachen und Literaturen**
629 F. M. Dostojevskij und L. N. Tolstoj. Di. Fr. 9-10 — Prof. P. Brang

Slavisches Proseminar
630 Altkirchenslavisch, für Anfänger. Di. Fr. 8-9 — Prof. P. Brang
631 Altpolnische Lektüre. Di. 10-11 — Prof. P. Brang

Slavisches Seminar
632 Alexander Blok. Do. 14-16 — Prof. P. Brang
633 Besprechung von slavischen Arbeiten zur Theorie der Literatur und zur literarwissenschaftlichen Methodik, für Vorgerückte. Mi. 10-12 (alle 14 Tage) — Prof. P. Brang

634 Russisch, für Anfänger. Mo. Do. 12-14 — Dr. Maria Bankoul-Kirpičev
635 Russisch, für Vorgerückte. Mo. Do. 14-15, Mi. 13-14 — Dr. Maria Bankoul-Kirpičev
636 Russisch, Oberkurs. Mo. 9-10, Mi. 14-15 — Dr. Maria Bankoul-Kirpičev
637 Russische Stilübungen (schriftlich und mündlich, für Slavisten und Russisten). Mo. 10-11, Mi. 16-17 — Dr. Maria Bankoul-Kirpičev
638 Istorija russkogo teatra. Do. 9-10 — Dr. Maria Bankoul-Kirpičev
639 Trudnyje voprosy russkogo sintaksisa. Mi. 15-16 — Dr. Maria Bankoul-Kirpičev
640 Deutsch-russische Übersetzungsübungen. Do. 10-11 — Dr. Maria Bankoul-Kirpičev
641 Serbokroatisch, für Vorgerückte. Mo. 14-15, Fr. 11-12 — Jasmina Šakić
642 Srpska i hrvatska narodna književnost. Mo. Fr. 16-17 — Jasmina Šakić

643 Polnisch, für Vorgerückte. 2 Stdn. — T. Sarnecki
644 Deutsch-polnische Übersetzungsübungen. 2 Stdn. — T. Sarnecki
645 Polnische Lektüre: «Pan Tadeusz» von A. Mickiewicz. 2 Stdn. — T. Sarnecki

Literaturwissenschaftliche Themen bildeten den Schwerpunkt meines Unterrichtsprogramms; daneben gab es Lehrveranstaltungen zu linguistischen Themen: Vorlesungen und Übungen zur Vergleichenden Historischen Grammatik der slavischen Sprachen, zur slavischen Wortbildung, zu Problemen des slavischen Verbalaspekts, zur Geschichte der Schrift bei den Slaven, zur Geschichte der russischen Literatursprache und zur slavischen Soziolinguistik. Während der Jahre 1970–1973 wurden ergänzend insgesamt 10 Wochenstunden sprachwissenschaftlicher Vorlesungen und Seminare von Prof. Harald Jaksche (damals Freiburg im Üechtland) gehalten: über Transformationsgrammatik, Idiomatik und Semantik.

Eine zweite Professur

Nachdem 1971 die Professur für Osteuropäische Geschichte eingerichtet worden war, konnte die Schaffung einer zweiten slavistischen Professur angestrebt werden. Die Schwerpunkte meiner Lehr- und Forschungstätigkeit lagen auf dem Gebiet der Literaturwissenschaft, so war es klar, dass ein Sprachwissenschaftler berufen werden musste.
Die Wahl fiel auf Robert Zett (geboren 1935). Er hatte in Köln Slavische Philologie und Osteuropäische Geschichte studiert, 1970 dort mit *Beiträgen zur Geschichte der Nominalkomposita im Serbokroatischen. Die altserbische Periode* promoviert und sich mit der Arbeit *Lehnprägung und Wortgeographie. Studien zur slavischen und balkanischen historisch-vergleichenden Lexikologie* habilitiert. Es handelte sich hierbei um eine Studie zur Frage der Sprachkontakte und der »Motivationslandschaften«, in die neben slavischen Sprachen auch nichtslavische Balkansprachen einbezogen wurden, so das Ungarische, Rumänische und Griechische. Mit Zetts Amtsantritt zum Sommersemester 1974 war die slavische Sprachwissenschaft nun ebenfalls angemessen vertreten. In seinen Vorlesungen, Seminaren und Übungen bot er ein breit gefächertes Unterrichtsprogramm an: Es umfasste, was für die Ausbildung der künftigen Russischlehrer wichtig war, die Einzelgebiete der russischen Grammatik (Phonologie und Phonetik, Graphematik, Wortakzent, Lexikologie, Morphologie, Syntax, Phraseologie, Vergleichende Laut- und Formenlehre, Verbalaspekt und anderes mehr).
Neben dem Russischen vertrat Zett vor allem die Südslavistik (Vorlesungen über südslavische Sprachprobleme, slavisch-ungarische Sprachkontakte, Probleme der Balkanlinguistik) und gab im Rahmen von Übungen spezielle Einführungen in das Bulgarische, Makedonische, Slowakische und Slowenische, er wandte sich aber auch Problemen verschiedener anderer slavischer Sprachen zu (Polnisch, Ukrainisch) sowie Themen, welche die slavische Sprachwelt als Ganzes betrafen, meist unter historisch-vergleichendem Aspekt *(Historische Typologie der slavischen Schriftsprachen, Slavische Wortbildung, Vergleichende slavische Lexikologie, Slavische*

Besuch von Kyrill Uspenskij, Harvard, mit Vortrag über Slovar' russkoj nenormativnoj leksiki. Principy otbora materiala i struktura slovarja (21. Januar.1981). Er hatte unter dem Pseudonym »K. Koscinskij« in Voprosy literatury (1968, 12) es erstmals gewagt, darauf hinzuweisen, dass es auch in der Sowjetunion Jargons gibt (»Suščestvuet li problema žargona?«). R. Jakobson las für sein Wörterbuch die Korrektur

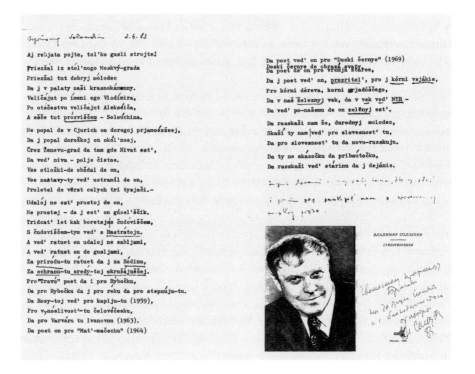

Begrüssung des Dichters V. A. Solouchin in Bylinenform durch P. Brang am 2. Juni 1983 (ein Bericht über seinen Vortrag, der erst nach jahrelangen Verhandlungen zustande kam, in Grani 130, 1983, S. 279–282)

Oben links: Bulat Okudžava am 23.11.1987 nach seinem Auftritt in der Aula der Universität (rechts von ihm M. Bankoul)
Oben rechts: Der Schriftsteller V. G. Rasputin im Seminar (10. Juni 1988)
Rechts: Eintrag des Lyrikers D. A. Prigov ins Gästebuch des Seminars (25. April 1989)

Etymologie, Slavische Fachsprachen). Zetts wegweisende Habilitationsschrift zur Wortgeografie blieb leider ebenso wie auch seine Zürcher Antrittsvorlesung *Der Name der Slaven* (1975) ungedruckt, doch legen die 20 bis zu seinem gesundheitlich bedingten frühen Rücktritt (1991) von ihm angeregten Lizentiatsarbeiten Zeugnis von der ›europäischen‹ Weite seiner sprachwissenschaftlichen Interessen ab.

Neben dem gedruckten Lehrprogramm gab es die unter wechselnder Bezeichnung (Jour Fixe, Doktorandenkolloquium) durchgeführten Diskussionsabende mit verschiedenen Themen. So berichteten zum Beispiel Jasmina Šakić über *Jugoslawien und seine Kultur im Wandel der Zeit,* Beatrice Weideli über *Die russische Onegin-Rezeption,* Walter Maurer über *Sowjetische Benimmbücher,* German Ritz über Čingis Ajtmatov und über *Erneuerungstendenzen in der polnischen Prosa nach 1956,* Božena Attinger über *Expressiva im Polnischen,* Regula Schmid über *Sowjetische Lerntheorie-Modelle,* Rahel Benz über *Russische Rilkeübersetzungen,* Rudolf Hermann über *Die Märchen von Miloš Macourek als typische Erscheinung der neueren tschechischen Literatur* (15. Januar 1987), Marion und Martin Schatzmann über *Suggestopädie, speziell im Russischunterricht* (24. Juni 1987), Andreas Künzli über *100 Jahre Esperanto in den slavischen Ländern* – es gab viele weitere Themen; auch wurden Schallplatten mit Gedichtlesungen gemeinsam gehört und besprochen, so gab es einen Lermontovabend (10. Juni 1970) und die Besprechung der Schallplattenwiedergabe von Evgenij Onegin-Lesungen, oder Theatervorstellungen wurden gemeinsam besucht. Zudem fanden Exkursionen statt: kurze, wie die 1965 nach Luzern zur Ikonenausstellung der heute nicht mehr existierenden Sammlung Rieder, 1985 nach Kölliken zur Ikonensammlung Dr. Amberg, 1986 nach Tübingen zur Ausstellung über den slowenischen Reformator Primus Truber oder 1987 nach Bern zur Ausstellung *Der blaue Reiter;* ausgedehnte, wie die Balkanexkursion, die zusammen mit der OEG 1976 durchgeführt wurde und deren Resultate in einem umfassenden Bericht dokumentiert sind, ferner 1990 die von Robert Zett geleitete Exkursion nach Dubrovnik.

Sprachunterricht

Das Unterrichtsangebot in slavischen Sprachen erweiterte sich langsam aber kontinuierlich von zunächst 9 Stunden im Sommersemester 1961 über 14 Stunden im Sommersemester 1962 und 18 Stunden im Sommersemester 1963 zu 20 Stunden im Wintersemester 1964/65. In jenem Semester gab es neben 10 Stunden Russisch und je 4 Stunden Polnisch und Serbokroatisch erstmals auch 2 Stunden Tschechisch. Wie froh waren wir, als 1968 die Flüchtlinge aus der Tschechoslowakei kamen, dass wir den Tschechischunterricht schon vier Jahre zuvor hatten einführen können! Im Sommersemester 1969 gab es insgesamt 32 Wochenstunden Sprachunterricht, davon 16 Stunden Russisch – wobei erstmals während 2 Stunden in dem nun für die philologischen Fächer eingerichteten Sprachlabor geübt werden konnte, einem heute selbstverständlichen Hilfsmittel für den Sprachunterricht. Zuvor schon hatte man das Tonbandgerät für das Einüben der richtigen Aussprache eingesetzt. Die Sprachlaborkurse fanden anfänglich im Pestalozzianum statt, erst ab 1976 im

Rechts: Maria Bankoul an der Feier zum 25. Jahrestag des Beginns ihrer Unterrichtstätigkeit (25. April 1987)

Unten: P. Brang: Laudatio auf Maria Bankoul zum 25jährigen Dienstjubiläum, im Stile der hesychastischen ›pochvala‹ Jepifanij Premudryjs auf Stefan Permskij (vor 1422)

1 Dorogaja Marija Aleksandrovna,

Vy soglasilis' na vstreču v ětu pervuju subbotu semestra, s tem, čtob ěta vstreča byla "semejnoj". Takoj ona i est'. A esli sem'ja takaja bol'šaja, to vinovaty Vy sami, to est' vinovata a u tret'ich: i to i drugoe dolgaja i uspešnaja dejatel'nost' Vaša v našem seminare.

Deti, eto natural'no, podrastajut, u inych volosy uže belejut, u inych volosy uže redejut; a est' i novye, ew maljutki. I est' "vol'noslušateli"(dobrovol'no-slušateli?) Oni vse sobralis' zdes' segodnja s tem, čtob poblagodarit' Vas; čtob poblagodarit' i Vašich blizkich, dlja kotorych Vaša rabota u nas prinosila i prinosit lišenija. Sobralis' my s tem, čtob želat' Vam mnogo let dal'nejšej plodotvornoj i radostnoj dejatel'nosti. Zaključaju vyraženiem želanija, čtob Vy i vse my vmeste segodnja proveli takoj semejnyj prazdnik, kotoryj dolgo budem pomnit'.

A vot, tak kak Vy vsegda projavlaete takoj živoj interes ko vsemu russkomu, to zdes' imeju dlja Vas malen'kuju knižku, k sožaleniju na nemeckom jazyke, ob odnom predmete otmenno russkom – o russkom samovare.

P. B. / Ansprache zum 25jährig. Dienstjubiläum von L. Maria Bankoul
25. April 1987

2 Dorogaja Marija Aleksandrovna, vpervye pozvoljaju sebe veličat' Vas tak, vpervye posle bol'še 25 let znakomstva. Ěto bylo dlja Vas: 25 let userdnoj, neugomonnoj, samootverženneoj raboty, raboty dlja pol'zy russkogo jazyka i dlja pol'zy očen' mnogich, stremjaščichsja k ovladeniju russkim jazykom. Čto ěto značilo, predstav'te sebe: Skol'ko ěto otdel'nych kursov, otdel'nych urokov podgotovlennych! Skol'ko lekcij na russkom jazyke pročitannych (po četvergam – po istorii russkogo teatra (ěto vpervye uže v 67 godu!), po istorii russkoj muzyki, živopisi, vajánija i literatury. Predstav'te sebe: skol'ko ěto pis'mennych rabot proverennych! Skol'ko pjaterok (i šesterok – i edinic!) postavlennych. Skol'ko ošibok proiznošenija uslyšannych (i popravlennych); skol'ko razgovorov vo vremja pauz – povedennych; skol'ko žestov ěnergičnych, vyrazitel'nyc sdelannych; Skol'ko ěto poezdok meždu Vettingenom i Cjurichom, meždu Unterrendingenom i Cjurichom! Skol'ko ěto pod"emov po lěstnicam v Florgofgasse 11 1 v Plattenstrasse 43! (V Bel'tvege byl lift, slava bogu. A na goru Ětcel byl tol'ko odin pod"em – slava bogu!).

Esli predstavit' sebe jasno vse to, čto vy vy sdelali v tečenie ětich 25 let, to ja v neiznestnosti, čto Vas nareku, ěto Vas imenuju, ili čim Vas prizovu, kako pochvalju, kako počtu: Učitel'nicu neznajuščim russkij jazyk, kormitel'nicu alčuščim znanija, pomoščnicu otstajuščim, sotrudnicu vernuju sotrudnikam! Gramatike russkoj račitel'nicu, russkoj literatury ljubitel'nicu, russkoj kul'tury rasprostranitel'nicu, Oprjaša – osnovopoložnicu, v MAPRJALi spolkome – predstavitel'nicu, muzyki Michaila Glinki – issledovatel'nicu, didaktičeskich novinok izobretatel'nicu?

70. Geburtstag von T. Sarnecki (oben von links: M. Emch, T. Sarnecki, unten P. Brang – noch recht munter, und N. Boškovska – noch recht jung)

Sprachlabor der Universität. Ab Wintersemester 1971/72 standen für das Russische 20 Wochenstunden zur Verfügung und insgesamt ein Kontingent von 35 Lehrauftragsstunden. Alle Lehraufträge mussten von Semester zu Semester neu beantragt werden, wobei stets zu fragen war, ob sich für die einzelnen Kurse wohl genügend Teilnehmer einschreiben würden. Deshalb waren auch Gasthörer willkommen; behördlich gefordert war, dass mindestens drei eingeschriebene Studierende die Kurse belegten. Für das Russische gab es immer genügend Teilnehmer; hier wurde es bald notwendig, neben den dreistündigen ›Langsamkursen‹ spezielle »Kurse für Russisten und Slavisten« einzuführen (so ab Wintersemester 1970/71), damit diese die für ihr Studium notwendigen Sprachkenntnisse früh genug erwerben konnten. Die Sprachlehrbeauftragten waren mit einer Ausnahme Muttersprachler. Solche zu finden ist heute kein Problem. In den 1960er und 70er Jahren war man froh, dass es in der Schweiz niedergelassene Emigranten gab, denn es war nicht möglich, Lehrkräfte aus dem sowjetischen Herrschaftsgebiet anzustellen; dies auch schon deshalb, weil es keine festen Lektorenstellen gab. Erst 1978 wurden die Lehraufträge für Russisch in zwei Lektorate umgewandelt. Bis zum Beginn der 1990er Jahre blieb die Gesamtstundenzahl für den Sprachunterricht konstant bei 36, heute beträgt sie fast 50, und die Lehrauftragskontingente für alle vier angebotenen slavischen Sprachen konnten in feste Wissenschaftliche Mitarbeiterstellen umgewandelt werden.

Das Lehrprogramm der Seminarleiter wurde durch die teilweise in der jeweiligen Sprache gehaltenen Oberkurse der Lehrbeauftragten unterstützt. Erwähnt sei in diesem Zusammenhang zunächst Frau Dr. Maria Bankoul. Sie hatte mich in einem Brief vom 28. Juni 1961 kontaktiert, und ich lud das sehr geehrte »Fräulein Bankoul« zu einer Aussprache im Seminar ein. Sie führte dann vom Sommersemester 1962 bis 1994 Generationen von Studierenden in die russische Sprache ein und brachte ihnen in einer russischsprachigen Vorlesung die russische Literatur und Kultur nahe, wozu jeweils eine Stunde ihres Lehrauftragskontingents benutzt wurde. Zu nennen sind an dieser Stelle auch die Kurse des von Wintersemester 1961/62 bis Wintersemester 1982/83 am Seminar tätigen Lehrbeauftragten für Polnisch, Tadeusz Sarnecki (1912–1984), von Armanda Crnković, die von 1971 bis 1990 Serbokroatisch unterrichtete, und von Jiřina Stehli-Pánková, die vom Wintersemester 1964/65 bis zum Wintersemester 1989/90 die Lehraufträge für Tschechisch versah.

Hier mag an die unglaublichen Veränderungen erinnert werden, welche die technische Revolution der letzten Jahrzehnte für den Sprachunterricht und allgemein die universitäre Lehre und den Seminaralltag gebracht hat: eine Kaskade von Erfindungen, die in der Regel das Unterrichten jeweils erleichterten. Wollte man Anfang der 1960er Jahre Texte für Unterrichtszwecke vervielfältigen, Handouts verteilen (das Wort war noch kein deutsches), so gab es drei Möglichkeiten: die teure Fotokopie – grundlegende Übungstexte wie etwa die *Methodiusvita* oder die Schrift *O pismenech* des Mönchs Chrabr oder Auszüge aus Miklosischs *Monumenta Serbica* fotokopierte und inventarisierte man in begrenzter Anzahl und lieh sie jeweils an die Kursteilnehmer aus; oder man verfertigte Durchschläge auf der Schreibmaschine – benötigte man mehr als sechs oder sieben, so musste man den Text zweimal schreiben. Schliesslich kamen die Umdrucker auf, mittels derer man zuvor auf Wachsmatrizen geschriebene Texte multiplizierte; so wurden Hausarbeiten vervielfältigt, die Katalogkarten und sogar wichtige wissenschaftliche Texte wie Karl Krumbachers oben erwähnte Schrift *Der Kulturwert des Slawischen*. Dann erschien die IBM-Kugelkopfmaschine mit ihrer Korrekturtaste, eine markante Erleichterung beim Schreiben von Texten, die unbedingt fehlerlos geschrieben sein mussten; selbst ganze Bücher wurden auf ihr geschrieben, so die drei Bände der *Kommentierten Bibliographie zur Slavischen Soziolinguistik*. Und dann kamen ins Seminar, Ende der 1980er Jahre, die Computer, so gross zunächst, dass sie einen Grossteil der Schreibtischplatte einnahmen und dann immer kleiner und dabei unheimlich leistungs- und speicherfähig.

Dringliches Erfordernis: Studentenaustausch

Heute ist vieles einfach. Die stellvertretende Leiterin des Lehrstuhls für Deutsche Philologie an der Russischen Staatlichen Geisteswissenschaftlichen Universität in Moskau (Rossijskij gosudarstvennyj gumanitarnyj universitet) wendet sich im Oktober 2009 an eine Bekannte in der Schweiz und schlägt die Einrichtung eines Studentenaustauschs vor, der Schweizer Russischlehrerverband (OPRJaŠ) verbreitet den Vorschlag über seine Homepage. Studierende wie auch Schüler können während eines Aufenthalts in slavischen Ländern dort privat wohnen. Solches war in den 1960er Jahren völlig undenkbar. Die Reise- und Aufenthaltsmöglichkeiten in den Ländern des Ostblocks waren sehr beschränkt. Es war aber ein dringliches Desiderat, dass den Studierenden (wie auch Dozenten) die Möglichkeit für längere Sprach- und Studienaufenthalte geboten würde.
Erfreulicherweise konnte 1963 erstmals – gegen Bezahlung – die Teilnahme einer Studentin am Zagreber Seminar za strane slaviste ermöglicht werden; später wurde eine Teilnahme von Zürcher Studierenden an diesem Sommerseminar oder am Međunarodni slavistički centar SR Srbije zur Regel, und meist gab es ein Stipendium. Der tschechische Schriftstellerverband stellte ab 1967 jeweils ein Stipendium für die Teilnahme an Sommerkursen in Prag zur Verfügung. Für das Russische kam zunächst dem Besuch von Ferienkursen im westlichen Ausland erhebliche Bedeutung zu. Zeitweise gab es solche Kurse im Inland, in Neuenburg, in der Regel aber wurden seit 1964 die Kursangebote der Österreichischen Ostakademie in Eisenstadt wahrgenommen, die des Centre d'études russes in Meudon bei Paris oder seit seiner Gründung im Jahr 1973 des Lehrinstituts für russische Sprache in Bochum. Seit Anfang der 1970er Jahre konnten jeweils einige Studierende teils auf eigene Kosten, teils mit (schweizerischen) Stipendien zu Ferienkursen nach Moskau und Leningrad fahren.
Es war jedoch notwendig, Studierenden längere Studienaufenthalte zu ermöglichen, damit diese ihre Russischkenntnisse festigen und zugleich für Lizentiatsarbeiten und Dissertationen in den russischen Bibliotheken Quellenmaterial sammeln konnten. Bezeichnend, dass man 1963, wie oben erwähnt, bei der Aufnahme des Nebenfachs ›Russisch‹ in das Zürcher Diplomprüfungsreglement für das Höhere Lehramt, für dieses Fach auf den sechsmonatigen Auslandsaufenthalt ausdrücklich verzichten musste.
Wegen der föderalistischen Struktur des Schweizer Bildungs- und Kulturwesens gab es in den 1960er Jahren noch keinerlei staatliche Austauschabkommen für Studierende; lediglich die Dolmetscherschule Genf pflegte auf rein privater Basis einen Studentenaustausch (jährlich zwei Studienplätze) mit dem entsprechenden Institut in Moskau. Andere Staaten hingegen, auch kleine Länder, hatten Kulturabkommen geschlossen. Glücklicherweise kam es in der Schweiz im Frühjahr 1964 im Zusammenhang mit dem Besuch des Chors der Roten Armee zu einer kulturpolitischen

Debatte,[1] bei der einflussreiche Experten, wie unter anderen der Freiburger Diamatspezialist Prof. Józef Bocheński, für einen Kulturaustausch eintraten, sofern das Prinzip der Reziprozität gewahrt werde. Im April jenes Jahres wandte ich mich mit einem Exposé bezüglich der Dringlichkeit eines Austauschprogramms für Studierende und Dozenten (*Zum Problem eines Kulturaustauschs mit der UdSSR,* 20. April 1964) an den Rektor der Zürcher Universität, Prof. Eduard Schweizer. Dieser unterbreitete es der Hochschulkommission und leitete es nach Bern weiter.

Gut Ding will Weile haben. Im Dezember 1966 verwandte sich der damalige Schweizer Botschafter in Moskau, August R. Lindt, für die Aufnahme von Austauschbeziehungen. »Wir sind in der Tat dasjenige Land, welches am wenigsten Studenten in die UdSSR schickt und von dort am wenigsten empfängt.« Am 24. Januar 1967 legte ich auf Verlangen des Zürcher Rektorats eine weitere Stellungnahme vor. Auf Bundesebene wurden dann am 21. März 1967 in Bern mit einer sowjetischen Delegation die Grundzüge eines Austauschabkommens festgelegt. Als damaliger Präsident der Schweizerischen Akademischen Gesellschaft der Slavisten (SAGS) nahm ich namens der Fachvertreter für Slavistik am 4. November 1967 in einem von der Sektion Erziehung und Wissenschaft des EDI erbetenen weiteren Exposé zur Frage des Studentenaustauschs Stellung, wobei besonders auf die prinzipielle Teilbarkeit der Jahresstipendien Wert gelegt wurde. Die vier Jahresstipendien für die Schweiz wurden dann vornehmlich an Slavisten beziehungsweise Russisten, aber auch an Studierende anderer Fachrichtungen und an junge Künstler vergeben; an der Auswahlsitzung nahmen in der Regel zwei Vertreter der Vereinigung der Schweizer Fachvertreter für Slavistik (SAGS) teil. Zürcher Anträge konnten recht oft berücksichtigt werden, nicht nur wegen der relativ grossen Zahl der Studierenden, sondern auch deshalb, weil der Kanton auf meinen Antrag hin ab 1969 die Mittel für ein zusätzliches Zürcher Jahresstipendium zur Verfügung stellte (übrigens nicht gern, man zahlte ohnehin viel nach ›Bern‹). Im Übrigen kam es leider immer wieder vor, dass die zuständigen sowjetrussischen Stellen bestimmte Kandidaturen unter lächerlichen Vorwänden ablehnten, weil ihnen die angekündigten Arbeitsvorhaben aus politischen Gründen offensichtlich nicht genehm waren (vgl. Schreiben des EDI vom 7. November 1973). Die SAGS musste wiederholt, so im Frühjahr 1979, in Stellungnahmen zuhanden des EDI die Reziprozität einfordern. Dass die sowjetische Seite ausschliesslich Naturwissenschaftler schickte, musste man hinnehmen. Die Stipendiaten waren gehalten, nach der Rückkehr Berichte zu schreiben – eine Lektüre, die hochinteressante Einblicke in die sowjetische Wirklichkeit gewährt.

---

1 Eine weitere ausgedehnte Diskussion über die Ostkontakte fand 1968 statt. Vgl. »Ostkontakte 1968. Haben sich die Voraussetzungen für unsre Beziehungen zur Kommunistischen Welt geändert? Austausch von Touristen und Studenten?«, in: *Neue Zürcher Zeitung,* 4. 2. 1968.

Zwischen Herbst 1967 und 1988 erhielten 45 Zürcher Studierende der Slavistik und Russistik Stipendien für Aufenthalte von fünf oder zehn Monaten in Leningrad, Moskau, Voronež oder Tiflis. Stipendien für eine Teilnahme an den Sommerkursen der Moskauer Lomonosov-Universität zur Weiterbildung von Russischlehrern vergab gegen Bezahlung jeweils auch die Gesellschaft Schweiz-UdSSR.

Anfang der 1990er Jahre geriet der durch das EDI vermittelte zwischenstaatliche Stipendiatenaustausch in eine Krise, weil die sowjetische Seite die Bedingungen nicht mehr einhalten konnte; nach der Auflösung der Sowjetunion wurde der Austausch eingestellt. Es bestanden nun andere Möglichkeiten für längere Studienaufenthalte in Russland.

Zwischen dem polnischen Studentenverband und der Zürcher Studentenschaft wurde 1966 gemeinsam mit dem Slavischen Seminar ein Stipendiatenaustausch vereinbart, der Kanton Zürich richtete dafür 1967 ein kantonalzürcherisches Stipendium ein. Daneben wurde vom Bundesamt für Kultur jährlich auch ein ›Regierungsstipendium‹ für Studienaufenthalte in Polen vergeben (eines für alle Schweizer Universitäten). Jahresstipendien für Aufenthalte in Polen wurden seit 1966 fast jährlich gesprochen.

Auch die tschechische Regierung stellte in den 1970er Jahren der Schweiz jeweils ein Jahresstipendium zur Verfügung.

Heute sind weit umfassendere Austauschbeziehungen zur Selbstverständlichkeit geworden, die damaligen wollten hart erkämpft sein, sie bildeten eine wesentliche Voraussetzung für die bis 1990 erbrachten Ausbildungs- und Forschungsleistungen.

Studentenunruhe

Die studentischen Unruhen des Jahres 1968 erreichten auch die Schweiz und die Universität Zürich, freilich mit helvetischer Verspätung. Nachdem die Philosophische Fakultät I es zu Anfang 1969 abgelehnt hatte, versuchsweise ein ›drittelsparitätisches‹ Modell für die universitären Gremien (je gleich viele Professoren, Assistenten und Studierende) einzuführen, kam es zu Unruhen, Boykotten und politischen Demonstrationen – gegen »eine Hochschule der Professoren, eine Hochschule des Kapitals«. Der Lichthof des Universitätsgebäudes hing voller Transparente – einige der Slogans waren mir von der Freien Universität Berlin her bekannt, wo ich im Januar 1968 einen Gastvortrag gehalten hatte. Es kam zu einer einwöchigen Schliessung der Universität. In der Folge wurde – im Rahmen einer Experimentierphase – an den Seminaren die Institution der ›Seminarkonferenz‹ geschaffen, durch welche Mitsprache, Mitbestimmung und andere Formen der Mitarbeit aller ›Stände‹ funktionsgerecht gewährleistet werden sollten. Auch im Slavischen Seminar, das mit nur einem Professor und 70 Studierenden hinsichtlich der Grösse zu den ›mittleren‹ zählte, wurde eine Seminarkonferenz eingerichtet, die erstmals am 21. Februar 1969 tagte. Sie bestand

aus gewählten Vertretern der Studierenden (die nunmehr auf meinen Vorschlag hin eine Fachschaft gründeten) und des Mittelbaus (Assistenten und Lektoren) sowie dem Seminarleiter; diesem wurde in der während mehrerer Sitzungen erarbeiteten Satzung der Seminarkonferenz bei Fragen, die seine Dienstpflichten tangierten, ein Vetorecht vorbehalten. Die Fachschaft konnte sich lange nicht über ihre Ziele einigen; dem grösseren Teil ging es um eine Verbesserung der Studienbedingungen, einem kleineren Teil ging es zugleich, wo nicht sogar in erster Linie um politisch-gesellschaftliche Veränderungen. »Wie können Sie überhaupt Seminare abhalten über Igorlied und solches Zeugs, solange noch Menschen unter Brücken schlafen?«, wurde ich während einer der Seminarkonferenzen von einer Studentin gefragt – sie ist später als wohlbestallte und engagierte Gymnasiallehrerin für Russisch tätig gewesen. Ans Schwarze Brett wurden Maosprüche über die Notwendigkeit revolutionärer Veränderungen geheftet, worauf ich, der ich mir das rote Büchlein gleichfalls gekauft hatte, mit dem Aushang des Maospruchs (aus dem Kapitel: *Das Studium*) antwortete: »Wir müssen von allen Fachleuten […] lernen […]. Wir müssen bei ihnen in die Lehre gehen und von ihnen respektvoll und gewissenhaft lernen.« Die Fachschaft löste sich am 28. Mai 1970 wieder auf, sie erneuerte sich erst 1977 als ›Verein der Slavisten und Russisten‹, der in die Rechte der früheren Fachschaft eintrat. Die Seminarkonferenz mit ihren für Seminarangehörige öffentlichen Sitzungen bestand indes weiter, interessierte Studierende konnten immer an diesen teilnehmen. Und die sorgfältigen Protokolle, die jeweils geschrieben wurden, bilden eine wichtige Quelle für die vorliegende Geschichte des Seminars.
Die Seminarkonferenz setzte eine aus dem Seminarleiter und je einem Vertreter der Lektoren, Assistenten und Studierenden bestehende Kommission ein: sie sollte sich mit Fragen einer Reform des Studiums befassen. Die Kommission erarbeitete eine Reihe von Vorschlägen. Diese konnten zum Teil recht bald realisiert werden, so die Einführung eines Intensivkurses (beziehungsweise ›intensivierten Kurses‹) für den Anfängerunterricht im Russischen (seit dem Wintersemester 1970/71 17 Wochenstunden in den ersten drei Semestern); der Lektürekanon für das erste bis dritte Semester wurde für verbindlich erklärt; zudem wurden fakultative Zwischenprüfungen nach dem Besuch von Sprachunterricht nicht mehr nur im Russischen, sondern auch in Polnisch, Tschechisch oder Serbokroatisch eingeführt. Neu eingerichtet wurde ein spezieller Kurs *Russisch für Examenskandidaten* – wobei der Seminarleiter die Studierenden dringlich auffordern musste, diesen Kurs zu besuchen, damit er weiterhin bewilligt würde, denn der Besuch war nicht obligatorisch.
Für die ersten vier Semester des Hauptfachstudiums der Slavistik galt ab Anfang 1971 ein Minimalprogramm von insgesamt 41 Wochenstunden: es sah insgesamt 20 Stunden Russischunterricht, 1 Stunde Einführung in die Slavistische Bibliographie, je 2 Stunden für Einführungen in die slavische Sprachwissenschaft und Literaturwissenschaft vor, 4 Stunden für Proseminare (Übungen), 4 Stunden für

Altkirchenslavisch, jeweils mit Abschlussprüfungen als Voraussetzung für die Teilnahme an Seminaren (›Akzess‹), sowie 8 Stunden für Vorlesungen. Die in der Regel schriftlichen Prüfungen nach den verschiedenen Lehrveranstaltungen hatten indes keinen selektiven Charakter, denn eine offizielle ›Zwischenprüfung‹ gab es in der Philosophischen Fakultät I weiterhin nicht. Im Rahmen des Möglichen wurde jedoch dem Wunsch nach einer stärkeren Strukturierung des Studiums während der ersten Semester Rechnung getragen; sie sollte die Voraussetzung für sinnvollere Mitarbeit und grössere Freiheit in den oberen Semestern bilden.»Eine völlige Verschulung«, meinte ich,»ist im Augenblick nicht möglich«, und es sei eine Frage, ob sie wünschbar sei. Ich betonte im Übrigen, dass ich»guten Argumenten immer zugänglich« sei, was dazu führte, dass ein Studentenvertreter sich in einer der Fachschaftssitzungen beklagte, durch dieses Entgegenkommen werde der Wind aus den Segeln genommen – Herbert Marcuses Begriff der ›repressiven Toleranz‹ gebrauchte er nicht.
Die Institution der Seminarkonferenz hat sich in wechselnden Formen bis in den Anfang des neuen Jahrhunderts erhalten. Rückblickend kann man sagen, dass bestimmte Reformwünsche eines Teils der Studierenden der frühen 1970er Jahre – straffere Organisation des Studiums und gestufte Prüfungen – mit der Einführung des Bologna-Systems verwirklicht worden sind.

Studierende – ihre Anzahl, ihre Interessen, ihre Herkunft, ihre Ziele

Im Sommersemester 1961 betrug die Zahl der Studierenden 9; die Puškin-Vorlesung hatte immerhin 16 Hörer. Bis zum Sommersemester 1965 schwankte die Zahl zwischen 15 und 25, im Wintersemester 1965/66 studierten im Haupt- und Nebenfach 30 Personen. Statistisch genaue Zahlen gibt für die Jahre 1968–1989 die leider nicht lückenlose Übersicht im Anhang, aus der die kontinuierliche Zunahme der Anzahl Studierender hervorgeht. Im Jahr 1987 bereiteten sich 128 Personen auf eine der vier damals bestehenden Möglichkeiten eines Studienabschlusses am Slavischen Seminar vor. Slavistik als Hauptfach verzeichnete einen kontinuierlichen Anstieg der Zahl der Studierenden, Slavistik als Nebenfach wurde gerne, wie die Übersicht zeigt, von den 1968 in die Schweiz gekommenen Tschechen und Slowaken gewählt. Einen gewissen Anstieg bewirkten auch, im Hinblick auf das erweiterte Studienangebot, sowohl die Schaffung der Professur für Osteuropäische Geschichte (1971) wie auch des Lehrstuhls für Slavische Sprachwissenschaft (1974). Die Zahl derer, die Russisch als erstes Nebenfach nahmen, blieb oft nicht weit hinter derjenigen zurück, die Slavistik im Hauptfach studierten. Deutlich erkennbar ist auch, wie die zunehmende Liberalisierung unter Gorbačev eine Zunahme des Interesses für die Slavistik zur Folge hatte: die ›Gorbačevščina‹ brachte einen sprunghaften Anstieg von 161 Studierenden im Wintersemester 1987/88 auf 179 im Wintersemester 1988/89.

Ausflug nach Einsiedeln am 10. Juli 1974, Treffen mit Roman Jakobson (von links Stefan Speck, M. Bankoul, G. Ritz, D. Weiss, drei unbekannt, R. Zett, R. Jakobson, G. Zett, K. Mahler-Frei)

Von rechts: Ludwig Räber, Rektor der Stiftsschule Einsiedeln, R. Jakobson, P. Brang

Die Studierenden stammten bis zum Ende der sowjetischen Herrschaft über Osteuropa zum weitaus grössten Teil aus der Schweiz. Die eher wenigen aus anderen Ländern (Österreich, Jugoslawien, Deutschland und andere) mussten jeweils jährlich eine Verlängerung der Aufenthaltsdauer beantragen. Diese wurde in der Regel anstandslos bewilligt. Es gab in der damaligen Zeit des Misstrauens und der Überwachung der Ostkontakte allerdings einzelne Fälle, wo eifrige Beamte der Fremdenpolizei ihre Entscheidungsbefugnis in höchst fragwürdiger Weise missbrauchten. Einmal, im Frühjahr 1967, sollte eine meiner ›ausländischen‹ Doktorandinnen, die gleichzeitig Unterricht an der Dolmetscherschule gab, Auskünfte darüber erteilen, warum ihre Schüler Russisch lernten und was diese für politische Ansichten hätten; die Ertei-

Links: Brief von R. Jakobson 29. Januar 1975
Unten: Brief von R. Jakobson 2. August 1974

Seminarausflug zu den
»drei Jurarandseen« am
22. September 1983
(von links: E. Baur-
Goślicka, R. Zett,
T. Sarnecki, R. Schibli)

R. Zett, G. Ritz,
M. Bankowski-Züllig,
P. Brang, R. Schmid,
M. Schmid

Interne Einweihung des
Seminars Plattenstrasse
43 am 19. November 1982 (von links:
I. Rakusa, Chr. Ferber,
P. Brang)

Seminarausflug nach Tübingen am 14. Mai 1986 zur Truber-Ausstellung, mit 51 Teilnehmern, Stadtführung durch Ludolf Müller

lung der Aufenthaltsbewilligung werde bald erfolgen, wenn sie eine Liste und ihren Erlebnisbericht über eine Russlandreise eingereicht habe. Dieser Vorfall veranlasste mich zu einer geharnischten Intervention. Gemeinsam mit dem Rektor der Universität wandte ich mich an den Erziehungsdirektor (es war Regierungsrat Dr. Walter König), wir wurden zu einer Audienz empfangen und erhielten dabei die Versicherung, er werde dafür sorgen, dass sich derlei nicht wiederhole. Im Allgemeinen waren sowohl die kantonalen wie auch die eidgenössischen Behörden während der ganzen Zeit meiner Tätigkeit in jeder Weise bereit, die Anliegen der Slavistik zu fördern.
Die ersten Abschlussprüfungen fanden im Wintersemester 1966/67 statt. Man konnte damals noch mit der Doktorprüfung abschliessen, ohne zuvor das Lizentiat erworben zu haben.
Welche beruflichen Möglichkeiten haben Absolventen des Slavistikstudiums in Zürich ergriffen? Ehemalige Studierende der Slavistik und Russistik sind (oder waren) in fast allen Berufen tätig, die von den ›Wegleitungen für das Studium‹ erwähnt werden. Mehrere arbeiten oder arbeiteten als wissenschaftliche Bibliothekare (so Monika Bankowski-Züllig an der Zentralbibliothek Zürich, Helena Kanyar an der Universitätsbibliothek Basel). Andere fanden eine Stelle bei Zeitungen und Zeitschriften (zum Beispiel Regula Heusser, Cyrill Stieger, Marco Schmid, Rudolf Hermann, Ueli Bernays bei der Neuen Zürcher Zeitung, Stefan Busz beim Landboten), wieder andere beim Fernsehen (Helen Pfister-Stehli, Biljana Gogić und René Bardet, der nicht zu Ende studierte, unter anderem deshalb, weil die sowjetische Seite ihm wegen seines literatursoziologischen Themas, nämlich der Leserforschung, das

Stipendium verweigerte). Einige stehen oder standen als Diplomaten im Dienst der Eidgenossenschaft (Stefan Speck als Botschafter der Schweiz in Georgien, Armenien und Aserbaidschan, später in Slowenien, Lorenzo Amberg als Botschafter in Georgien und Armenien). Eine ganze Reihe unterrichtet als Gymnasiallehrer Russisch an Mittelschulen, meist in Kombination mit einem anderen Fach (Edith Augustin, Priska Brülhart, Susann Gasser-Spichiger, Rahel Gastberger-Benz, Gabrielle Gross, Mariann Hedinger, Agotha Horvath, Christina Lämmel, Walter Maurer, Jürg Morf, Marion Schatzmann, Thomas Schmidt, Adrian Schnetzer, Sandra Wälter, Arnold Wille). Mehrere Absolventen haben dank ihrer Kenntnis der slavischen Sprachen und Kulturen Stellen in der Wirtschaft und vor allem im Bankwesen gefunden: so Christoph Dolny, Martin Emch, Stefan Hirzel, Zvetelina Stajkov, Martin Schatzmann als Leiter der Sprachausbildung bei der Credit Suisse. Andere füllten oder füllen Stellen in kulturellen Institutionen aus: Verena Rutschmann als Leiterin des Schweizerischen Instituts für Kinder- und Jugendmedien, Fritz Lendenmann als Leiter des Stadtarchivs von Zürich, Prof. Erich Bryner als Leiter von Glaube in der 2. Welt), Ursula Pellaton schuf ein Tanzarchiv, eine Dokumentation der Tanzkunst in Westeuropa und Russland. Manche arbeiteten im Tourismus: Rudolf Jaisli, Christian Weiss, andere an den Volkshochschulen (Agotha Horvath, Rosemarie Locher-Schlienger, Elisabeth Goślicka). Auch im akademischen Bereich sind Absolventen aus Zürich nicht schlecht vertreten – vier von den zurzeit in der Schweiz lehrenden Professoren der Slavistik haben ihr Studium in Zürich absolviert: Daniel Weiss, German Ritz, Thomas Grob, Ulrich Schmid; als Privatdozentin tätig ist Sibylle Kurt. An anderen Universitäten wirkten oder wirken Andreas Kappeler, Hans-Peter Stoffel, Adrian Wanner und Alfred Gall. Auch einige Nebenfachstudenten haben Professuren in anderen Disziplinen erhalten, so der leider früh verstorbene Kolonialgeschichtler Albert Wirz, der Sinologe Rudolf Gassmann, der Germanist und Komparatist Niklaus Largier und der Medienwissenschaftler Jürg Häusermann.
Aus dem Zürcher Seminar sind bekannte Übersetzer von schöner Literatur hervorgegangen, die zum Teil gleichzeitig schriftstellerisch tätig sind (Ralph Dutli, Ilma Rakusa, Susanna Roth, Christoph Ferber).

Seminarbibliothek

Angesichts der Weite des Lehr- und Forschungsgebiets der Slavischen Philologie gehörte zu den dringlichsten Aufgaben der Aufbau einer dieser Weite angemessenen Seminarbibliothek. Sie sollte die Grundlage für die Lehre, bis zu einem gewissen Grad auch für die Forschung liefern.
Zum Zeitpunkt der Gründung im April 1961 konnten 327 bibliothekarische Einheiten slavistischer Titel vom Indogermanischen Seminar übernommen werden; einen Teil

davon hatte seinerzeit Prof. Ernst Dickenmann jenem Seminar geschenkt. Da der Regierungsrat, wie oben berichtet, ansehnliche Geldmittel bewilligt hatte – einen Aufbaukredit von 50 000 Franken und einen jährlichen Kredit von 5000 Franken –, konnte mit dem Aufbau der Bibliothek zügig begonnen werden. Ende Wintersemester 1962/63 betrug der Bestand 5300 Titel, Ende Wintersemester 1966/67 12 000, Ende Wintersemester 1971/72 20 000, Ende Sommersemester 1974 23 100. Und als das Seminar 1981 an die Plattenstrasse 43 umzog, war die Bibliothek auf 43 000 Bände angewachsen. Für deren Anschaffung waren im Zeitraum 1961–1974 454 000 Franken, bis 1981 insgesamt 820 000 Franken ausgegeben worden. Dies war nur möglich, weil der ordentliche Kredit sukzessive erhöht wurde, aber auch weil während der 1960er Jahre im Rahmen gemeinsamer Massnahmen von Bund und Kantonen zum Ausbau der wissenschaftlichen Infrastruktur wiederholt beträchtliche, ausserordentliche Kredite gesprochen wurden: der Bund zahlte an Ausgaben der Universität für solche Zwecke jeweils einen Zuschuss von nahezu 40 Prozent. Das Slavische Seminar verwendete diese Mittel zumeist für den Ankauf von Reprints vergriffener slavistischer Standardwerke – das Interesse für den slavischen Osten in ganz Westeuropa und den USA veranlasste verschiedene Verlage zu den bereits erwähnten kühnen Nachdruckprojekten. Dank der Tatsache, dass das Seminar schon 1962 – nach meinem ersten Forschungsaufenthalt in der Sowjetunion – Tauschbeziehungen mit den grössten drei sowjetrussischen Bibliotheken (der Leninbibliothek in Moskau, heute Russische Staatsbibliothek, der Saltykov-Ščedrin-Bibliothek in Leningrad, heute Russische Nationalbibliothek, und der Bibliothek der Akademie der Wissenschaften, ebenfalls in Leningrad) einrichtete, konnten viele seltene Titel, auch Zeitschriften, aus dem späten 19. und der ersten Hälfte des 20. Jahrhunderts erworben werden. Diese Tauschbeziehungen (allein 1974–1977 im Umfang von 15 000 Franken) brachten viel Arbeit, sie steigerten aber den Wert der Bibliothek.

Schon vor der Gründung des Seminars begann die gezielte Zusammenarbeit mit der Zürcher Zentralbibliothek. Bereits unmittelbar nach meiner Wahl im Oktober 1960 war der damalige Direktor Prof. Ludwig Forrer bereit, einen Grossteil der 101-bändigen russischen Akademie-Serie *Sbornik otdelenija russkogo jazyka i slovesnosti* anzukaufen; der Bestand konnte später dank einem Reprint vervollständigt werden. Auch später erwarb die Zentralbibliothek auf Vorschlag des Seminars wichtige Serien und Standardwerke. Im November 1966 erklärte das Seminar seine Bereitschaft, am Aufbau des von der Zentralbibliothek geplanten Zentralkatalogs der Zürcher Seminarbibliotheken mitzuwirken. Auf eine Umfrage des Rektorats Anfang 1968 bezüglich der Einrichtung von Stellen wissenschaftlicher Bibliothekare lautete die Antwort des Slavischen Seminars, in drei bis vier Jahren könne es zweckmässig sein, eine solche zu schaffen, und es sei denkbar, dass die Inhaber solcher Stellen »bei pädagogischer Eignung auch zur Übernahme gewisser Lehrtätigkeiten (Einführungskurse, Proseminare) verpflichtet« würden. Bei einer Umfrage von 1972 bezüglich der Schaffung von

Neuphilologischen Bereichsbibliotheken wies das Seminar darauf hin, dass die sprachwissenschaftlichen und literaturwissenschaftlichen Bestände auf keinen Fall getrennt werden sollten, dass die wichtige Sonderbeziehung zur Osteuropäischen Geschichte erhalten bleiben müsse und dass die damals sehr liberale Ausleihpraxis des Seminars (gegenüber Studierenden, aber auch Institutionen wie Theater und Fernsehen) in einem grösseren Verband vermutlich kaum fortgeführt werden könne. Im Übrigen sei langfristig an die Möglichkeit zu denken, an der Zentralbibliothek eine Stelle für einen Hauptfachslavisten zu schaffen, der auch für andere Fachgebiete bei der Betreuung der in slavischen Sprachen erscheinenden Publikationen helfen könnte.

Bereits seit 1972 setzte die Zentralbibliothek regelmässig einen Jahreskredit von bis zu 10 000 Franken für den Erwerb von Titeln aus dem Gebiet der Slavischen Philologie ein; bei grösseren Anschaffungen gab es schon vorher jeweils Absprachen mit dem Seminar. Das Seminar seinerseits beteiligte sich durch die Lieferung von Kopien seiner Karteikarten am Zürcher Gesamtkatalog und meldete seine Zeitschriftenbestände dem Gesamtverzeichnis ausländischer Zeitschriften (GAZ). Im Sommer 1982 richtete die Zentralbibliothek ein ›Fachreferat Slawistik‹ ein. Es wurde ab dem 1. Oktober lic. phil. Monika Bankowski übertragen, die weiterhin am Slavischen Seminar als Verwaltungsangestellte beziehungsweise Kanzleisekretärin, später als Mitarbeiterin des Nationalfondsprojekts *Schweiz – Osteuropa* tätig war. In einer internen Mitteilung der Zentralbibliothek vom Dezember 1983 hiess es: »Als Idealfall darf das Verhältnis zum Slavischen Seminar betrachtet werden; die vor 9 Jahren vereinbarte Absprache liegt noch heute der Arbeit der Fachreferentin zugrunde.«

Die Betreuung der Seminarbibliothek war, wie oben gesagt, weil sie möglichst ausgedehnte Kenntnis der slavischen Sprachen voraussetzte, von Anfang an eine der Aufgaben der Assistenten; dabei diente eine solche Tätigkeit nicht nur der Bibliothek, sondern auch der Ausbildung. Auch heute noch wirken im Slavischen Seminar die Assistenten an der Verwaltung der Bibliothek mit, wiewohl inzwischen wissenschaftliche Bibliothekarsstellen für ausgebildete Slavisten sowohl am Slavischen Seminar wie an der Zentralbibliothek bestehen. Das Prinzip einer ›koordinierten Katalogisierung‹, das schon 1972 angestrebt wurde, ist unter den Bedingungen des elektronischen Zeitalters in einem Mass verwirklicht worden, an das zu Zeiten, da die Karteikarten mit dem Umdrucker vervielfältigt wurden, niemand hätte denken können.

Russisch an Mittelschulen? Die Gründung des Obščestvo prepodavatelej russkogo jazyka v Švejcarii (OPRJaŠ)

Die Geschichte des Russischunterrichts an Schweizer Mittelschulen begann in Sankt Gallen. Der Gymnasiallehrer für Latein und Griechisch Ivo Tschirky führte 1958 an der dortigen Kantonsschule erstmals Russischkurse ein. Im Weiteren fiel eine bestim-

mende Rolle bei der Einführung des Russischen als Mittelschulfach dem Zürcher Slavischen Seminar zu. Im Herbst 1965 wurde an einem ersten Treffen der Slavisten in Zürich (Michel Aucouturier, Rudolf Bächtold, Peter Brang, Elsa Mahler, Hildegard Schroeder) die Herausgabe einer Broschüre beschlossen, welche die Schweizer Öffentlichkeit über die Situation des Russischunterrichts in anderen westlichen Ländern unterrichten sollte. Im Herbst 1966 nahm ich mit dem Vorsitzenden des Deutschen Russischlehrerverbands, Dr. Anatol Alitan, Kontakt auf. Daraufhin erhielt Frau Dr. Bankoul die Einladung zu einem Internationalen Symposium in Falkenstein im Taunus (November 1966), das sich mit der allgemeinen Lage des Russischunterrichts befasste. Im Mai 1967 wurde die auf dem Umdrucker des Seminars hektografierte Denkschrift über *Russischunterricht an Mittelschulen in Westeuropa und in den USA. Bericht über bisherige Entwicklung, gegenwärtigen Stand und Zukunftsaussichten, vorgelegt von den Fachvertretern für Slavistik und Osteuropakunde an den schweizerischen Hochschulen* in 600 Exemplaren (je 300 in deutscher und französischer Sprache) an Parlamentarier, Presse und Gymnasien versandt. Die Broschüre zeigte anhand von statistischen Daten, dass die Schweiz hinsichtlich des Russischunterrichts auf der Gymnasialstufe gegenüber vergleichbaren Ländern weit zurücklag. Sieben Professoren von fünf Schweizer Universitäten waren die Unterzeichner (Michel Aucouturier, Rudolf Bächtold, Józef Bocheński, Peter Brang, Elsa Mahler, Constantin Regamey, Hildegard Schroeder). Im Anhang wurden die Ergebnisse einer von Ivo Tschirky bei den Schweizer Gymnasialrektoren veranstalteten Umfrage veröffentlicht: an neun Mittelschulen nahmen Anfang 1967 insgesamt nur 159 Schülerinnen und Schüler Russischunterricht (fast ausschliesslich fakultativ).
Der Broschüre wurde ein lebhaftes Presse-Echo zuteil. Eric Mettler, Auslandsredaktor der *Neuen Zürcher Zeitung*, schrieb den Bericht *Russisch an Mittelschulen* (26. Mai 1967). Man habe offenbar die Tatsache vernachlässigt, dass »unsere Diplomatie, unsere Sicherheitsdienste, unsere technischen Bibliotheken, Industriebetriebe und Handelsfirmen ohne eine gewisse Zahl von Leuten, die Russisch können, nicht mehr auskommen.« Als der aargauische Grosse Rat auf Antrag des Aargauer Erziehungsdirektors mit grosser Mehrheit eine Motion abgelehnt hatte, welche die Eröffnung einer Möglichkeit zum Russischlernen an aargauischen Mittelschulen vorschlug, doppelte Mettler mit einer Glosse nach (20. März 1968): *Ist Russisch zu schwierig für Aargauer ?* Kurz zuvor hatte Mettler die inzwischen erfolgte Einrichtung eines Studentenaustauschs mit der UdSSR nachdrücklich begrüsst (*Neue Zürcher Zeitung,* 4. Februar 1968). Im August 1970 erschien im Schulblatt des Kantons Zürich mein Beitrag *Russisch an Mittelschulen* (Nr. 8, 538–540), zusammen mit dem Bericht von Rektor Ernst Bosshardt über *Russisch am Kantonalen Realgymnasium Zürichberg.* 1969 nahmen Dr. Maria Bankoul und ich selbst am ersten Kongress des Internationalen Russischlehrerverbands (Meždunarodnaja Associacija preprodavatelej russkogo jazyka i literatury, MAPRJaL) in Moskau teil.

Russisch an Mittelschulen

E. M. Die Fachvertreter für Slawistik und Osteuropakunde an den schweizerischen Hochschulen haben in diesen Tagen den Erziehungsbehörden und Mittelschuldirektoren eine *Denkschrift* überreicht, die untersucht, wie es an den Mittelschulen in den Vereinigten Staaten, Westeuropa und der Schweiz mit den Gelegenheiten steht, die russische Sprache zu erlernen.

Besonders seit im Jahre 1957 der sowjetische Sputnik in den Weltraum stieg, sind im Westen Anstrengungen unternommen worden, um nicht nur auf akademischem Niveau eine genügende Zahl von *Slawisten und Sowjetologen* auszubilden, sondern auch schon auf der Gymnasialstufe überdurchschnittlich aufnahmefähigen und interessierten Schülern die Möglichkeit zu bieten, Russisch zu lernen. Man hat dabei berücksichtigt, daß im Mittelschulalter neue Sprachen besonders leicht erlernt werden. Zudem ist in Betracht gezogen worden, daß das flexionsreiche Russisch an Mittelschulen ohne Latein und Griechisch eine ähnliche, das Denken schulende Bildungsfunktion haben könnte wie die klassischen Sprachen an den Gymnasien.

Die Statistik zeigt, daß in Großbritannien, Frankreich, Deutschland, Skandinavien und den Vereinigten Staaten heute verhältnismäßig bedeutend mehr Mittelschüler Russisch lernen als in der *Schweiz* mit ihrer Tradition des Sprachenlernens. Das hängt zum Teil damit zusammen, daß in der mehrsprachigen Schweiz die andern Landessprachen in den Schulprogrammen den Vortritt haben. Zudem folgte bei uns das Sprachenlernen stets den Handelsströmen, die nach dem Ersten und Zweiten Weltkrieg zunächst wenig in der Richtung der Sowjetunion flossen. Darüber ist offenbar die Tatsache etwas *vernachlässigt* worden, daß unsere Diplomatie, unsere Sicherheitsdienste, unsere technischen Bibliotheken, Industriebetriebe und Handelsfirmen ohne eine gewisse Zahl von Leuten, die Russisch können, *nicht mehr auskommen*. An slawistischem Nachwuchs an unseren Hochschulen fehlt es nicht eigentlich. Doch hört man die jungen Slawisten und Sowjetologen immer wieder klagen, solange die Chance, in der Schweiz als Russischlehrer angestellt zu werden, gering sei, könne man dieses Fach nur nebenbei betreiben oder müsse sich damit abfinden, früher oder später im Ausland Anstellung zu suchen.

Pragmatisch, wie es dem Landesbrauch entspricht, sind wir daran, allmählich Remedur zu schaffen. Man kann zurzeit in Bern, Genf, Luzern und St. Gallen an einer oder zwei Mittelschulen Russisch lernen. In Aarau und Frauenfeld wird mit «Arbeitsgemeinschaften» experimentiert. An den *Zürcher Gymnasien* ist das Problem noch im Erörterungsstadium. Interessant ist der St. Galler Versuch. Dort besteht seit Jahren am Rand des Kantonsschulplans eine Russischklasse, die von verschiedenaltrigen Gymnasiasten besucht werden kann.

Wir möchten in diesem Zusammenhang auch noch die Frage in die Diskussion werfen, warum es bis zum heutigen Tag an den meisten schweizerischen Gymnasien nicht möglich sei, *Spanisch* zu lernen. Natürlich steht als Landessprache sowie als Idiom unseres zahlreichen Bevölkerungsteils aus dem Süden das Italienische im Vordergrund. Warum aber nur Handelsschülern die Wahl zwischen Italienisch und Spanisch geboten wird in einer Zeit, da Spanisch neben Englisch die verbreitetste *Weltsprache* ist, bleibt schwer erklärlich. Es soll übrigens nicht nur mit dem Argument der Nützlichkeit plädiert werden. Sowohl Russisch wie Spanisch sind reiche Sprachen von überzeitlicher Schönheit, in denen sich Geist und Gemüt großer Nationen spiegeln. Fakultativ sollte an unseren Gymnasien der Zugang dazu offenstehen.

Eric Mettler (1917–1980) Auslandsredaktor der NZZ, setzte sich mehrfach für die Slavistik ein. Er hatte 1962 einen fundierten Reisebericht über die Sowjetunion veröffentlicht

Dabei zeigte sich die Notwendigkeit, einen Verband auf Landesebene zu gründen (schon Anfang August 1968 hatte Dr. Alitan dies nahegelegt – im Hinblick auf die Stärkung der westlichen Position im MAPRJaL). Die Gründung des Verbands erfolgte am 26. Oktober 1969 im Zürcher Slavischen Seminar: Es entstand, bei Anwesenheit von 14 Gründungsmitgliedern, der Verband der Schweizer Lehrerinnen

Ist Russisch zu schwierig für Aargauer?

Eric Mettler zu einer Entscheidung des aargauischen Grossen Rats

E. M. Vor kurzem hat der aargauische *Große Rat* auf Antrag des Erziehungsdirektors mit starker Mehrheit eine Motion *abgelehnt*, welche die Schaffung einer Möglichkeit zum Russischlernen an aargauischen *Mittelschulen* vorschlug. Begründung: die russische Sprache sei schwierig zu erlernen — der Ertrag lohne den Aufwand nicht.

Damit daraus kein Präzedenzfall entsteht, wäre zu sagen, daß Russisch für sprachbegabte junge Leute weder im Aargau noch in anderen Kantonen zu schwierig ist. Ein paar Wochenstunden während zwei bis drei Jahren reichen für einen wirklich interessierten Mittelschüler bei einigem Einsatz aus, um sich *genügend Kenntnisse* für einfache Konversation und die Lektüre kürzerer journalistischer oder literarischer Texte zu verschaffen. Es gibt an jeder guten Mittelschule geistig besonders lebhafte Schüler mit freier «Kapazität». Ihnen sollte heute die Möglichkeit geboten werden, Zugang zur Sprache der russischen Literatur und der sowjetischen Weltmacht zu finden. Sie werden den Qualitätsunterschied zwischen dem Stil Turgenjews und dem kommunistischen Jargon von selbst herausfinden.

Wie es gemacht werden kann, ohne mit nicht zu verantwortenden Kosten zusätzliche, ungenügend ausgelastete Lehrstellen schaffen zu müssen, haben Mittelschulen in andern Landesgegenden bereits mit Erfolg gezeigt. Man hat zum Beispiel die Lösung gefunden, *Randstunden* zu wählen, in denen Interessenten aus *mehreren Jahrgängen* der Oberstufe für eine Einführung ins Russische zusammengefaßt werden.

An unseren Universitäten stehen künftige Mittelschullehrer bereit, die im Haupt- oder im Nebenfach Slawistik getrieben haben. Wenn wir ihnen und ihren potentiellen Schülern nicht mehr bieten würden, als was der aargauische Erziehungsdirektor bewirkt hat, wäre mit ihrer *Abwanderung ins Ausland* zu rechnen, wo man ihre Fähigkeiten schätzt und einsetzt. Den Schaden hätte die Schweiz, die in verschiedenen Sektoren Leute mit Russischkenntnis *braucht*.

und Lehrer für Russisch (OPRJaŠ). Im August 1970 wurde der OPRJaŠ Mitglied des Internationalen Verbands, des MAPRJaL.

Bis zum Jahr 1972 stieg die Zahl der Schweizer Mittelschulen mit Russischunterricht auf 24, die der Schüler auf 458. Wohl hatte noch im September 1970 die Zürcher Kantonale Maturitätskommission ein Begehren, Russisch als Prüfungsfach in der Maturität einzuführen, abschlägig beschieden; die Möglichkeiten, es schulmässig zu unterrichten und zu prüfen, seien zu beschränkt; Russisch als Fakultativfach an

Mittelschulen könne genügen (das war zugleich eine Antwort auf die genannten Berichte im Schulblatt des Kantons Zürich). Die Einführung des Gymnasialtyps D in die Maturitätsanerkennungsverordnung (1972) schuf dann aber die Voraussetzung dafür, das Russische an Gymnasien sogar als Hauptfach zu unterrichten. Im Jahr 1974 wurde Russisch deshalb, wie erwähnt, in das Zürcher Diplomprüfungsreglement für das Höhere Lehramt auch als Hauptfach aufgenommen; 1980 erarbeiteten die beiden Dozenten des Zürcher Slavischen Seminars (P. Brang, R. Zett) gemeinsam mit Vorstandsmitgliedern des OPRJaŠ (Maria Bankoul, Eva-Maria Müller, Elisabeth Goślicka) einen Rahmenlehrplan für das Wahlpflichtfach Russisch im Typus D und versandten ihn an sämtliche Rektoren von Schweizer Mittelschulen. Zu jener Zeit wurde an 34 Mittelschulen der Schweiz 615 Schülern Russisch erteilt. 1984 fand am Zürcher Seminar unter der Leitung von Dr. E. Goślicka erstmals ein Kurs Fachdidaktik für Russisch statt, der seit 2005 nun jeweils von Rahel Gastberger erteilt wird und weiterhin der einzige in der Schweiz ist. Im Slavischen Seminar fanden in den Jahren 1975, 1977, 1980, 1981, 1982, 1985, 1987, 2005, 2006 jeweils Weiterbildungskurse für Russischlehrer statt, so 1975 über *Verbklassifikation im Russischen,* 1985 über *Landeskunde der Schweiz in russischer Sprache (Linguolandeskunde)* und 2005 über *Aspekt, Weichheit und Kosenamen: Eigenarten der russischen Sprache;* im Mai 1980 wurde im Seminar eine internationale OPRJaŠ-Tagung über die Zusammenarbeit der Russischlehrer westlicher Länder durchgeführt.
Der Verband der Schweizer Russischlehrer hat heute rund 120 Mitglieder. Im Jahr 2008 lernten an circa 40 Mittelschulen 656 Schüler Russisch, dabei haben 135 diese Sprache als Schwerpunktfach gewählt (ein Teil von diesen sind russische Immigranten).

Das Internationale Slavistenkomitee (MKS) und die Entstehung der Schweizerischen Akademischen Gesellschaft der Slavisten (SAGS)

Nicht selten waren Schweizer Institutionen einem Anstoss aus dem Ausland zu verdanken. So war es, wie gezeigt, mit dem Russischlehrerverband OPRJaŠ, so war es auch mit dem ersten Zusammenschluss von Schweizer Slavisten zur SAGS.
Ende der 1920er Jahre wurde das MKS gegründet. Es führte 1929 in Prag einen ersten internationalen Kongress durch, 1934 in Warschau einen zweiten, beide damals ohne die Teilnahme der Sowjetunion. Die Vorbereitungen für den dritten, der in Belgrad stattfinden sollte, wurden durch den Beginn des Zweiten Weltkriegs unterbrochen. Im Sommer 1949 beschloss man in Belgrad auf einer kleineren Tagung die Fortführung der Tradition, 1958 fand der vierte Kongress in Moskau statt, der fünfte sollte 1963 in Sofia abgehalten werden. Die Schweizer Slavistik war damals offenbar noch recht wenig bekannt. Der Vorsitzende des MKS und Kongresspräsident, der namhafte

bulgarische Slavist Vladimir Georgiev, richtete im Januar 1962 ein Einladungsschreiben an »Monsieur le Professeur E. Mahler«. Frau Prof. Mahler, bereits 80-jährig, wandte sich an mich, und ich wurde dann im Rahmen einer Art Telefonkonferenz zum Vertreter der Schweiz gewählt und 1963 während des Sofioter Kongresses vom Komitee bestätigt. Ich versah dieses Amt bis 1993.
Das Komitee hatte und hat bis heute die Aufgabe, die weiterhin alle fünf Jahre stattfindenden Kongresse vorzubereiten und die Arbeit der sich seit den 1960er Jahren stetig vergrössernden Zahl international besetzter Forschungskommissionen (über slavische Wortbildung, Aspektologie, Terminologie und so weiter) zu koordinieren. Der Vertreter der kleinen Schweiz wie auch die beiden Vertreter des gleichfalls ›neutralen‹ Österreich hatten gewisse Möglichkeiten, im Spannungsfeld zwischen Ost und West auf die Formulierung der jeweiligen Kongressthemen und die Tätigkeit der Kommissionen einzuwirken. So konnte ich im September 1975 auf der XVII. Plenartagung des MKS in Berlin für den Kongress in Zagreb 1978 die Aufnahme der Themen *Literarische Übersetzung* und *Soziolinguistik* in die Kongressthematik erreichen, das Letztere gegen Widerstand aus den ›sozialistischen‹ Ländern; bei der Tagung im bulgarischen Blagoevgrad 1988 ging es um die Schaffung der ›Bibelkommission‹, die in der Folge von Anatolij A. Alekseev (Leningrad, später Sankt Petersburg) geleitet wurde: es gab auch hier Widerstand, aber nachdem der Vertreter der Schweiz unter Berufung auf die Statuten anstelle der allgemein üblichen Abstimmung durch Akklamation eine offene Abstimmung verlangt hatte, hoben auch die Vertreter der DDR zögernd die Hand.
Das MKS führte auf Einladung der Schweiz vom 8. bis 13. September 1980 in Zürich unter Teilnahme von 52 Slavisten aus 26 Ländern seine XXI. Plenartagung durch; finanziert wurde die Tagung durch Beiträge der Erziehungsdirektion, der Schweizerischen Geisteswissenschaftlichen Gesellschaft (SGG), des Zürcher Hochschulvereins und der Ulrico Hoepli-Stiftung. Die Tagung war vornehmlich der Vorbereitung des IX. Internationalen Slavistenkongresses in Kiew 1983 gewidmet. Es gab heisse Debatten und erhebliche Spannungen wegen der Zulassung verschiedener Vortragsthemen. Diskutiert wurde auch die Arbeit der damals bereits etwa 20 vom Komitee eingesetzten Kommissionen; bezeichnend für die damalige politische Situation ist, dass die Kommission für eine Gesamtbibliographie zur literaturwissenschaftlichen Slavistik, 1963 gegründet, sich 1979 aus politischen Gründen aufgelöst hatte – diejenige für die linguistische Slavistik blieb bestehen.
Die Mitarbeit der Schweiz im MKS und ihre Teilnahme an den Kongressen setzte die Existenz eines nationalen Slavistenverbands voraus. Die Gründung eines solchen war freilich auch deshalb dringlich geboten, weil es galt, die Anliegen der Schweizer Slavisten und die Interessen des Fachs gegenüber der schweizerischen Öffentlichkeit, den Universitätsleitungen, den Schulbehörden, insbesondere den Rektoren der Gymnasien, und den Medien zu vertreten. Nach dem Vorbild der Zusammenschlüsse

der Hochschuldozenten für Germanistik, Anglistik und Romanistik wurde die SAGS ins Leben gerufen. Ein vorbereitendes, oben bereits erwähntes Treffen fand im Herbst 1965 in Zürich statt. Im April 1967 wurde die SAGS in Basel gegründet. Mitglieder waren zunächst Michel Aucouturier (Genf), Rudolf Bächtold (Basel und Bern), Peter Brang (Zürich), Elsa Mahler (Basel) sowie Hildegard Schroeder (Basel). Später kamen Constantin Regamey (Lausanne und Freiburg im Üechtland), Aleksandr Soloviev (Genf), Harald Jaksche (Freiburg und Bern), Ernst Dickenmann (ehemals Zürich und Bern), Robin Kemball (Lausanne), Georges Nivat (Genf) sowie Felix Ph. Ingold (Sankt Gallen), Jan Peter Locher (Bern), Robert Zett (Zürich), Rolf Fieguth (Freiburg im Üechtland), Peter Thiergen (Basel), Andreas Guski (Basel) und German Ritz (Zürich) hinzu.

Gemäss ihren Statuten setzte sich die SAGS für die »Förderung und Pflege der Slavistik in Forschung und Lehre und die Publikation ihrer Ergebnisse« ein, »für die Einflussnahme auf die Gestaltung des Bildungswesens auf dem Gebiet der Slavistik unter besonderer Berücksichtigung der Universitäten, der sonstigen Hochschulen und der Mittelschulen«. Die bereits erwähnte Denkschrift über die Situation des Russischunterrichts in der Schweiz (1967) wurde namens der SAGS versandt. Die Jahrestagungen der Gesellschaft waren jeweils Problemen der Koordination der Studienpläne, der wechselseitigen Information über Forschungsvorhaben, der Zusammenarbeit beim Ausbau der Seminarbibliotheken, der Beteiligung an bibliografischen Projekten und der Teilnahme von Schweizer Dozenten an internationalen Kongressen sowie der Information über geplante Tagungen und den Ergebnissen bereits durchgeführter Tagungen, schliesslich gegebenenfalls der Wahl des Vorstands gewidmet. Sie dienten zudem der Berichterstattung des Schweizer Vertreters im Internationalen Slavistenkomitee über die Tätigkeit der im Auftrag des Komitees arbeitenden wissenschaftlichen Kommissionen. Eine ihrer Aufgaben war von 1967 an die Wahl der Fachvertreter (in der Regel je einer aus der Deutschschweiz und der Romandie) in jene oben erwähnte Kommission des EDI, welche die schweizerischen Kandidaten für die jährlich fünf (respektive bei Teilbarkeit bis zu zehn) Stipendien für Aufenthalte in der Sowjetunion aussuchte und dabei die einzelnen Universitäten angemessen zu berücksichtigen hatte.

An der Abgeordnetenversammlung der SGG, der Vorgängerin der Schweizerischen Akademie der Geistes- und Sozialwissenschaften (SAGW), in Chur vom 22. Mai 1971 wurde die SAGS – nachdem ich als Präsident (1967–1971) kurz ihre Ziele vorgestellt hatte, in die SGG aufgenommen. Im September 1972 war die SAGS an der Berner Ausstellung zum 25-jährigen Jubiläum der SGG mit Büchervitrinen, Karten, Statistiken und Tonmaterial über den Russischunterricht beteiligt.

Die Bedeutung der vom MKS veranstalteten internationalen Mammutkongresse ist nach 1990 zurückgegangen. Sie waren nie ein blosser Jahrmarkt der Eitelkeiten, vielmehr bis zum Ende der Sowjetunion eine der wenigen Möglichkeiten, mit

Fachkollegen aus Osteuropa zusammenzutreffen. Mitarbeiter des Zürcher Slavischen Seminars nahmen regelmässig an den Kongressen teil, und die SAGS veröffentlichte seit 1973 die Schweizer Kongressbeiträge jeweils in einem Sammelband der Reihe *Slavica Helvetica*. Seit der Öffnung der osteuropäischen Länder und der Einführung der Reisefreiheit finden international ausser den allgemeinen Slavistenkongressen viele kleinere slavistische Kongresse und Fachtagungen statt.

Der SAGS stellten sich nach dem Umbruch der frühen 1990er Jahre neue Aufgaben. Durch Statutenänderungen der Jahre 2003 und 2008 wurde zunächst der Kreis der Mitglieder erheblich erweitert (Möglichkeit des Beitritts von Assistierenden, Lektoren mit Hochschulabschluss und anderen). Später wurde, neuen Gegebenheiten Rechnung tragend, die Aufnahme nicht mehr nur »sprach- und literaturwissenschaftlich orientierten Mitgliedern«, sondern auch von Wissenschaftlerinnen und Wissenschaftlern ermöglicht, die sich »in weiterem Sinne mit Themen aus Osteuropa befassen, bspw. aus den Geschichtswissenschaften, der Philosophie und der Kunstgeschichte«. Dementsprechend wurde die Gesellschaft Ende 2008 in Schweizerische Akademische Gesellschaft für Osteuropawissenschaften (SAGO) umbenannt.

Das Seminar als Dienstleistungsbetrieb

Von Anfang an war das Seminar nicht nur das Zürcher Zentrum für Lehre und Forschung im Bereich der Slavischen Philologie, es erbrachte auch Dienstleistungen zuhanden der Öffentlichkeit. Es fungierte als Dokumentations- und Auskunftsstelle für den Gesamtbereich der slavischen Völker. Die Beratungstätigkeit zum Beispiel in Sprachfragen und die Mithilfe bei der Beschaffung von Texten, Bildmaterial, Statistiken und dergleichen kam und kommt immer wieder den verschiedensten Behörden zugute, darüber hinaus den Medien (Presse, Radio, Television) und Institutionen aus dem Bereich der Kunst.

Im Frühjahr 1968 trat das Fernsehen DRS mit der Frage an mich heran, ob ich eine Einführung in den Sprachlehrkurs *Russisch für Sie* geben wolle. Die Ausstrahlung der Sendung fand am 27. April statt. Der Kurs (in 62 Lektionen beziehungsweise Wochen) hatte beachtlichen Erfolg, von dem zugehörigen Lehrbuch wurden 11 800 Exemplare des Bands I verkauft und immerhin noch 4160 beziehungsweise 3790 der Bände II und III. Nachdem im August 1968 fünf Warschauer-Pakt-Staaten in die Tschechoslowakei eingefallen waren, gab es Proteste gegen die Weiterführung des Kurses; aber Fernsehdirektor Guido Frei rechtfertigte sie nach Rücksprache mit Kulturredaktor Eduard Stäuble und mir, indem er darauf hinwies, dass man zwischen russischer Sprache und Kultur und sowjetischer Machtpolitik trennen müsse. Der Kurs wurde 1973/74 erneut gesendet, die Teilnehmer bildeten Lesergruppen, Absolventen des Zürcher Seminars betreuten diese als ›Visitatoren‹. Als solche waren unter anderen

Edith Augustin, Elisabeth Goślicka, Barbara Lange, Rosmarie Locher und Ruth Zollinger tätig.

Bei den Russland gewidmeten ›Juni-Festwochen Zürich‹ des Jahres 1989 arbeitete das Seminar mit der Präsidialabteilung der Stadt Zürich zusammen. Das Schauspielhaus und das Opernhaus unterstützte man gelegentlich durch die Anfertigung von Übersetzungen und die Überlassung von Büchern oder durch die Begrüssung der Schauspieler des Vachtangov-Theaters in russischer Sprache bei ihrem Zürcher Gastspiel vom Mai 1968. Die Schweizerische Gesellschaft für Urheberrechte an Musikaufführungen und -Sendungen (SUISA) nahm vor allem in den 1960er und 70er Jahren immer wieder die Hilfe des Seminars bei der Lösung von Fragen der Transliteration in Anspruch.

Oft kamen Bitten um Auskunft telefonisch. So erhielt ich 1962 einen Anruf vom Leiter des Pestalozzianums. Der las mir die ersten Sätze zweier Übersetzungen eines russischen Romans vor und fragte, ob es sich wirklich um denselben Roman handle. Ich konnte ihm bestätigen, dass es sich beide Male um den Anfang von Dostojewskijs *Idiot* handelte – zum Glück haben wir inzwischen die Übersetzung von Swetlana Geier.

Mitunter musste man sich mit Einzelpersonen auseinandersetzen, die als Laien auf dem Gebiet der Slavistik mitreden wollten. Als Kuriosum sei hier der ›Fall Hirt‹ erwähnt. Ein gewisser Jean Hirt war mit den Zeitungsberichten über die Seminareinweihung von 1964 nicht einverstanden, befand die Sprachbezeichnung ›serbokroatisch‹ für unwissenschaftlich; in Dutzenden von Briefen, die er zwischen März 1964 und April 1965 an mich sandte, erwies er sich bald als glühender kroatischer Patriot und zugleich als ›Etymologomane‹: »Ich kann in den Schweizer-deutschen Dialekten, im Italienisch der Tessiner, im Räte-Romanischen […] tausende slavische Sprach-Relikte und Sprachwurzeln erkennen.« Jan Kollár, der slowakische Romantiker, der bei seiner Schweizreise 1844 aufgrund der Ortsnamen überall slavisches Siedlungsgebiet zu erkennen meinte (zum Beispiel wegen der vielen Ortsnamen auf -kon und so weiter), hätte an diesem späten Nachfahren seine helle Freude gehabt. Die hirtschen Briefe wurden aufbewahrt, als Zeugnis des serbisch-kroatischen Antagonismus, ebenfalls als extremes Beispiel von Etymologomanie.

Zu den Dienstleistungen gehörten auch verschiedene Tätigkeiten für die Behörden: so die Vertretung der Universität bei der 300-Jahr-Feier der Universität Zagreb im Dezember 1969 und die Redigierung der Glückwunschadresse; der Empfang einer Delegation von drei Sowjetschriftstellern im Oktober 1973 und von 25 sowjetischen Wissenschaftlern im Juni 1986 mit mehreren Vorträgen; die Beratung des Rektorats bei der Themenwahl für den ersten Besuch von Zoja Novožilova, Sowjetbotschafterin in der Schweiz, an der Universität Zürich vom 6. April 1989 und ihr Empfang im Seminar; das Dolmetschen bei der Begegnung einer Delegation von Theaterleuten mit Max Frisch im März 1989; der Empfang einer Frauenkommission des Obersten Sowjets im März 1990; die – selbstverständliche – Teilnahme von Dozenten und Lektoren des Seminars als Prüfende oder Experten bei Diplomprüfungen für Russisch an den Zürcher Gymnasien oder an der Dolmetscherschule Zürich; nicht zuletzt die Übersetzungstätigkeit für die Universität und die ETH, die gelegentlich fachliche, meist naturwissenschaftliche Texte betraf, vorwiegend aber persönliche Dokumente für den inneruniversitären Gebrauch. Diese Tätigkeiten führten mitunter zu einer so starken zeitlichen Beanspruchung, dass die Behörden genauere Berichte verlangten (1974). Besonders eng war die Verbindung mit der Volkshochschule der Stadt Zürich. Nicht nur hielten Dozenten und Absolventen des Slavischen Seminars an der Volkshochschule sehr oft Vorlesungen und Kurse und während Jahrzehnten immer auch Sprachkurse ab, sondern Dozenten, erst ich selbst fast zwei Jahrzehnte lang, dann German Ritz, wirkten als Sachverständige in ihrem Aufsichtsrat mit. Die Russischkurse der Volkshochschule fanden seit 1970 zum Teil im Slavischen Seminar statt.

Die Dienste des Seminars wurden auch beansprucht, als das V. Konstanzer Slavistische Arbeitstreffen auf Einladung von Daniel Weiss vom 25.–27. September 1979 in Zürich stattfand und als das Seminar gemeinsam mit dem Deutschen Seminar vom 8. bis 13. September 1980 die Tagung *Aktuelle Probleme der Phraseologie* durchführte.

Forschungstätigkeit

Den Bericht über die am Seminar geleistete Forschungsarbeit stelle ich an den Schluss, *last but not least*. In aller Regel sind Lehr- und Forschungstätigkeit eng miteinander verbunden, sie bedingen sich im Normalfall gegenseitig. Die Forschungsleistung des Seminars kommt vor allem in den Publikationen der Dozenten und Assistenten zum Ausdruck. Sie spiegelt sich aber auch in den Themen der Lizentiats- und Doktorarbeiten. Gerade dort zeigt sich die enge Verbindung zwischen Forschung und Lehre – die Anregung zur Wahl eines Themas geht oft aus den Seminaren und Übungen hervor.

Schon früh richteten sich meine wissenschaftlichen Neigungen auf die Zusammenhänge zwischen Sprache und Gesellschaft, zu einer Zeit, als das Interesse für Soziolinguistik noch in den Anfängen stand. Auf dem Warschauer Slavistenkongress von 1973 hielt ich einen programmatischen Vortrag mit acht Thesen über die Aufgaben der sprachsoziologischen Forschung; auf meinen Antrag hin wurde, wie erwähnt, damals an den Internationalen Slavistenkongressen eine Sektion für Soziolinguistik eingeführt. Im Rahmen eines vom Schweizerischen Nationalfonds von 1973 bis 1978 unterstützten Zürcher Projekts entstand in Zusammenarbeit mit Monika Bankowski-Züllig die *Kommentierte Bibliographie zur Slavischen Soziolinguistik* (in drei Bänden

1981 erschienen). Es war ein erster – und der bisher einzige – Versuch, ein allgemeines Bild der Forschungsarbeit zu gewinnen, die in den elf slavischen Ländern über die Sprache als ein soziales Phänomen geleistet worden war. Die grossenteils kommentierten mehr als 15 000 Titel sind unter den Gesichtspunkten *Allgemeine Aspekte der Wechselbeziehungen zwischen Sprache und Gesellschaft, Sprache und Sozialstruktur, Sprache und Kultur, Ideologie, Politik und Sprache sowie Gesellschaft, Sprache und schöne Literatur* geordnet und in ein feinrasteriges System von Unterkapiteln gegliedert. Das Unternehmen hatte nicht zuletzt auch deshalb Bedeutung, weil bis zum Ende der Sowjetzeit in den slavischen Ländern viele soziolinguistische Themen tabuisiert waren.

Schon in den 1950er Jahren hatte ich einen umfänglichen, kritischen Bericht über die Erforschung Turgenevs in der Sowjetunion verfasst und später mehrere Aufsätze über diesen Dichter. Mein Buch über Turgenevs Leben und Werk erschien 1977, es war das erste seit 1903.

Bei meinem ersten Aufenthalt in Russland im September 1962 hielt ich im Leningrader Puškinskij Dom einen Vortrag über die schweizerisch-russischen Literaturbeziehungen. Dieser Vortrag gab Rostislav Jur'evič Danilevskij den Anstoss zur Abfassung seines 1984 in Leningrad erschienenen Buchs *Rossija i Švejcarija. Literaturnye svjazi XVIII–XIX vv.* Fragen der literarischen und kulturellen Wechselwirkungen waren am Zürcher Slavischen Seminar stets ein zentrales Thema nicht nur der Lehre, sondern auch der Forschung. Wie erwähnt war die Zusammenarbeit zwischen dem Seminar und der von Carsten Goehrke geleiteten Osteuropa-Abteilung des Historischen Seminars seit deren Gründung (1971) sehr eng. Im Sommer 1985 fasste man den Plan, gemeinsam die vielfältigen Beziehungen zwischen den slavischen Ländern und der Schweiz zu untersuchen. Mehrere Projektsitzungen 1985–1987 und ein mehrtägiges Kolloquium im Juni 1987 legten die Grundlagen für das interdisziplinäre und interuniversitäre Projekt *Schwerpunkte schweizerisch-slavischer und schweizerisch-osteuropäischer Wechselbeziehungen. Dokumentation und Forschung*. Dieses Forschungsprojekt wurde vom Schweizerischen Nationalfonds in den Jahren 1988–1994 finanziert. Sein Ziel war einerseits die Schaffung einer elektronischen Datenbank (über 6000 Dokumente wurden in sie eingespeist), andererseits die Erfassung von thematisch relevanten Titeln in einer bibliografischen Kartothek; diese umfasste beim Abschluss des Projekts 20 000 zumeist kommentierte Titel. Zugleich ging es um die Erforschung bestimmter Themenkreise, in denen sich die Beziehungen der Schweiz mit den slavischen Völkern besonders verdichtet haben.

An der Leitung des Projekts wirkte neben dem Schreibenden und Carsten Goehrke auch Prof. Robin Kemball (Lausanne) mit. Mitarbeitende waren gegen zehn Doktoranden und Lizentianden (meist aus Zürich, aber auch aus Basel und Genf), daneben Spezialisten aus dem Ausland sowie Studierende, die besonderes Interesse für das Thema zeigten; wesentlichen Anteil an der Durchführung des Projekts hatten lic. phil. Monika Bankowski und lic. phil. Hans Urech sowie Dr. Heinrich Riggenbach (Basel). Auf drei internationalen Symposien, die 1989, 1991 und 1992 im Zürcher Seminar stattfanden, wurden die Forschungsergebnisse vorgelegt und ausführlich diskutiert; die verschiedenen Beiträge erschienen in drei Sammelbänden mit insgesamt 72 Aufsätzen unter den Titeln *Fakten und Fabeln* (1991 – über die Schweiz als Reiseland), *Asyl und Aufenthalt* (1992 – über die Rolle der Schweiz als Zufluchts- und Studienland) sowie *Bild und Begegnung* (1996 – über die aus realen Eindrücken oder aus Stereotypen hervorgegangenen wechselseitigen Bilder der Schweiz und der osteuropäischen Länder). Im Umfeld des Projekts entstanden nahezu 40 Lizentiatsarbeiten und Dissertationen, verteilt auf die Fachgebiete Slavistik und Osteuropäische Geschichte.

Im Zusammenhang mit der Projektarbeit sammelte ich ›slavische Schweizgedichte‹. Sie erschienen als ein vierter Band 1998 unter dem Titel *Landschaft und Lyrik. Die Schweiz in Gedichten der Slaven*. In diesem Buch sind mehr als 130 von 87 slavischen Dichtern in acht slavischen Sprachen verfasste Gedichte abgedruckt, in denen diese Dichter ihr Erlebnis der Schweiz festgehalten haben – insgesamt sind bislang 350 solcher Gedichte gefunden worden. Neben dem Originaltext steht jeweils eine um höchstmögliche Treue bemühte Versübersetzung von Christoph Ferber; die ausführlichen Kommentare sind von mir verfasst. Dem Schweizbild ist auch der im Jahr 2000 in den Abhandlungen der Mainzer Akademie von mir herausgegebene Band *Die Schweiz und ihre Landschaft in slavischer Lyrik (mit vergleichendem Blick auf die westeuropäische Dichtung, Malerei und Musik)* gewidmet, fünf Mitglieder der Akademie haben Beiträge dazu geleistet.

1983 konzipierte ich ein Forschungsprojekt *Deklamationskunst bei den Slaven. Geschichte, Theorie und Praxis des mündlichen Vortrags von dichterischen und anderen Werken*. In der Folge veröffentlichte der Verlag der Österreichischen Akademie der Wissenschaften 1988 die Studie *Das Klingende Wort. Zu Theorie und Geschichte der Deklamationskunst in Russland*. Sie ist auch in russischer Übersetzung erschienen, zusammen mit neun während der beiden folgenden Jahrzehnte entstandenen Aufsätzen, die sich mit Problemen der ›Mündlichkeit‹ im Russischen, Polnischen und anderen slavischen Sprachen befassen (*Zvučaščee slovo. Zametki po teorii i istorii deklamacionnogo iskusstva v Rossii,* Moskau 2010).

Meine 2002 publizierte Studie *Ein unbekanntes Russland. Kulturgeschichte vegetarischer Lebensweisen von den Anfängen bis zur Gegenwart* sucht möglichst umfassend die Bedeutung zu erforschen, welche in Russland die Idee einer pflanzlichen Ernährung gehabt hat. Untersucht wird deren Rolle in Literatur, bildender Kunst und Medizin, im kirchlichen Leben und in zahlreichen weiteren Feldern der Gesamtkultur. Auch von diesem Buch gibt es eine russische Ausgabe (Moskau 2006). Im Rahmen der Forschungstätigkeit am Seminar ist zudem die Tatsache zu sehen, dass die literaturwissenschaftliche Redaktion der von Max Vasmer 1924 begründeten *Zeitschrift*

SNF-Projekt »Schweizerisch-slavische und schweizerisch-osteuropäische Wechselbeziehungen« (1988–1994): Vorbereitungstagung 13. Juni 1987, 53 Teilnehmer. Oben von links: P. Brang, C. Goehrke, M. Bankowski-Züllig, R. Zett, St. Hauswirth. Unten: am Pult Prof. Robin Kemball, Lausanne

für Slavische Philologie sich von 1970 bis 1992 ganz und dann bis 2009 zur Hälfte in Zürich befand. Die Ausübung dieser redaktionellen Tätigkeit war nur möglich, weil die ansehnlichen Bestände der Seminarbibliothek zur Verfügung standen.

Robert Zett veröffentlichte seit seiner Berufung nach Zürich eine Reihe von Aufsätzen und Rezensionen vornehmlich aus dem Gebiet der Balkanphilologie, insbesondere zur slavischen Onomastik und Phonetik, so über die *Geschichte des Kroatennamens* oder zu *Fonetika, Fonologija, Udarenie, Intonacija* in der Grammatik von N. Švedova.

Von der am Seminar geleisteten Forschungsarbeit suchen die in diesem Band aufgeführten Titel von wichtigen Publikationen der Dozenten und der Mitarbeitenden einen Eindruck zu geben. Zum Forschungsertrag sind jedoch auch die Lizentiatsarbeiten und Dissertationen zu zählen. Sie lassen mit ihrer weitgefächerten Thematik den Facettenreichtum des Forschungsgebiets der Slavischen Philologie erkennen und sind deshalb weiter unten ebenfalls angeführt; die Breite des Themenspektrums dieser Arbeiten hängt nicht zuletzt damit zusammen, dass den Studierenden bei der Wahl der Themen grosse Freiheit gelassen wurde und die sie betreuenden Dozenten bereit waren, sich allenfalls in ihnen selbst zunächst noch fremde Gebiete einzuarbeiten.

Die meisten der Dissertationen sowie eine Anzahl anderer Monografien und Sammelbände sind in der Reihe *Slavica Helvetica* erschienen. Sie wurde 1967 von Michel M. Aucouturier (Genf) und Hildegard H. Schroeder (Basel) gemeinsam mit mir gegründet, um eine Druckmöglichkeit für die in der Schweiz geschriebenen Dissertationen zu schaffen und zugleich die auf dem Gebiet der Slavischen Philologie geleistete Forschungsarbeit zu dokumentieren. Die ersten drei Bände erschienen beim Verlag Bucher in Luzern; ab Band 4 wechselte die Herausgabe zu Herbert Lang & Cie. beziehungsweise zu Peter Lang in Bern. Von den 81 Bänden, die zwischen 1969 und 2010 erschienen sind, haben Absolventen des Slavistikstudiums in Zürich und Dozenten des Zürcher Seminars 41 verfasst.

Ich blicke auf meine langjährige Tätigkeit für das Seminar und allgemein an der Universität Zürich mit grosser Dankbarkeit zurück. Sie gab mir die Möglichkeit, im Rahmen meiner Kräfte auf einem Feld zu arbeiten, das mich von früher Jugend an gelockt hat. Ich bin froh, dass sich Nachfolger gefunden haben, die meine Arbeit engagiert fortsetzten und fortsetzen, unter neuen Bedingungen, mit neuen Möglichkeiten.

Publikationen

Monografien

Untersuchungen über Puškins Verhältnis zur Sprache (Dissertation), Marburg 1952.
Puškin und Krjukov. Zur Entstehungsgeschichte der Kapitanskaja dočka, Berlin 1957.
Studien zu Theorie und Praxis der russischen Erzählung. 1770–1881 (Habilitationsschrift), Wiesbaden 1960.
I. S. Turgenev. Sein Leben und sein Werk, Wiesbaden 1977.
Kommentierte Bibliographie zur slavischen Soziolinguistik (mit M. Züllig), Bd. I–III, Bern 1981.
Das Klingende Wort. Zu Theorie und Geschichte der Deklamationskunst in Russland (Sitzungsberichte der Österreichischen Akademie der Wissenschaften, Philosophisch-historische Klasse, 508), Wien 1988.
Landschaft und Lyrik. Die Schweiz in Gedichten der Slaven. Eine kommentierte Anthologie (Übersetzungen: Christoph Ferber), Basel 1998.
Ein unbekanntes Russland. Kulturgeschichte vegetarischer Lebensweisen von den Anfängen bis zur Gegenwart, Köln 2002.
Zvučaščee slovo. Zametki po teorii i istorii deklamacionnogo iskusstva v Rossii, Moskva 2010.

Herausgaben

Festschrift für Margarete Woltner, hg. mit Herbert Bräuer, Horst Jablonowski, Heidelberg 1967.
Zeitschrift für Slavische Philologie, Bd. 34–65, Heidelberg 1968–2009, hg. bis 1989 mit Herbert Bräuer, ab 1990 mit Helmut Keipert, ab 1993 zudem mit Walter Koschmal und Tilman Berger.
Fakten und Fabeln. Schweizerisch-Slavische Reisebegegnung vom 18. bis zum 20. Jahrhundert, hg. mit Monika Bankowski, Carsten Goehrke, Robin Kemball, Basel 1991.
Asyl und Aufenthalt. Die Schweiz als Zuflucht und Wirkungsstätte von Slaven im 19. und 20. Jahrhundert, hg. mit Monika Bankowski, Carsten Goehrke, Werner G. Zimmermann, Basel 1994.
Bild und Begegnung. Schweizerisch-osteuropäische Kulturwechselseitigkeit im Wandel der Zeit, hg. mit Carsten Goehrke, Robin Kemball, Heinrich Riggenbach, Basel 1996.
Die Schweiz und ihre Landschaft in slavischer Lyrik (mit vergleichendem Blick auf die westeuropäische Dichtung, Malerei und Musik), mit Beiträgen von P. Brang, W. Hempel, W. Habicht, D. Mehl, N. Miller und R. Kahsnitz, Stuttgart 2000.

Aufsätze

»Der Zweikampf im russischen Leben und in der russischen Literatur«, in: *Zeitschrift für Slavische Philologie* 29 (1961), 315–345.
»Der russische Beitrag zur literarsoziologischen Forschung. Versuch eines Überblicks«, in: *Jahrbuch für Ästhetik und allgemeine Kunstwissenschaft* IX (1964), 167–207.

»Über die Tagebuchfiktion in der russischen Literatur«, in: *Typologia litterarum. Festschrift Max Wehrli*, hg. v. Stefan Sonderegger, Alois M. Haas, Harald Burger, Zürich 1969, 443–466.

»Über die Aufgaben der sprachsoziologischen Forschung, vornehmlich am Beispiel der russischen Literatursprache«, in: *Schweizerische Beiträge zum VII. Internationalen Slavistenkongress in Warschau 1973* (Slavica Helvetica 7), hg. v. Peter Brang, Bern 1973, 3–33.

»Zur Todesmotivik im russischen Modernismus«, in: *Schweizerische Beiträge zum VIII. Internationalen Slavistenkongress in Zagreb und Ljubljana 1978* (Slavica Helvetica 12), hg. v. Peter Brang, Bern 1978, 23–58.

»Mensch und Tier in der russischen Literatur«, in: *Das Tier in der menschlichen Kultur* (Zürcher Hochschulforum 5), Zürich 1983, 45–71.

»Zur ›objektiven‹ und ›subjektiven‹ Großschreibung im Russischen«, in: *Festschrift für Herbert Bräuer zum 65. Geburtstag am 14. April 1986* (Slavistische Forschungen 53), hg. v. Reinhold Olesch, Hans Rothe, Köln, Wien 1986, 39–63.

»Russische Deklamationsprobleme in soziokultureller Sicht«, in: *Schweizerische Beiträge zum X. Internationalen Slavistenkongress: Sofia, Sept. 1988* (Slavica Helvetica 28), hg. v. Peter Brang, Bern 1988, 47–73.

»›Auch ich in Helvetien‹. Die Schweiz als Landschaft und ›geistige Landschaft‹ in slawischen Berichten und Gedichten (Pauca e multis)«, in: *Verlust und Ursprung. Festschrift für Werner Weber mit Beiträgen zum Thema ›Et in Arcadia ego‹*, hg. v. Angelika Maass, Bernhard Heinser, Zürich 1989, 112–132, 504–506.

»Vortragskunst in Polen. Bemerkungen zum Forschungsstand«, in: *›Tgolí chole Mêstró‹. Gedenkschrift für Reinhold Olesch*, hg. v. Renate Lachmann u. a., Köln 1990, 485–504.

»Reisen und Reisetexte in philologischer und poetologischer Sicht«, in: *Fakten und Fabeln. Schweizerisch-slavische Reisebegegnung vom 18. bis zum 20. Jahrhundert*, hg. v. Monika Bankowski, Peter Brang, Carsten Goehrke, Robin Kemball, Heinrich Riggenbach, Bern 1991, 13–27.

»Puschkin und die französische Kultur«, in: *Von Pol zu Pol Gesänge sich erneun ... Das Europa Goethes und seine Nationalautoren*, hg. v. Jochen Golz, Wolfgang Müller, Weimar 2001, 191–210.

»Shakespeare in der slavischen Welt«, in: *Übersetzung: ein internationales Handbuch zur Übersetzungsforschung*, Bd. 3, hg. v. Harald Kittel, Armin Paul Frank, Norbert Greiner, Theo Hermans, Werner Koller, José Lambert, Fritz Paul, Berlin 2010, 673–689.

»Zur russischen Terminologie des ›Klingenden Worts‹. Begriffsgeschichtliche Betrachtung von *deklamacija*, *chudožestvennoe* und *vyrazitel'noe čtenie*, *živoe* und *zvučaščee* slovo«, in: *Welt der Slaven* LI (2006), 209–232.

Schriften von Robert Zett

Monografien
Beiträge zur Geschichte der Nominalkomposita im Serbokroatischen. Die altserbische Periode (Dissertation, Slavistische Forschungen 9), Köln 1970.

Herausgaben
Die Chronik des Symeon Metaphrastes und Logothetes. Nachdr. der slavischen Übersetzung in der Ausgabe von V. I. Sreznevskij, mit einer Einl. von Robert Zett (Slavische Propyläen 99), München 1971.
Aktuelle Probleme der Phraseologie, hg. mit Harald Burger, Bern 1987.

Aufsätze
»Der balkanische ›Tagedieb‹. Zur Reichweite lexikalischer Balkanismen«, in: *Beiträge zur Südosteuropa-Forschung* 2 (1970), 199–210.
»Slavische Nomina loci mit dem Suffix -(d)lo«, in: *Welt der Slaven* 16 (1971), 397–413.
»O značenii serbskoj redakcii cerkovnoslavjanskogo jazyka dlja izučenija istorii russkoj leksiki«, in: *Russkoe i slavjanskoe jazykoznanie* [Festschrift R. I. Avanesov], Moskva 1972, 291–299.
»Zur morphologischen Adaption der deutschen Lehnwörter in der oberschlesisch-polnischen Mundart von Sankt Annaberg«, in: *Welt der Slaven* 21 (1976), 194–202.
»Zur Geschichte des Kroatennamens«, in: *Schweizer Beiträge zum VIII. Internationalen Slavistenkongress in Zagreb und Ljubljana, September 1978* (Slavica Helvetica 12), hg. v. Peter Brang, Bern 1978 283–293.
»›Sicut navigatibus portus‹ – ein Abschlusstopos kirchenslavischer Handschriften«, in: *Colloquium Slavicum Basiliense. Gedenkschrift für Hildegard Schroeder* (Slavica Helvetica 16), hg. v. Heinrich Riggenbach (unter Mitw. v. Felix Keller), Bern 1981, 781–792.
»Slavische und deutsche Ländernamen im Vergleich«, in: *Proceedings of the XIXth International Congress of Onomastic Sciences, Aberdeen, August 4–11, 1996*, hg. v. W. F. H. Nicolaisen, Aberdeen 1998, 394–402.

Die Geschichte des Slavischen Seminars nach 1990

GERMAN RITZ

Entwicklung im Zeichen des Wandels

Die Emeritierung von Peter Brang auf das Sommersemester 1990 und ein Jahr später die vorzeitige, von der Universitätsleitung nahegelegte Pensionierung von Robert Zett bilden eine tiefe Zäsur in der Entwicklung des Slavischen Seminars. Die Zeit von 1961–1990 präsentiert sich als eine erfolgreiche Pioniergeschichte; das Seminar wuchs in der Anzahl seiner Studierenden und seiner Mitarbeiter und in der Erweiterung von zunächst einer auf zwei Professuren. Es entwickelte sich zum Zentrum der Slavistik in der Schweiz und wurde zusammen mit der neu geschaffenen Professur für Osteuropäische Geschichte zur wichtigsten Anlaufstelle der Osteuropastudien. Die Entwicklung von Sprach- und Literaturwissenschaft verlief in dieser Zeit nicht parallel, der frühzeitige, privat motivierte Rücktritt von Robert Zett war ein Faktor dieser Entwicklung. Die grössere Faszination der slavischen Literaturwissenschaft auf die Studierenden hatte unbestritten zunächst ihren Grund in der Person des Lehrstuhlinhabers und in seinem Engagement für das Fach, lässt sich aber auch auf die grosse und noch ungebrochene Bedeutung der slavischen und vor allem russischen Literatur in der Studienwahl für die ersten Generationen der Slavistik zurückführen.

Wenn aus dem Rückblick die Zäsur von 1989 beziehungsweise 1991 besonders tief ausfällt, hat das nicht nur mit der kleinen Geschichte des Seminars zu tun, sondern vor allem auch mit der grossen Geschichte, in der sich damals ein mehrfacher Wandel vollzog, der nicht ohne Wirkung auf die Entwicklung des Seminars blieb. Es sind sehr unterschiedliche Prozesse, die hier ineinandergreifen. Zunächst ist es der gewaltige Strukturwandel, der sich aus dem Zusammenbruch des realen Sozialismus in Osteuropa 1989 und dem Verschwinden der Sowjetunion als dessen Garant 1991 ergab. Die westeuropäischen und amerikanischen slavischen Institute verdanken ihre Gründung und ihre zum Teil stürmische Entwicklung bis in die 1990er Jahre der Existenz und vor allem dem Bedrohungspotenzial des Ostblocks für den Westen. Die innere Entwicklung der Seminare blieb zwar grösstenteils ausserhalb dieser politischen Dienstfunktion, die verdeckte Abhängigkeit vom politischen Faktor zeigte sich aber in den mehrfachen finanziellen und personellen Kürzungswellen, die in den 1990er Jahren die Slavistik in Westeuropa und vor allem in Amerika erfassten. Das Slavische

Seminar in Zürich hat diese Bedrohung nicht zuletzt wegen seiner Zentrumsfunktion gut überstanden. Andere Standorte in der Schweiz, insbesondere Basel, mussten substanzielle Kürzungen erleiden, ja sogar um das Überleben kämpfen.

Der Zerfall des Ostblocks veränderte gleichzeitig die Struktur und das lange bewahrte Selbstverständnis des Fachs als slavische Philologie. Der Kalte Krieg bedingte, dass die Slavistik gerade im deutschen Sprachraum stark vom Russischen ausging, wie im Übrigen auch in der DDR, und sich gegen eine zu starke Ausdifferenzierung in mehrere selbständige slavische Philologien stemmte. Diese Einheit des Fachs folgte auch der – historisch zwar verschieden begründeten – Idee einer slavischen Einheit beziehungsweise der slavischen Idee, die seit dem 19. Jahrhundert deutlich Ausdruck des imperialen Selbstverständnisses Russlands und später der Sowjetunion war. Der Zerfall des Ostblocks und der Sowjetunion verstärkte die zentrifugalen Kräfte, insbesondere in der Polonistik und Serbokroatistik. Gleichzeitig wuchs seit den 1980er Jahren in der deutschen Slavistik die Überzeugung, dass die Modernisierung des Fachs nur über den Anschluss an die Entwicklung der Disziplinen der sprachwissenschaftlichen und literaturwissenschaftlichen Forschung in den anderen Philologien, wie der Romanistik, Anglistik oder Germanistik, zu erreichen sei. Oftmals war es jedoch nur die russistische Sprach- beziehungsweise Literaturwissenschaft, die sich um diesen Anschluss bemühte, was sich für die Slavistik insgesamt als Eigentor erwies. Denn die neuen auch interdisziplinären Profile der Slavistik nach der Sparwelle der 1990er Jahre erforderten wiederum ein breites Spektrum der Kompetenz in slavischer Literaturwissenschaft. Das Slavische Seminar in Zürich hat nicht zuletzt wegen seiner Ausdifferenzierung diese verschiedenen und auch gegensätzlichen Entwicklungen mitgemacht, wie wir später in der ›kleinen Geschichte‹ sehen werden.

Der Zerfall des Ostblocks und der Sowjetunion zeigte, wenn auch verzögert, seine Folgen unter anderem im neuen Profil unserer Studierenden. Die Slavisten der 1960er bis 80er Jahre waren geprägt von der Zweiteilung Europas und konnten sich als Grenzgänger – in dieser Rolle Teil einer sehr kleinen und elitären Gruppe – eine starke innere Motivation als Zeugen und Vermittler auf beiden Seiten des Eisernen Vorhangs aufbauen. Diese Funktion entfiel nach 1989 zusehends, und mit der zunehmenden Öffnung der Grenzen verflog der Reiz des Exotischen, der zuvor viele Studierende zu dem Fach hinzuziehen vermochte. Der reale Sozialismus hatte die ›Orientalisierung‹ Osteuropas beziehungsweise der slavischen Länder in der westlichen Wahrnehmung ins 20. Jahrhundert verlängert, eine Orientalisierung übrigens, an der die Slavistik selbst bis Ende der 1980er Jahre mit beteiligt war. Dieses überfällige Verschwinden der Fremdheit oder des Anderen in der Terminologie der Postmoderne erwies sich für den Studierenden und vor allem jungen Forscher aber nicht nur als Ausdruck des Fortschritts und der Emanzipation, es war auch mit einem Verlust verbunden. Mag bis zur Wende das Überwinden der Landesgrenzen, das Überstehen der stets bedrohlich und einschüchternd wirkenden Grenzkontrollen, eine individuelle Herausforderung gewesen sein und der Übertritt vom Westen in den Osten ein immer sich wiederholender zivilisatorischer Schock, so wurde der ›kühne‹ Grenzgänger auf der anderen Seite durch Gastfreundschaft, Offenheit und Hilfsbereitschaft seitens der osteuropäischen Intellektuellen belohnt. Die immer niedrigere Mauer der Landesgrenze – ausser der russischen – verschob sich in den letzten zwei Jahrzehnten nach innen. Die ›geheimen‹ Privilegien der westlichen Slavisten von einst wichen nach 1989 der Normalität wissenschaftlicher Kontakte, die über ein immer dichter werdendes Netz von Staats- und Universitätsverträgen geregelt wurden.

Der hier skizzierte Wandel blieb nicht ohne Folge für die Motivation der Wahl des jeweiligen Studienfachs in den letzten zwei Jahrzehnten. Die Entscheidung für das Fach wurde pragmatischer und realistischer. Beeinflussten früher politische Grossereignisse, wie das Tauwetter nach 1956, Prag 1968, das Polen der *Solidarność* und das Russland der Perestroika die Entscheidung für das Studium, fehlten nach 1991 ähnliche Ereignisse, und die wirtschaftlichen Prognosen – sie wiesen nicht immer nach oben – blieben von den künftigen Studierenden zwar nicht unbemerkt, sie waren aber nicht entscheidend. Diesen Wechsel von einer ›romantischen‹ oder ideellen Wahl des Fachs zu einer pragmatischen begleitete in den letzten 20 Jahren ein demografischer Wandel. Langsamer als in Deutschland, aber merklich verringert sich der proportionale Anteil von Studierenden aus dem Westen ohne slavischen familiären Hintergrund. Sie hatten früher das Rückgrat des Fachs gebildet und die Studienpläne massgebend beeinflusst. An ihre Stelle trat nun ein immer höherer Anteil von Studierenden aus den slavischen Ländern, vor allem aus Russland und den ehemaligen Republiken der Sowjetunion, insbesondere die Kinder aus Familien, die sich in den verschiedenen Emigrationsströmen aus Osteuropa seit dem Zweiten Weltkrieg in der Schweiz niederliessen, wobei der Anteil der Studierenden mit bosnisch/kroatisch/serbischem Hintergrund nach 2000 die traditionell grosse Gruppe aus tschechischen Familien deutlich überstieg. In den letzten Jahren ist der Anteil von Studierenden mit einer Voll- beziehungsweise Teilkompetenz in einer slavischen Muttersprache auf über 50 Prozent gestiegen. Folge dieses letzteren Strukturwandels war die Forderung nach einer stärkeren Berücksichtigung der jeweiligen nationalen Kulturen, das heisst eine Erweiterung der Lehre in Bohemistik oder Serbokroatistik beziehungsweise das Zurückdrängen des Russischen in seiner traditionellen und meist auch als sinnvoll verstandenen Rolle des Hauptbezugspunkts in Lehre und Forschung.

Die Entwicklung des Slavischen Seminars wurde aber nicht nur vom politischen und kulturellen Wandel in Osteuropa geprägt, sondern auch von Veränderungen in der Entwicklung der Geisteswissenschaft und der Philologien im Speziellen. Zunächst veränderte sich die Bedeutung und Funktion der Literatur. Sie verschwand aus der Mitte der Kultur und fand sich im Osten, wie bereits früher im Westen seit den 1960er Jahren, am Rand, manchmal einem elitären, aber letztlich wenig einflussreichen Rand der Gesellschaft wieder. Die traditionell grosse politische Rolle der Literatur in

Osteuropa und damit in den meisten slavischen Literaturen verzögerte diesen Prozess dort um gut 30 Jahre. Nach 1989 verlor die Literatur auch in Osteuropa zunehmend diese Bedeutung. Die Literaten verliessen mit wenigen Ausnahmen die politische Bühne. Die Perestroika in der Mitte der 1980er Jahre wurde noch wesentlich von den Literaten mitgestaltet, die Wende von 1989 und der Zusammenbruch von 1991 hatten bereits andere Akteure. Dieser Bedeutungsverlust schlug sich in der Rezeption der Literatur im In- und Ausland nieder. Die Schriftsteller als politische Figuren hatten auf beiden Seiten einst die Säle gefüllt und die Verlage überzeugt. Die russische Literatur litt unter diesem Strukturwandel insbesondere in der westlichen Wahrnehmung, mehr als die übrigen slavischen Literaturen, was für die Studienwahl unserer Studierenden nicht ohne Folgen blieb.

Der Funktionswandel der Literatur – ihr Bedeutungswandel – blieb in der Literaturwissenschaft im Allgemeinen vom Siegeszug des Poststrukturalismus etwas zu- oder abgedeckt. Die neue Theorie kam mehrheitlich aus Amerika und Frankreich und wurde von der westlichen Slavistik leicht verspätet wahrgenommen, weil die genuin slavische Leistung in Formalismus und Strukturalismus die westliche Slavistik lang in ihren Bann zog. Die Begeisterung für den Poststrukturalismus fiel fast nahtlos mit dem Wandel in Osteuropa zusammen. Natürlich gab es Ausnahmen, insbesondere im benachbarten Konstanz, dem Vorposten der Theoriediskussion in der deutschen Slavistik, den nicht alle als solchen erkannten. Hier wurde der Poststrukturalismus viel früher aufgenommen, wurden auch dessen slavische Vorläufer benannt und der Theoriegemeinde bewusst gemacht, insbesondere in der Erscheinung Bachtins, der die Strukturalisten und Poststrukturalisten in West und Ost inspirierte. Die Theoriebildung zum Poststrukturalismus, freilich eine nur rezeptive, entstand in den meisten slavischen Ländern fast zeitgleich mit jener in der westlichen Slavistik, was Letzterer, die sich lange als Hüterin des Theoriemonopols verstand, nicht immer bewusst war. Viele Erneuerungsbemühungen der 1990er Jahre, der angesagte *theoretical turn*, bedienten sich der diversen Diskursformen des Poststrukturalismus, und vor allem die jüngeren Kader schrieben ihre wissenschaftlichen Arbeiten in deren Geist. Die Forderung nach einer theoretischen Begründung des wissenschaftlichen Arbeitens war zwar nicht neu, neu waren aber die Diskursformen, und anders war der Umgang mit der Theorie, die sich im Horizont des Poststrukturalismus immer auch zu einem autonomen Phänomen entwickeln konnte und dadurch den Blick auf die jeweilige slavische Kultur eher schwächte und gelegentlich verkürzte. Anders war schliesslich seine Dienstfunktion in der Organisation des wissenschaftlichen Betriebs. Er förderte sogenannt flache Strukturen und setzte wie nebenbei 68er-Ideale um, ohne sich um die einstigen ideologischen Kämpfe zu kümmern.

Noch entscheidender für den Wissenschafts- und Seminarbetrieb als der Wandel der Theorie war allerdings die technische Innovation, zunächst das Aufkommen der Computer, deren Siegeszug sich in den 1980er Jahren durch die zunächst unüberwindbar erscheinende Hürde der Sonderzeichensätze etwas verzögerte, dann aber bald zur Selbstverständlichkeit wurde; entscheidend war zudem der spätere Einzug des Internets in den wissenschaftlichen Alltag. Ohne diesen Wandel der Infrastruktur wären die Grenzen gerade zwischen Ost und West nicht so rasch eingeebnet worden. Wissen und Information sind nicht mehr standortgebunden. Text und Bücher brauchen nicht mehr die Papierform. Die neue, elektronische Infrastruktur setzte für den Wissenschafts- und Lehrbetrieb Ressourcen frei, schaffte indes rasch neue Bedürfnisse, sodass sich die Arbeitseinsparungen schnell wieder verflüchtigten.

Zum Schluss dieser knappen Diagnose der allgemeinen Veränderungen muss auf die Internationalisierung und Vernetzung des Wissenschaftsbetriebs hingewiesen werden, die von all den bisher aufgezählten Faktoren lebt. Die slavischen Philologien entwickelten sich in den jeweiligen slavischen Ländern und in den verschiedenen westlichen Traditionen während der ersten Nachkriegsjahrzehnte relativ autonom. Seit den 1980er Jahren ist eine vor allem von oben gesteuerte und gewünschte Intensivierung des wissenschaftlichen Austausches zu beobachten. Internationale Konferenzen wurden zu einem zentralen Instrument und einer weitreichenden Organisationsform des Wissenschaftsbetriebs. Der Wissenstransfer von West nach Ost und von Ost nach West beschleunigte sich. Übersetzungen gerade aus dem Deutschen in die entsprechenden slavischen Sprachen halfen Barrieren abzubauen, da das Deutsche auch in Mitteleuropa längst nicht mehr als *Lingua franca* dient. Das Englische hat diese Funktion übernommen und auch das Russische aus seiner ehemaligen, politisch motivierten Rolle als internationaler Wissenschaftssprache verdrängt. Der echte wie der vermeintliche westliche Wissensvorsprung zu Beginn der Wende verflüchtigten sich bald. Westliche slavistische Forschung wurde nun verstärkt in den internationalen Dialog einbezogen und musste sich der kritischen Überprüfung stellen.

Die slavische Sprachwissenschaft ist von diesem mehrfachen Wandel weniger stark betroffen worden als die Literaturwissenschaft, und das weiter oben diagnostizierte Ungleichgewicht zwischen Literatur- und Sprachwissenschaft der ersten drei Jahrzehnte ist in den beiden letzten korrigiert worden. Das hat sicher primär mit der Person von Daniel Weiss und seinem Engagement für den Gegenstand zu tun, aber auch mit dem pragmatischen Profil seiner Forschung und Lehre, die leichter als etwa die historische Linguistik auf die Veränderungen und Erfordernisse der Zeit reagieren konnten.

Zur ›kleinen‹ Geschichte des Seminars. Die »Zeit der Wirren«

Die Pionier- und Erfolgsgeschichte des Seminars von 1961–1990 bildete ein grosses, unbestrittenes Kapital für die Zeit nach 1990, war aber nicht zuletzt wegen ihrer Geschlossenheit und vor allem ihrer tiefen Prägung durch Peter Brang auch eine Hypothek. Der erwartete Neuanfang, wie immer nach einer langen Amtsdauer, war nicht leicht zu bewerkstelligen, vor allem weil, wie oben angedeutet, zeit- und strukturbedingt grosse Würfe nicht möglich waren. Der Neubeginn verzögerte sich zunächst durch die Vakanz von drei Semestern in der Literaturwissenschaft. Zur eigentlichen Belastung für alle Beteiligten wurde aber nicht die Vakanz, sondern das seit 1990 laufende Verfahren zur Überprüfung der Amtstätigkeit von Robert Zett. Auf das Frühjahr 1991 trat er zurück, und auf das Wintersemester 1991/92 trat Jochen-Ulrich Peters seine Stelle als Ordinarius für Slavische Literaturwissenschaft an. Zwei Jahre später konnte die Vakanz in slavischer Sprachwissenschaft mit der Neuberufung von Daniel Weiss geschlossen werden. Die »Zeit der Wirren« fiel paradoxerweise mit einer Blüte des Seminars zusammen, die wir vielleicht weniger uns selbst als vielmehr der Erfolgsgeschichte der Perestroika zu verdanken hatten, welche die Studentenzahlen seit den späten 1980er Jahren sprunghaft ansteigen liess, sodass 1990 der Russisch-Sprachkurs doppelt geführt werden musste, um dem Ansturm der Interessenten gewachsen zu sein und ein didaktisch verantwortbares Niveau zu garantieren, ein Schritt, den wir später nie mehr zu tun wagten beziehungsweise wagen konnten, obwohl in zwei Wellen nach 2000 die Zahl der Russischstudenten bis auf 50 stieg. Frau Dr. Svetlana Geisser, damals Assistentin und einstige Promovendin der Universität Lausanne, führte den Kurs im Rahmen ihrer Assistententätigkeit durch. Die Lehre wurde von verschiedenen auswärtigen Gästen, Rolf Fieguth, Maria Deppermann, Vladimir I. Novikov für die Literaturwissenschaft, für die Sprachwissenschaft vor allem vom gebürtigen Slowaken und späteren Professor in Lund Ľubomír Ďurovič garantiert. Besonders hervorzuheben ist dabei das Gastspiel von Novikov, einem damals sehr bekannten Literaturkritiker und Professor am Maxim-Gorki-Literaturinstitut in Moskau. Dieser noch nicht eingeübte Gehversuch eines russischen akademischen Lehrers in für ihn ungewohnter Umgebung verlief nicht ohne Schwierigkeiten, die vor allem auf die kulturelle Differenz zurückzuführen waren – für beide Seiten. Seine Frau und damalige Redakteurin der Prosaabteilung von *Novyj Mir,* die sich in den frühen 1990er Jahren einen Namen als Vertreterin der damals Aufsehen erregenden Frauenliteratur machte, hat diese Erfahrungen später in einem ihrer Romane dargestellt.

Aus dieser Zeit des Übergangs resultiert auch die 20 Jahre dauernde Zusammenarbeit mit Dr. Ilma Rakusa. Sie war von 1971 bis 1977 Assistentin am Seminar, wirkt seither als Schriftstellerin, Übersetzerin und Literaturkritikerin. Seit 1991 hielt sie regelmässig eine Seminarübung primär im Bereich der Südslavistik ab. Das war der Beginn der systematischen Berücksichtigung des Südslavischen in der Lehre, die nach 2000 weiter verstärkt wurde, bis die Südslavistik zum dritten Schwerpunkt aufgewertet wurde und eine gleiche Ausstattung wie die Polonistik erhielt. Etwas ungewohnt für die spätere Entwicklung war, dass die jeweils zwei Lehraufträge zur südslavischen Literatur bis 2001 zur Hälfte zulasten des knappen Kontingents des

Sprachunterrichts des Serbokroatischen gingen. Rakusa begann ihre südslavische Reihe mit einer Seminarübung zur slowenischen Literatur, mit der sie ihre Muttersprache besonders verbindet, widmete sich in den folgenden Semestern, wie es der Erwartung der meisten Studierenden entsprach, vor allem aber der serbokroatischen Literatur. Ihrer Person und internationalen Ausstrahlung verdankt die Südslavistik ihren Aufbau und die spätere Verankerung im Profil des Seminars. Schon seit 1989 hatte der Schreibende die Polonistik und Bohemistik zu selbständigen Fachbereichen aufgewertet. Die polnische Literatur war über ihre reiche und autonome Ausbildung seit der Renaissance dafür prädestiniert, als Alternative und über weite Strecken auch als Antagonistin zur russischen Literatur zu dienen, mit der sie auf Augenhöhe über die Jahrhunderte hinweg ihren Dialog führte. In der etwas anders gearteten Pragmatik des Seminaralltags konnte die Polonistik in Zürich diese Valenz nie ganz realisieren. Dafür waren die genuinen Interessen der Bohemistik, die durch die grosse, kontinuierliche Gruppe von Studenten aus tschechischen Familien in der Schweiz – die Folge der zahlenmässig gewichtigen Emigration in die Schweiz nach 1968 – sehr aktiv vertreten wurden, und später der Südslavistik zu stark, als dass sie zum eigentlichen zweiten Zentrum des Fachs hätte werden können. Darum wurden in der Folge die Polonistik und die Bohemistik in Bezug auf die Literaturwissenschaft von mir als gleichwertige Fächer behandelt.

Der Neustart nach 1991 beziehungsweise 1993

Man kann die zweijährige Übergangszeit als Krise beschreiben, die ihre Opfer forderte wie den Assistenten Paul Suter und Svetlana Geisser, die später aus verschiedenen Gründen frühzeitig das Seminar verlassen mussten. Man kann sie auch als Phase der internen Umorientierung bezeichnen, die dem Seminar zu einer Vielstimmigkeit verhalf. Diese veränderte Ausgangslage entsprach in vielem den Vorstellungen von Jochen-Ulrich Peters, der sich vor allem als Vertreter der Russistik verstand und die Breite des Seminars nicht allein, sondern mit der Hilfe anderer Mitarbeiter garantieren wollte. Jochen-Ulrich Peters konnte in seinen Berufungsverhandlungen eine wissenschaftliche Bibliothekarsstelle einwerben, was in den nachfolgenden Jahren einerseits die geplante Professionalisierung der Bibliothek erlaubte, wie andernorts ausgeführt wird, andererseits die Assistierenden weitgehend von der Mitarbeit in der Bibliothek entlastete und sie für ihre Aufgaben in Forschung und Lehre frei machte. Gleichzeitig wurde ein zusätzlicher Kredit für Gastvorträge eingeworben, der die angestrebte vermehrte internationale Vernetzung erlaubte. Es gehörte zu den Zeichen der Zeit, dass diese und ähnliche strukturelle Veränderungen, Erweiterungen der Handlungsspielräume – anders als in der Pionierzeit – recht rasch vom Seminaralltag verschluckt wurden und nicht ganz die erwarteten Resultate zeitigten. Das zusätzliche, interessante Angebot von innen und aussen fand nicht die erwartete Resonanz. Die Slavistik kämpft nach ihren etwas pathetischen Jahren des grossen politischen und kulturellen Wandels, der zur generationenübergreifenden Erfahrung wurde, in den 1990er Jahren mehr als früher gegen die Kluft zwischen den Generationen an. Das lag zum Teil daran, dass für die 68er-Generation, die jetzt das Geschick des Seminars bestimmte, die unerwartete Distanz zur Jugend eine besondere Herausforderung darstellen musste, weil sie sich als Sprecherin der Rechte der Jugend verstand, diese jetzt aber andere, vor allem pragmatische Bedürfnisse zeigte. Im Rückblick wissen wir, dass hier eine allgemeine Krise der Geisteswissenschaften am Werk war, die den Dialog über die Generationen hin erschwerte und die bei der Slavistik deutlich verspätet ankam, weil sie die zivilisatorischen ›Verspätungen‹ Osteuropas teilte. Das Herausarbeiten neuer Funktionen gerade der Literaturwissenschaft ist bis heute eine Aufgabe geblieben und war nicht von einer Generation zu leisten.

Nach einer ebenfalls gut zweijährigen Vakanz in der Sprachwissenschaft nahm auf das Wintersemester 1993/94 Daniel Weiss, nachdem er sich im Sommersemester 1993 »selbst vertreten« hatte, seine volle Tätigkeit im Slavischen Seminar auf. Weiss brachte seine Assistentinnen Imke Mendoza und Florence Maurice aus München mit und schaffte einen personellen und, wie sich bald zeigte, auch einen klaren inhaltlichen Neubeginn. Methodisch setzte er in seinem Unterrichtsprogramm neue Akzente. Die Seminare und viele Übungen wurden von zwei auf drei Stunden erweitert, um Gruppenarbeiten zu ermöglichen. Mit seinem Angebot aus der angewandten Linguistik konnte er recht rasch die Studierenden an sich binden und die Linguistik neu zu einem Anziehungspunkt machen. Während das Angebot in slavischer Literaturwissenschaft von Peters und dem Schreibenden zusammen mit dem regelmässigen Lehrangebot von Rakusa ein doppeltes Stundenkontingent aufwies, suchte Weiss das Angebot von Anfang an durch den stärkeren und systematischen Einbezug der Assistenten zu erweitern und zwar nicht nur in den sich wiederholenden Programmen der Einführungsveranstaltungen, sondern auch mit Spezialthemen rund um die Dissertationsthemen der Assistierenden. Nach 2001 wird Dr. Sibylle Kurt, die eine kumulative Habilitation vorbereitete, regelmässig zusätzlich in die Lehre eingebunden. Diese Erweiterung der curriculumsrelevanten Lehre wird von ihr nach der Habilitation 2005 neben ihrer Tätigkeit als Gymnasiallehrerin (Französisch) weitergeführt und bewirkt mit dem nach 2003 regelmässig vergebenen Lehrauftrag in südslavischer Sprachwissenschaft einen tendenziellen Ausgleich von Sprach- und Literaturwissenschaft.

Mit der Neubesetzung des Lehrstuhls für slavische Sprachwissenschaft erhielt das Seminar drei zusätzliche Räume im zweiten Stock des Seminargebäudes an der Plattenstrasse 43, die als Büroräume für die Sprachwissenschaft und als Arbeitsraum für die Studierenden und später als Unterrichtsraum genutzt werden konnten. Die Räume waren zuvor dem Lehrstuhl für Literaturkritik zugeteilt, der nach der Emeritierung von Prof. Werner Weber nicht mehr neu besetzt wurde.

In den ersten Semestern nach der Neubesetzung der beiden Ordinariate wurden neue Studienordnungen entworfen, die mit wenigen Änderungen bis zum Beginn des Bachelor- und Master-Studiums 2006 ihre Gültigkeit behielten. Die wichtigste Reform betraf die Reduzierung von drei slavischen Sprachen – jeweils eine Sprache aus der Ost-, West- und Südslavistik –, wobei das Russische als gesetzt galt, auf nunmehr zwei Sprachen. Die stärkere Konzentrierung trug dem oben beschriebenen Prozess der Herausbildung autonomer Einheiten in der West- und Südslavistik Rechnung und wurde durch die spätere Aufwertung (1995) des Polnischen zu einem selbständigen Lizentiatsnebenfach, ähnlich dem Russischen, weitergeführt. Die folgende Standardformulierung wird in den Forschungsberichten lange die Präambel bleiben: «Das Slavische Seminar der Universität Zürich bietet das Fach Slavische Sprach- und Literaturwissenschaft prinzipiell in zweierlei Gestalt an: einerseits in seiner historisch gewachsenen Form als breites Studium der Slavischen Philologie, die von der russischen Sprach- und Literaturwissenschaft ausgeht und durch ein vielfältiges Angebot aus der West-, Süd- und Ostslavistik ergänzt wird, anderseits als ausgebautes Spezialstudium einzelner slavischer Philologien, vergleichbar der englischen, französischen oder deutschen Literatur- und Sprachwissenschaft. In letzterer Form können im Slavischen Seminar Zürich nur die russische und polnische Sprach- und Literaturwissenschaft studiert werden.»

Abgesehen von der Beschränkung auf zwei slavische Sprachen im Hauptfach wurden die wesentlichen Teile der alten Studienordnung übernommen, vor allem wird die immer wieder umstrittene Anforderung der Berücksichtigung der früheren Zeit in der Form des Altkirchenslavischen sowie einer Veranstaltung aus der älteren russischen oder später auch polnischen und tschechischen Literatur beibehalten. Für die Polonisten wird Altpolnisch auch innerhalb der Sprachwissenschaft angeboten. Dagegen verzichtet das Seminar auf die Forderung nach dem Latinum, nicht zuletzt darum, weil es die zahlenmässig immer grösser werdende Gruppe von Studierenden aus der ehemaligen Sowjetunion, die diese Voraussetzung für gewöhnlich nicht mitbringen, nicht zusätzlich belasten will. Der Verzicht selbst ist eine Kompromissformel, die der kulturell bedingten im Vergleich zu Westeuropa deutlich längeren Präsenz des Lateins in der *Slavia Latina* widerspricht.

Die internationale Vernetzung

Zur strukturellen Erneuerung, die der Öffnung der Grenzen nach Osteuropa Rechnung trägt, gehört die Einführung von regelmässigen wissenschaftlichen Exkursionen in die verschiedensten slavischen Länder. Eine erste wurde bereits 1990 unter der Leitung von Robert Zett in das ehemalige Jugoslawien unternommen, das die Grenzschwierigkeiten im obigen Sinn nicht kannte. Das ehemalige Jugoslawien blieb auch in den folgenden Jahrzehnten Destination verschiedener Exkursionen, 1996 unter der Leitung der Lektorin Grana Ferić nach Zagreb und 2008 gemeinsam mit der Abteilung für Osteuropäische Geschichte nach Makedonien (Boškovska/Weiss). Wichtigstes Zielland wurde indes Russland. Die meisten Exkursionen wurden mit Partnerinstitutionen wie der Osteuropäischen Geschichte nach Sibirien (2000) und Novgorod (2004) oder der Kunstgeschichte nach Moskau und Sankt Petersburg (2002) durchgeführt. 1994 initiiert der neue Lektor Vladimir Bitter die Tradition der von den Lektoren begleiteten Sprachkursaufenthalten zunächst in Vladimir, später auch in Moskau und Sankt Petersburg. Dieses Unternehmen wurde durch den von Peters ins Leben gerufenen wissenschaftlichen Austausch mit der Russistik der Sankt Petersburger Universität ergänzt, flankiert durch ein Austauschstipendium zwischen der Universität Sankt Petersburg und Zürich. Der wissenschaftliche Austausch auf der Ebene der Dozierenden (Peters/Muratov), Assistierenden und Studierenden wurde zu einer wichtigen Plattform der Kontakte und vor allem zu einer Anlaufstelle für Studierende und junge Forscher im Bereich der Russistik. Herz dieses Austausches wurde von Seiten Russlands neben dem bekannten Sankt Petersburger Literaturwissenschaftler Prof. Muratov und ehemaligen Kollegen von Peters die junge und sehr dynamische Germanistin und Russistin Dr. Juliana Kaminskaja, die mehrmals in kürzeren Forschungsaufenthalten Gast des Slavischen Seminars und der Germanistik in Zürich war. Sankt Petersburg hat später eine zusätzliche Bedeutung bekommen, da für die nationalen Austauschstipendien die Moskauer Universitäten nicht mehr auswählbar sind. Moskau bleibt aber in nicht institutionalisierter Form durch Prof. Weiss, dessen wissenschaftlicher Werdegang eng mit den Moskauer linguistischen Kollegen verbunden ist, für das Seminar präsent.
Nach Russland wird Polen erwartungsgemäss zum weiteren Zielland von wissenschaftlichen Exkursionen und vor allem von institutionalisierten Kontakten. Eine erste Exkursion, die wiederum zusammen mit der Abteilung für osteuropäische Geschichte organisiert wurde, fand 1996 in Südpolen statt, eine spätere führte 2001 als Folgeveranstaltung eines zusammen mit der Abteilung für Vergleichende Literaturwissenschaft veranstalteten Seminars zu den deutsch-polnischen literarischen Beziehungen nach Warschau und Danzig. Die Exkursion von 1994 in die Ukraine, und zwar vor allem in die Westukraine, hatte das Doppelziel der Begegnung mit der ukrainischen Kultur und Ukrainistik in Kiew und Lemberg nach dem Zerfall

Rechts: Exkursion in die Ukraine 1994

Unten: Exkursion nach Sibirien 2000

Exkursion nach Sibirien 2000, Demonstration in Moskau: Olga Burenina; Wladimir Bitter; Daniel Weiss

Exkursion nach Mazedonien 2008

Exkursion nach Mazedonien 2008, Besuch im Kloster

der Sowjetunion und der Begegnung mit den Resten der polnischen Kultur in der Ukraine – Słowackis Krzemieniec, Drohobycz von Bruno Schulz und Lwów als Kristallisationspunkt einer multiethnischen Kultur in Ostgalizien. Institutionalisiert wurden die wissenschaftlichen Kontakte der Polonistik mit der Jagiellonen-Universität in Krakau und dem Literaturinstitut der Akademie in Warschau und später zur Polonistik in Thorn. Anders als die Kontakte zu Russland bedurften die Kontakte zur Tschechischen Republik und Polen immer weniger der speziellen Stützung durch das Slavische Seminar, da infolge der sehr raschen Annäherung dieser Länder an die EU zusätzliche wissenschaftliche Austauschformen – insbesondere in Erasmusabkommen – aufgebaut wurden, sodass alle Studierenden, die gewillt waren, ein oder zwei Semester in diesen Ländern zu studieren, automatisch in den Genuss von Stipendien kamen. Anders präsentierte sich die Situation für die Stipendien für Studienaufenthalte in Jugoslawien, die während der Kriege der 1990er Jahre auf Eis gelegt wurden und nach 2000 auf Initiative der Lektorinnen Ada Mandić und in den letzten Jahren vor allem von Jelena Gall aktiviert wurden.

Das immer dichter werdende Netz von wissenschaftlichen Kontakten zu den verschiedensten Universitäten der meisten slavischen Länder wurde einerseits über die immer zahlreichere Teilnahme an wissenschaftlichen Konferenzen seitens der Dozierenden gesponnen, die sich in den jeweiligen Wissenschaftsbetrieben vor allem in Polen und Russland Bekanntheit geschaffen hatten, andererseits über die sehr aktive Kontaktsuche seitens der Lektoren und Lektorinnen, die anders als in der Pionierzeit, als die meisten Lektoren und Lektorinnen Emigranten waren, direkter mit ihren Herkunftsländern verbunden sind.

Die verbesserte Sprachkompetenz und die Verbesserung der Rolle des Sprachunterrichts

Gute Sprachkenntnisse sind in den letzten zwei Jahrzehnten immer deutlicher zu wichtigen Qualifikationsmerkmalen für den beruflichen Erfolg geworden, der Spracherwerb stärker als früher zu einem Initialmotiv für die Wahl des Studiums. Die Forderung nach einer immer besseren aktiven Kompetenz der Studierenden in den einzelnen slavischen Sprachen traf sich mit dem Bedürfnis der Dozierenden und Studierenden selbst. Die stete Erhöhung der Stundenkontingente in allen vier unterrichteten Sprachen trug dem Rechnung. Mit der Erhöhung der Stundenkontingente ging die Bemühung um eine Besserstellung der Lektoren einher, die bisher bloss mit Lehraufträgen an das Seminar gebunden waren. Nur die beiden Russischlektoren hatten seit 1978 eine pensionsberechtigte Stelle. Eine erste Umwandlung der festen Lehraufträge in eine wissenschaftliche Mitarbeiterstelle wurde zunächst für das Russische (100 Prozent = 14 Semesterwochenstunden) nach der Pensionierung von Frau Dr. Bankoul von 1993 für Vladimir Bitter erreicht. 2001 kam eine zweite feste Stelle für das Russische (66 Prozent = 10 Semesterwochenstunden) und das Polnische (66 Prozent = 10 Semesterwochenstunden) und 2003 für das Serbische/ Kroatische (40 Prozent, ab 2005 66 Prozent) und das Tschechische (40 Prozent = 6 Semesterwochenstunden). Mit der Steigerung der Zahl der Semesterwochenstunden von 20 im Russischen und 14 aufgeteilt auf das Polnische, Tschechische und das Serbokroatische auf schlussendlich 24 im Russischen, jeweils 10 im Polnischen und im Bosnischen/Kroatischen/Serbischen und 6 im Tschechischen konnte das Angebot im Sprachunterricht um fast die Hälfte gesteigert werden, nämlich von 34 auf 50 Semesterwochenstunden. Die Qualität der erreichten Resultate auf den verschiedenen Sprachniveaus wird inzwischen mittels international anerkannter Prüfungsstandards kontrolliert, und die Lektoren und Lektorinnen besuchen seit vielen Jahren Sprachseminare, die von den jeweiligen Ländern organisiert werden, um die Standards zu garantieren.

Die Entwicklung der Lehre in Slavischer Literaturwissenschaft

Die Entwicklung der Lehre folgte in vielem den inhaltlichen Schwerpunkten der ersten 30 Jahre, insbesondere was die Russistik anbelangte. Es dominierten thematische und monografische Veranstaltungen zum 19. und 20. Jahrhundert, wobei grösserer Nachdruck auf die Avantgarde und deren Weiterführung in der Zeit nach 1956 gelegt und die zeitgenössische Literatur verstärkt berücksichtigt wurde. Es wechselten poetologische und gesellschaftspolitische Ansätze, wie sie seit jeher in der Russistik zum Standard gehörten, weil Literatur für die Schaffenden wie für die Lesenden seit dem 19. Jahrhundert stets eine starke politische Funktion besass. Besondere Akzente wurden über die verstärkte interdisziplinäre Verknüpfung der Lehre mit der Philosophie, Musik- und Kunstwissenschaft und vor allem mit der Allgemeinen und Vergleichenden Literaturwissenschaft gesetzt. Daraus resultierte eine verstärkte kulturwissenschaftliche Ausrichtung des Fachs als in den übrigen europäischen Philologien.

Differenzierter als früher konnte sich dank der gewachsenen personellen Ressourcen das Angebot in der Polonistik, Bohemistik und Südslavistik präsentieren. Auch hier überwogen die Veranstaltungen zum 19. und 20. Jahrhundert. In der Westslavistik, insbesondere der Polonistik, wurde regelmässig auch die alte Abteilung gepflegt, da hier unter anderem das Wegfallen des Altkirchenslavischen durch eine Veranstaltung aus der altpolnischen Literatur- beziehungsweise Sprachwissenschaft kompensiert werden musste.

Seit Ende der 1990er Jahre wurde auf Wunsch der Studierenden neben der Einführung in die Literaturwissenschaft regelmässig auch eine in die Literaturgeschichte geboten, was in der Applizierung auf die verschiedenen slavischen Literaturen das Lehrprogramm stark fixierte. Die Veranstaltungen erfreuten sich eines sehr regen Zuspruchs, sodass sie ins feste Angebot aufgenommen wurden, ebenso in die späteren neuen Studienordnungen des BA.

Auf Anregung von Prof. Andreas Guski (Basel) wurde ab 1996 ein regelmässiger Austausch der Lehre im Bereich der tschechischen und polnischen Literaturwissenschaft initiiert. Guski und Ritz hielten alle drei Semester ein Seminar an der jeweils anderen Universität ab und übernahmen auch Prüfungsaufgaben. Den Austausch auf der Ebene der Dozenten begleitete bald ein Austausch der Studierenden. Nach der von den Behörden verfügten Reduzierung des Lehrangebots der Slavistik in Basel und der damit verbundenen Aufgabe des Polnischen wurde der Austausch nach 2000 nur mehr unregelmässig fortgesetzt. Eine andere Form der Zusammenarbeit wurde mit den Slavischen Seminaren von Bern und von Konstanz gepflegt, indem man gemeinsam Kompaktseminare durchführte, und zwar ebenfalls im Bereich der Polonistik und Bohemistik.

Zur Entwicklung nach 2000

Wichtigstes Ereignis für die Entwicklung nach 2000 war zunächst die lange geforderte und schrittweise realisierte Erhöhung des Kredits für die Lehraufträge der Lektorinnen und Lektoren, verbunden mit ihrer gleichzeitigen institutionellen Stärkung als wissenschaftliche Mitarbeiter. Die Veränderung brachte nicht nur mehr Stunden für den Spracherwerb, was unausweichlich zu Überschneidungen in den Stundenplänen und zu Engpässen in der Raumplanung während des Semesters führte, sie brachte auch die immer stärker werdende Verankerung der Sprachpraxis in den Curricula mit sich. Die Einführung von neuen Prüfungen in der Mitte und am Ende des Studiums war ein erster Ausdruck davon und die Festschreibung von circa 40 Prozent Sprachpraxis in den neuen Studienreglementen des BA ihre nachträgliche Konsequenz.

Nach 2000 wurde in den drei Unterrichtsräumen, die dem Seminar zur Verfügung stehen, allmählich eine multimediale Infrastruktur aufgebaut. Die multimedialen Hilfsmittel waren nicht zuletzt für den Sprachunterricht von grossem Interesse. Der Aufbau und Einsatz von E-Dokumenten und -Präsentationen wurde auch für die literatur- und sprachwissenschaftliche Lehre immer mehr zur Regel. Die Einzelinitiativen wurden von den Mitarbeitern des OLAT-Zentrums der Universität unterstützt und gefördert. Die Digitalisierung von literarischen Werken und Grundlagewerken im Allgemeinen, die sich in sehr unterschiedlicher Form in slavischen Ländern entwickelte, hat hierfür eine wichtige Ausgangslage geschaffen.

Weiteren Ereignisse, die den nach den Veränderungen der 1990er Jahre längst eingeschliffenen Seminarbetrieb mit prägten, waren die 2005 angelaufene Evaluation und die Einführung der neuen Studiengänge des BA und MA nach 2006 und 2007. Die Ereignisse überlappten sich und verlangten eine neue Selbstdarstellung des Seminars nach aussen.

Das Evaluationsprozedere beinhaltete ein mehrstufiges Verfahren, bestehend aus einer Selbstevaluation in Form eines Berichts und einer von den Studierenden durchgeführten Evaluation der Lehre. Höhepunkt des Verfahrens war die Begehung des Seminars durch drei auswärtige Experten im November 2005, die Einzel- und Gruppengespräche mit den Vertretern der verschiedenen Standesgruppen führten. Die Empfehlungen der Expertengruppe und später der Universitätsleitung übernahmen in vielem die Argumente des Seminars, insbesondere die Forderung nach einer Oberassistenz in slavischer Sprachwissenschaft, die einerseits die Parität von Sprach- und Literaturwissenschaft verbessern und andererseits den neuen Schwerpunkt in der Südslavistik im sprachwissenschaftlichen Bereich unterstützen sollte. Diese Forderung konnte jedoch nicht umgesetzt werden, das Seminar erhielt bloss eine zeitlich begrenzte Assistenzstelle von 50 Prozent. Die wesentlichen weiteren Forderungen betrafen den Aufbau gemeinsamer Doktoratsstudiengänge mit den übrigen Seminaren in der Schweiz und die Garantierung der aktiven Mitarbeit am Unterrichtsprogramm der Allgemeinen und Vergleichenden Literaturwissenschaft. Die Umsetzung vieler dieser Forderungen musste auf die Neubesetzungen der Lehrstühle in Freiburg, Basel und in Zürich warten, die zwischen 2007 und 2009 erfolgte.

Der Wechsel vom Lizentiatsstudium zum zweistufigen Bachelor- und Master-Studium bedingte zunächst keine grossen inhaltlichen Veränderungen im bisherigen Lehrprogramm, sondern nahm die wesentlichen Veränderungsprozesse der letzten anderthalb Jahrzehnte auf und gab ihnen eine neue Struktur. So übernahm man zum Beispiel die schrittweise Erweiterung des obligatorischen und inhaltlich vorgegebenen Grundstudiums, das von der alten Triade einer Einführung in die Sprach- und Literaturwissenschaft und ins Altkirchenslavische ausging und nach 1989 um die Einführung in die Literaturgeschichte und den Verbalaspekt sowie eine Übung zur Fachtextübersetzung ergänzt wurde, als Formel des viersemestrigen Basisstudiums. Für das Hauptstudium wurden im Wesentlichen keine neuen Akzente gesetzt, mit der einen wichtigen Ausnahme des gemeinsam mit der Abteilung für Osteuropäische Geschichte organisierten neuen Studiengangs Osteuropastudien. Er ist der einzige, der als grosses, nicht aufteilbares Hauptfach mit 120 Punkten belegt werden kann. Dieser neue Studiengang erhielt in der Folge deutlichen Zuspruch von den neuen Studierenden und ergänzt das traditionelle Kernfach von slavischer Sprach- und Literaturwissenschaft auf der Basis von zwei Sprachen (90 Kreditpunkten). Die neue Studienordnung suchte zudem in einem ersten etwas radikalen Schritt die Gleichwertigkeit der Slavinen herzustellen und liess auf der Ebene des grossen und des kleinen Nebenfachs auch einzelphilologische Studiengänge in Sprach- und Literaturwissenschaft zu, wenigstens in den drei Schwerpunkten Russisch, Polnisch und Bosnisch/Kroatisch/Serbisch. Später stärkte man die Stellung des Russischen wieder, indem es nicht nur als Nebenfach, sondern auch als Hauptfach zugelassen wurde. Der Aufstand der kleineren slavischen Sprachen und Kulturen gegen die Dominanz des Russischen war ein Echo der grossen politischen Prozesse rund um die Öffnung von 1989. Bezüglich mancher Autonomieversprechen musste im Hinblick auf das beschränkte Lehrangebot inzwischen zurückbuchstabiert werden, da nur ein jeweils auch komparatistisches Angebot die zeitlich enger bemessenen Curricula der Studierenden garantiert. Die wichtigste strukturelle Veränderung der Curricula betrifft den hohen Anteil des Spracherwerbs (bis zu 40 Prozent) im Obligatorium des BA.

Die Zahl der Umsteiger vom Lizentiatsstudiengang in den neuen Bachelor-Studiengang war unerheblich, und die alte und die neue Ordnung liefen in den letzten fünf Jahren ungestört nebeneinander.

Auf Ende des Frühlingssemester 2008 trat Jochen-Ulrich Peters altersbedingt zurück. Die Ausschreibung für die Nachfolge verlangte von den Kandidaten neben der Russistik einen zweiten Schwerpunkt in der Südslavistik. Diese Forderung war Resultat der schon lange geplanten und vorbereiteten Neustrukturierung des Seminars mit drei Schwerpunkten in Russistik, Polonistik und Serbokroatistik. Der Anspruch wurde mit der Wahl und dem Amtsantritt von Sylvia Sasse auf das Herbstsemester 2009 eingelöst. Sylvia Sasse konnte in ihren Verhandlungen eine halbe Oberassistenz dazugewinnen, die inhaltlich für die russische und die bosnische/kroatische/serbische Literaturwissenschaft festgeschrieben wurde.

Die Entwicklung der Bibliothek

Die Leitung der Bibliothek ging mit dem Rücktritt von Peter Brang in die Kompetenz des Schreibenden über, der seit dem Beginn seiner Tätigkeit als Assistent 1982 mit dem Schicksal der Bibliothek eng vertraut war. Hauptziel zu Beginn der 1990er Jahre war es, die bereits damals sehr grosse Seminarbibliothek, sie zählte 1989 über 60 000 Einheiten, zu einem verwaltbaren und zukunftstauglichen Instrument zu machen. Es galt zunächst drei Hauptprobleme zu lösen: das Platzproblem, das sich zum Dauerproblem entwickeln wird, das Verwaltungsproblem und schliesslich die Erschliessung über einen Online-Katalog.
In einem ersten Schritt wurde 1990 das Platzproblem angegangen. Die Bibliothek war bislang als systematische Bibliothek aufgestellt, die es dem Benutzer erlaubte, sich am Standort zu verschiedenen Themen und vor allem zu den verschiedenen Autoren zu informieren, die zunächst über die Primärliteratur und in einer zweiten Abteilung über die jeweilige Forschungsliteratur erschlossen waren. Eine solche Bibliotheksordnung hatte einen sehr hohen pragmatischen Wert für die Studierenden wie für die Forscher, war aber wegen des raschen Anwachsens der Bestände (um bis zu 2500 Einheiten jährlich) nicht mehr mit sinnvollem Aufwand verwaltbar. Vor allem fehlte es an Platzreserven. Bereits in den 1980er Jahren war die Kompaktusanlage flächendeckend über den ganzen Bibliotheksraum ausgedehnt worden. Neue Platzreserven waren keine zu erwarten. So ging man 1990 zu einem Numerus-currens-System über, das nur mehr die Sprachen und teilweise die grossen Sachgebiete wie Sprach- und Literaturwissenschaft unterschied.
Die zweite, tiefer greifende Neuerung betraf den Katalog, der bisher aus einem alphabetischen und einem Sachkatalog in Form eines Zettelkatalogs bestand, wobei seit dem Beginn des Bibliotheksaufbaus nach den sogenannten preussischen Normen gearbeitet wurde. Das schloss eine spätere Digitalisierung der Bibliothekskarten aus, weil das System inzwischen von gängigen Bibliotheksnormen stark abwich und vor allem die vielen Generationen von Assistenten Karten von unterschiedlicher bibliothekarischer Güte hinterliessen. Bereits Ende der 1980er Jahre wurden Gespräche mit Vertretern der Universitätsbibliothek Irchel und der Zentralbibliothek aufgenommen, um die Möglichkeit eines Katalogverbunds zu evaluieren. Der Entscheid fiel auf die Zentralbibliothek (ZB), weil sie den vollumfänglichen Zeichensatz für die Erfassung der slavischen Titel anbot. Das Slavische Seminar war damals neben

Bibliothek: Anita Michalak (nicht im Bild: Vicky Karayannis)

der Rechtswissenschaft und später der Anglistik das einzige Institut, das sich nicht der Universitätsbibliothek Irchel anschloss. Der Entscheid für die ZB hat sich in der nunmehr 20-jährigen Geschichte des Verbunds für uns ausgezahlt. Die ZB garantierte ohne finanzielle Gegenleistung die Schulung unserer Fachkräfte nicht nur in den Anfängen des Katalogverbunds, sondern auch bei den folgenden Systemwechseln. Der Katalogverbund mit der ZB war zudem inhaltlich angezeigt, da das Slavische Seminar seine Anschaffungen seit jeher eng mit der ZB koordiniert hatte. In den letzten Jahren haben wir begonnen, in Bezug auf das slavische Buch zunehmend von einer Bibliothek auszugehen und Doppelungen in der Anschaffung zu vermeiden. Dieser Schritt zu einer gemeinsamen Bibliothek wurde durch den Katalogbeitritt des Seminars für Osteuropaische Geschichte nach 2005 weiter begünstigt.

Der Anschluss an den Online-Katalog verlangte eine Professionalisierung der Bibliotheksverarbeitung, die bisher von den Assistenten getragen wurde. Mit der Einwerbung der neuen bereits erwähnten wissenschaftlichen Bibliothekarstelle 1992 war diese Voraussetzung für das Seminar gegeben. Die ursprüngliche 100-Prozent-Mitarbeiterstelle wurde später um 33 Prozent aufgestockt, als Frau Dr. Regula Schmid auf einen Teil ihrer Mitarbeiterstelle verzichtete. Die Stellen wurden auf zwei Mitarbeiter und Mitarbeiterinnen aufgeteilt (80 Prozent und 53 Prozent). Den reibungslosen Übergang zum neuen Katalog und schrittweise zur vollumfänglich automatisierten Bibliothek verdanken wir der Initiative, hohen technischen Begabung und grossen Effizienz von Frau Sandra Hofer, einer Absolventin des Slavischen Seminars.

Nach dem ersten Jahrzehnt der Modernisierung der Bibliothek zeigte sich, dass das Platzproblem auch über die koordinierte Neuanschaffung und die Verdichtung der Aufstellung nicht lösbar war. Die Auslagerung von Beständen in abgelegene Depots war eine Option, aufgrund der erschwerten Zugänglichkeit und Benutzbarkeit jedoch eine wenig attraktive Lösung. Als Ausweg bot sich auch hier die Zusammenarbeit mit der ZB an. Diese zeigte sich bereit, bestimmte Teile unserer Bibliothek zu übernehmen. Als Pionierprojekt bot sich dafür die geschlossene Sammlung der russischen Emigrantenbibliothek (Russkaja Biblioteka v Cjuriche, circa 6000 Einheiten) an, die das Slavische Seminar 1983 übernommen hatte, als die Vereinigung der russischen Emigranten deren Unterhalt nicht mehr gewährleisten konnte. Vor der Übergabe an die ZB wurde die Sammlung rekatalogisiert. Nach diesem ersten Projekt (2002–2006) wurde 2007 ein grösseres Anschlussprojekt geplant: Titel, die nicht primär Gegenstand des Unterrichts bilden, und vor allem Periodikabestände, die älter als zehn Jahre sind, werden innerhalb von zehn Jahren in die ZB verschoben. Geplant sind 50 Laufmeter pro Jahr. Das Projekt sollte die Bestände der Seminarbibliothek um ein Drittel verringern und so Platz für ein mittelfristiges Wachstum garantieren. 2008 wurde das Projekt begonnen. Die drohenden Engpässe in den Platzreserven auch bei den grossen Bibliotheken lassen die Aussichten auf eine vollumfängliche Durchführbarkeit dieses Projekts nicht als garantiert erscheinen, und es müssen weitere strategische Massnahmen für das künftige Wachstum der Bibliothek geplant werden.

Die Seminarbibliothek mit ihren über 100 000 Einheiten versteht sich seit ihren Anfängen nicht als interne Bibliothek, sondern als wissenschaftliche Bibliothek mit einem Öffentlichkeitsauftrag. Sie hielt den Grossteil ihrer Bestände dem interessierten Publikum zur Ausleihe offen. Die Zugänglichkeit der Bestände wurde durch den Online-Katalog erheblich verbessert. In der Ausleih- und Benutzungspraxis kannte das Seminar lange Zeit relativ niedrige Barrieren. Seit der Jahrtausendwende musste es anlässlich der regelmässig durchgeführten Revisionen jedoch feststellen, dass die Bücherverluste rasch und bedrohlich zunahmen. In der Folge wurden verschiedene Vorsichtsmassnahmen und Einschränkungen der Zugänglichkeit ausprobiert, ohne dass auch die härtesten befriedigende Resultate erzielten. Leider ist die Bibliothek seit einigen Jahren nun nicht mehr frei zugänglich, sondern nur unter strikter Kontrolle.

Die Seminarbibliothek entstand in der Kultur des geteilten Europas. Bücher aus Osteuropa hatten immer auch einen Zeugnischarakter und damit einen Mehrwert, der den frei zugänglichen und beschaffbaren Büchern aus dem Westen nicht zukam.

Das Sammeln war prioritär. Editionsstandards wurden einzuhalten versucht, waren aber kein Ausschlusskriterium. Die Seminarbibliothek widerspiegelt die Gewichtung der einzelnen slavischen Philologien in der Lehre und Forschung. An erster Stelle steht die russische Sammlung, gefolgt von der polnischen, der tschechischen und der serbokroatischen. Von den nicht unterrichteten slavischen Philologien wurde insgesamt die Ukrainistik am stärksten berücksichtigt. Aufgrund der vergleichsweise kurzen Geschichte der Seminarbibliothek und dem hohen Seltenheitswert des alten Buchs – insbesondere der Zweite Weltkrieg richtete in den Buchbeständen Osteuropas gigantische Schäden an – ist die historische Tiefe der Bestände nicht gross. Da die meisten slavischen Kulturen nach 1945 trotz der Behinderungen durch den realen Sozialismus gewaltige Anstrengungen unternommen haben, das kulturelle und insbesondere das literarische Erbe zu pflegen, wird das Fehlen des alten Buchs in vielen Bereichen durch neue Editionen gemildert. Letzteres gilt vor allem für die Literatur des 19. und 20. Jahrhunderts. Der Buchvertrieb war in den verschiedenen slavischen Ländern und zu verschiedenen Zeiten immer wieder starken Schwankungen unterworfen, was zu vielen offenen, nicht realisierten Bestellungen und zu Lücken in Periodika und Sammelwerken führte. Der freie Markt, vor allem in seiner ersten Phase in den 1990er Jahren, hat die Probleme im Buchvertrieb zeitweise verstärkt. Traditionelle, vor allem auch deutsche Vermittler des slavischen Buchs, wie etwa der Münchner Verlag Kubon & Sagner oder die Wiener Polnische Buchhandlung, wurden von den neuen Konkurrenten vor Ort geschwächt, und die neuen Lieferanten konnten langfristige Aufträge wie Subskriptionen oft nicht garantieren.

Die Seminarbibliothek erhielt im Verlauf ihrer Entwicklung immer wieder Schenkungen von privater, zur Zeit des realen Sozialismus auch von offizieller Seite, insbesondere von kleineren slavischen Ländern, zum Beispiel Bulgarien oder der Tschechoslowakei, denen die Repräsentation im Ausland ein wichtiges Anliegen war. Aufgrund des raschen Wachstums mussten wir in den letzten zehn Jahren dazu übergehen, Schenkungen und Nachlässe abzulehnen, da sie kaum mehr relevante Lücken füllen können.

20 Jahre nach der Öffnung der Grenzen und der erleichterten Zugänglichkeit der grossen staatlichen und Universitätsbibliotheken in den meisten slavischen Ländern muss das künftige Profil der Sammlung neu konzipiert werden. Die bisher angestrebte Repräsentativität vor allem in den primären Sammlungsgebieten muss pragmatisch eingeschränkt werden. Die Bibliothek hat längst den Charakter einer Seminarbibliothek überschritten und ist gezielt zu einer nationalen Schwerpunktbibliothek ausgebaut worden. Dieses Ziel muss künftig modifiziert werden, da auf der Ebene der Seminarbibliothek die Raumfrage, die durch eine solche Schwerpunktbildung entsteht, nicht gelöst werden kann, und vor allem kann das Seminar langfristig die hohen und wachsenden Personalressourcen aus dem eigenen Etat nicht garantieren. Die Bibliothek des Slavischen Seminars wird sich darum künftig verstärkt wieder

an die Vorgaben einer Seminarbibliothek halten, das heisst nur in solchen Gebieten breit wachsen, wo das aktuelle Forschungsprofil der Lehrenden und der zugeordneten Forschungskader liegt. In der Übergangsphase müssen gleichzeitig die Altbestände gepflegt werden, einerseits durch eine Rekatalogisierung im Online-Katalog und andererseits durch ein Entschlacken der Bestände von unnötigen Verdoppelungen mit anderen Standorten in Zürich beziehungsweise von veralteten Editionen oder kaum mehr relevanten Titeln.

Die Lektoren und Lektorinnen

Die Studienwahl und vor allem auch die Auswahl aus den verschiedenen slavischen Sprachen werden für sehr viele Studierende von der Begeisterungsfähigkeit der Lektoren mitbestimmt. Viele der Lektoren, vor allem aus der Pionierzeit, schafften es für Generationen von Studierenden zu mythischen Figuren zu werden, sie erhielten diesen Symbolwert über ihre persönliche Ausstrahlung und über das spezielle Schicksal des Emigranten. Diesen Identifikationscharakter besass sicher Dr. Maria Bankoul und auf eine ganz andere Art Tadeusz Sarnecki. Persönlichkeit ersetzte hier nicht selten didaktische Versiertheit. Viele Lektoren der ersten Stunde waren nicht speziell auf ihre Lehrtätigkeit vorbereitet. Für die gleichsam zweite Generation von Lektorinnen und Lektoren, die im Verlauf der 1980er Jahre ihre Tätigkeit aufnahm, galten hier schon andere, unifizierte Standards. Die Ansprüche an einen modernen Fremdsprachenunterricht hatten sich geändert.
Entscheidend für die Entfaltung der Wirkung von Lektoren war ihre langjährige Bindung an das Seminar, für die ersten 40 Jahre ohne die Sicherheit fester Anstellungen, sondern lediglich in der Form von Lehraufträgen. Das gelang für das Russische in der Person von Maria Bankoul, die über 30 Jahre bis 1993 mit dem Seminar verbunden war. Das Russische wurde bereits in den 1970er Jahren durch ein zweites Lektorat ergänzt und Annemarie Schläpfer 1974 anvertraut, einer Russistik-Absolventin aus Paris, nachdem zuvor ehemalige Assistenten, wie Rosmarie Schlienger, Christian Weiss oder Hans Peter Stoffel, ergänzende Kurse im Russischen übernommen hatten. Schläpfer behielt ihre Stelle bis 1996, als sie diese aus gesundheitlichen Gründen aufgeben musste. Für die Nachfolge von Maria Bankoul konnte der Russlanddeutsche Wladimir Bitter, der nach seiner Ausreise aus Kasachstan nach Deutschland bereits in Oldenburg Russisch unterrichtet hatte, gewonnen werden. Er trat die Stelle als Erster als wissenschaftlicher Mitarbeiter an. Das zweite Russischlektorat wurde zunächst von Grana Juldaševa aus München und nach 1999 von Olga Burenina übernommen, die in Konstanz promoviert wurde und sich später in Sankt Petersburg für russische Literaturwissenschaft habilitierte.

Wissenschaftliche Mitarbeiterinnen und Mitarbeiter Spracherwerb 2011: Wladimir Bitter; Olga Burenina; Marta Neracher-Altrichter; Małgorzata Gerber; Jelena Gall

Die Stelle für das Polnische konnte nach dem Rücktritt von Tadeusz Sarnecki (1983) nicht mit einer ähnlichen Kontinuität weiterbesetzt werden. Zunächst wurden die fünf Lehraufträge auf Dr. Elisabeth Goślicka-Baur und Ewa Hess-Kasprzak aufgeteilt. Diese recht ungünstige Aufteilung des kleinen Stundenkontingents wurde nach 1990 von Anna Breu und Małgorzata Gerber weitergeführt, bis 1999 die Kurse ganz Frau Gerber übergeben wurden, die 2003 in Zürich promovierte.
Viel gradliniger verläuft die Besetzung des Tschechisch-Lektorats, das Jirina Stehli-Pánková bis 1989 innehatte und seither von Marta Neracher versehen wird.
Gemeinsam war den verschiedenen späteren Lektoratsbesetzungen im Polnischen und Tschechischen, dass auf die Stellen, mit der Ausnahme von Frau Goślicka-Baur,

ehemalige Absolventinnen des Seminars mit polnischer oder tschechischer Muttersprache gewählt wurden.

Die Besetzung des Serbokroatisch-Lektorats war für das Slavische Seminar lange ein Sorgenkind. Nachdem Jasmina Sakić 1969 nach acht Jahren den Sprachkurs krankheitshalber aufgeben hatte müssen, folgten im raschen Wechsel Miroslav Vaupotić und Mijo Lončarić aus Zagreb sowie ab 1971 Armanda Crnković, welche die Sprachkurse bis 1990 versah. Nach ihr führte sie Grana Ferić bis zur Neuausschreibung der Stelle nach der Erweiterung von 3 auf 6 Stunden weiter. Den neu formulierten Sprachkurs übernahm zunächst Ada Mandić bis zur ihrem frühen, tragischen Tod 2004, danach trat Jelena Gall die Stelle an, mit der eine langfristige Lösung gefunden zu sein scheint.

Von der Geschichte zu den Personen

Die Geschichte der letzten Jahrzehnte ist noch zu unmittelbar, um sie zu bewerten. Sie ist auch zu vielstimmig. Und als neutralisierte Geschichte kann sie nicht mit einer Fülle von immer neuen interessanten Ereignissen aufwarten, dafür ist die Geschichte der Wissenschaft und der akademischen Lehre letztlich auch wenig geeignet. Die Veränderungen spielen sich in grösseren Zeiträumen ab. Die Porträts von einzelnen Vertretern, von Verantwortlichen und symbolischen Figuren, sollen hier die Perspektive öffnen und individuell akzentuieren.

Porträts

Jochen-Ulrich Peters

Slavische Literaturwissenschaft, Russische Kulturgeschichte und Komparatistik

Ein Rückblick auf die Jahre 1991–2008

JOCHEN-ULRICH PETERS

Die einschneidenden politischen und kulturellen Veränderungen innerhalb der früheren Sowjetunion und der übrigen Länder Mittel- und Osteuropas, wie sie sich seit der Reformpolitik von Michail Gorbatschow in den letzten 25 Jahren vollzogen haben, haben auch die Slavistik in der Schweiz stark geprägt und verändert. Einerseits hat die weitgehende Aufhebung der früheren politischen und ideologischen Grenzen und Gegensätze dem Fach ganz neue Impulse gegeben, die zu einer sehr viel engeren Kooperation mit Wissenschaftlern, Künstlern und Schriftstellern aus dem früheren sogenannten Ostblock geführt und auch regelmässige Kontakte mit den Studierenden aus den slavischen Ländern erheblich erleichtert haben. Gleichzeitig haben aber die gewaltigen ökonomischen und politischen Probleme, welche die sich in den slavischen Ländern vollziehenden Transformationsprozesse mit sich brachten, eine kontinuierliche positive Entwicklung der Slavistik und der Osteuropa-Forschung insgesamt nicht unbedingt begünstigt und die oft allzu hohen Erwartungen auf eine Neuorientierung und grössere Bedeutung des Fachs eher erschwert. Zwar war in der Schweiz der Rückgang der Studentenzahlen niemals so dramatisch wie in Deutschland, und zumindest das Slavische Seminar der Universität Zürich war auch während dieser Zeit des Umbruchs niemals von Stellenstreichungen oder rigorosen Kürzungen des Seminarkredits betroffen. Aber auch die Zürcher Slavistik hat von dem Fall des Eisernen Vorhangs keineswegs nur profitiert, sondern sich auf die nunmehr sehr anderen Interessen und Bedürfnisse der Studierenden einstellen und vor allem die sehr viel schwierigeren Bedingungen des Arbeitsmarkts für die Absolventen in Rechnung stellen müssen. Schon lange vor der Bologna-Reform waren die Lernziele und Studienpläne auf die neue Situation auszurichten, da das Fach Russisch auch an den Gymnasien der Schweiz eine sehr viel geringere Rolle spielte und sich die Perspektiven für den akademischen Nachwuchs erheblich verschlechterten, auch wenn sich stattdessen bei den Banken, Versicherungen und Medien für die Absolventen ganz neue Berufschancen ergaben, die auch genutzt wurden.

So stellt sich mir im Rückblick meine 17-jährige Tätigkeit am Slavischen Seminar als eine ausserordentlich anregende, meine spezifischen fachlichen Interessen und

Möglichkeiten durchaus begünstigende Zeit dar, die allerdings gleichzeitig immer wieder andere Akzente und Schwerpunktsetzungen verlangte, um den sich stark verändernden politischen Rahmenbedingungen sowohl in der Forschung wie auch in der Lehre und der Präsentation des Fachs gegenüber der ausseruniversitären Öffentlichkeit zu entsprechen.

Zwei Jahre nach meiner Emeritierung (Mai 2008) lassen sich aus der zeitlichen und räumlichen Distanz drei unterschiedliche Phasen voneinander unterscheiden, die meine Arbeit am Zürcher Seminar bestimmten und mich dazu veranlassten, meine eigenen Lehr- und Forschungsschwerpunkte immer wieder anders zu gewichten und neu auszurichten, wobei ich mich immer wieder auf die Impulse und Perspektiven beziehen konnte, die bereits mein Vorgänger, Peter Brang, dem Fach und dem Seminar im Ganzen vermittelt hatte.

Ein viel versprechender Neuanfang (1991–1995)

Als ich im Oktober 1991 an die Universität Zürich berufen wurde, waren die Voraussetzungen für einen Neubeginn ausserordentlich günstig. Im Vergleich zu der Situation etwa der Slavistik an der Freien Universität Berlin, wo ich ein Jahr zuvor den slavistischen Lehrstuhl vertreten hatte, fand ich hier eine so nicht erwartete, grosse Anzahl von sehr motivierten Studierenden vor. Sie betrachteten, ebenso wie ich selbst, die Reformpolitik von Gorbatschow als eine wichtige Voraussetzung für ihre wissenschaftliche Arbeit und Ausbildung, ohne dass sich die Zürcher Slavistik deshalb einseitig auf die Russistik konzentriert hätte. Vielmehr gab es vor allem in der Polonistik und Bohemistik, aber auch in der Südslavistik einen grösseren und insgesamt besser motivierten Kreis als am Osteuropa-Institut in Berlin, und das Interesse, dem Seminar gemeinsam eine neue Orientierung zu geben, war bei den Studierenden wie bei den Lehrenden entsprechend stark ausgeprägt.

Auch wegen der gleichzeitigen Vakanz der beiden Lehrstühle waren die heutigen Professoren German Ritz (Zürich) und Thomas Grob (Basel), die ich damals als Oberassistenten beziehungsweise Assistenten am Slavischen Seminar vorfand, ebenso wie ich selbst an einem wirklichen Neuanfang und einer weitreichenden Veränderung der bisherigen Studienordnung interessiert, um dem Fach eine stärkere methodische Fundierung und ein etwas anderes wissenschaftliches und politisches Profil zu geben. Dabei erwies es sich als besonderer Glücksfall nicht nur für mich, sondern auch für das Seminar, dass German Ritz nach längerer Überlegung einen Ruf auf eine polonistische Professur an der Universität Leipzig ablehnte. Denn diese Entscheidung ermöglichte eine sinnvolle Verteilung der Fachinteressen, Lehrverpflichtungen und Forschungskompetenzen, die es mir erlaubte, mich selbst ganz auf die Russistik und einige Teilbereiche der Südslavistik zu konzentrieren. Die Lehrveranstaltungen zur slowenischen, kroatischen und serbischen Literatur überliess ich allerdings später in zunehmendem Mass Dr. Ilma Rakua, die zudem als Autorin, Übersetzerin und Publizistin zu der von uns allen angestrebten Öffnung des Fachs zur zeitgenössischen Literatur und Literaturkritik der slavischen Länder erheblich beitrug. Umso stärker liess sich, vor allem in den ersten Jahren meiner Tätigkeit in Zürich, die Zusammenarbeit mit German Ritz und damit der Bohemistik und vor allem Polonistik mit der Russistik intensivieren, die uns schon früh zu einem gemeinsam mit Kolleginnen und Kollegen aus Polen veranstalteten Kolloquium über das Phänomen der Enttabuisierung in der polnischen und russischen Gegenwartsliteratur veranlasste, dessen immer noch aktuelle Beiträge 1996 in den *Slavica Helvetica* publiziert wurden.

Vor allem kam es mir gleich in den ersten Jahren darauf an, dem Fach ein stärkeres theoretisches und komparatistisches Profil zu geben. Dabei waren mir formalistisch-strukturalistische und kultursemiotische Konzepte ebenso wichtig wie die vor allem die Germanistik über viele Jahre bestimmenden Methoden und Fragestellungen der Funktionsgeschichte und der literarischen Hermeneutik. Denn diese waren für mich im Zusammenhang mit meiner langjährigen Arbeit an einer Monografie über die Entwicklung des satirischen Romans in Russland mindestens ebenso relevant und nützlich, die unter dem Titel *Tendenz und Verfremdung* im Jahr 2000 ebenfalls in den *Slavica Helvetica* erschien.

Gleichzeitig war ich von vornherein daran interessiert, die bestehenden Beziehungen zwischen dem Slavischen Seminar in Zürich und der Philologischen Fakultät der Universität Sankt Petersburg auszubauen und zu intensivieren, an der ich selbst in den Jahren 1967 und 1968 als Austauschstudent an meiner Dissertation gearbeitet hatte. Deshalb flog ich schon in meinem zweiten Zürcher Semester (im Mai 1992) nach Sankt Petersburg, um dort mit meinem slavistischen Kollegen Askol'd B. Muratov ein Kooperationsabkommen zwischen unseren beiden Universitäten vorzubereiten, das sich für beide Seiten als ausserordentlich nützlich erwies, weil es die von beiden Seiten angestrebte Zusammenarbeit erheblich erleichterte. So konnten wir immer wieder Gastvorlesungen oder gemeinsame Kolloquien mit den Kolleginnen und Kollegen aus Sankt Petersburg organisieren, die durch kürzere Studienreisen oder längere Forschungsaufenthalte der Studierenden und Doktoranden ergänzt und vertieft wurden.

Die auch noch nach der Ablösung von Gorbatschow durch den neuen russischen Präsidenten Boris Jelzin zunächst durchaus anhaltende Faszination für das ›neue Russland‹ motivierte mich dazu, in den ersten Jahren die ungewöhnlich aufregende und anregende Entwicklung der russischen Gegenwartsliteratur ins Zentrum meiner Lehraufgaben und Forschungsinteressen zu rücken, wobei wir von den regelmässigen Gastvorträgen und Lesungen russischer Wissenschaftler, Kritiker und Autoren (wie etwa Andrej Bitov, Dmitrij Prigov oder Vladimir Sorokin) sehr profitierten. Sie konnten durch einen grosszügigen Sonderkredit der Universität Zürich über viele Jahre hinweg finanziert werden und wurden von den Studierenden und dem Literaturhaus in Zürich sehr positiv aufgenommen.

So lässt sich im Nachhinein die erste Etappe meiner Tätigkeit in Zürich vielleicht als eine Phase charakterisieren, in der sich das gemeinsame Interesse und Engagement für die Perestroika im weiteren Sinn des Worts gleichsam auf das Seminar übertrug, zumal sich auch die Linguisten, mit meinem Kollegen Daniel Weiss an der Spitze, in diesen Jahren ebenfalls intensiv mit dem Verhältnis von Sprache und Politik in der Sowjetunion und in dem sich neu konstituierenden Russland beschäftigten.

Die Phase der Konsolidierung (1996–2000)

Nachdem sich in Russland unter der sprunghaften und inkonsequenten Regierung des Präsidenten Jelzin die Hoffnungen auf eine nachhaltige ökonomische Stabilisierung und Demokratisierung und damit auf einen ganz neuen Aufgabenbereich der Slavistik nicht erfüllt hatten, nahm ich die Konzentration meiner Lehr- und Forschungstätigkeit auf den kulturellen Prozess im zeitgenössischen Russland etwas zurück, um mir vor allem die grossen Epochen beziehungsweise Stilformationen der russischen Literatur einschliesslich der mittelalterlichen Kunst und Kultur noch einmal ganz neu zu erarbeiten und den Studierenden zu vermitteln. Dabei erwiesen sich die engen Kontakte zum Seminar für osteuropäische Geschichte und insbesondere zu meinem Kollegen Carsten Goehrke als ausgesprochen fruchtbar, der sich schon damals nicht nur für Probleme der russischen Alltags- und Mentalitätsgeschichte, sondern auch für die Entwicklung der russischen Kunst und Literatur in ihrem jeweiligen historisch-politischen Kontext interessierte. Denn es kam mir darauf an, die auf bestimmte literarische Epochen oder Schulen bezogenen Vorlesungen stärker historisch und vor allem kulturgeschichtlich auszurichten und zu fundieren, um dem sich immer stärker durchsetzenden sogenannten *cultural turn* der neueren Literaturwissenschaft Rechnung zutragen. Allerdings habe ich die Öffnung der Literaturwissenschaft zu einer weiter ausgreifenden Kulturwissenschaft niemals als Abkehr von der Sozial- und Mentalitätsgeschichte der 1970er und 80er Jahre oder auch nur als einschneidende Korrektur derselben verstanden. Vielmehr sollte, insbesondere in Seminaren über die Entwicklung der Satire und der literarischen Utopie in der neueren russischen Literatur, immer auch danach gefragt werden, wie sich die Autoren über das Diskurssystem der offiziellen Kultur hinwegsetzen, um den literarischen Texten und ihren eigenen ›Programmen‹ ihre ideologische Eigenständigkeit beziehungsweise ästhetische Autonomie zu sichern. Obgleich ich in diesen Jahren gleichzeitig meine früheren Forschungen zur Kunst und Literatur der russischen Avantgarde wieder aufnahm und zu verbreitern versuchte, waren auch in diesem Bereich meine dezidiert historischen Interessen zu stark ausgeprägt, um mich methodisch den weitgehend von der Postmoderne geprägten Theoriekonzepten des Poststrukturalismus beziehungsweise der Dekonstruktion anzuschliessen. Überdies war ich viel zu sehr von den theoretischen Konzepten der Wirkungstheorie und der Rezeptionsästhetik der sogenannten *Konstanzer Schule* geprägt, um eine literatursoziologische Textbetrachtung unter Berücksichtigung der voneinander abweichenden, aber sich in bestimmter Weise doch immer wieder ergänzenden ›Erwartungshorizonte‹ oder ›Epochenschwellen‹ ohne Weiteres preiszugeben. Sie schien mir auch und gerade bei der Analyse experimenteller Texte der Avantgarde oder Postavantgarde unverzichtbar zu sein, um ihren jeweiligen ›Sitz im Leben‹ zu erschliessen oder zumindest hypothetisch in die Betrachtung mit einzubeziehen. Die Frage nach dem Verhältnis von Kunst und Leben beziehungsweise dem prekären Verhältnis zwischen der Literatur und ihrem jeweiligen gesellschaftlichen Kontext sollte aus meiner Sicht bei der Beschäftigung mit Texten der Moderne und Postmoderne nicht ausgeklammert, sondern nur immer wieder neu gestellt werden. In dieser Überzeugung bestärkte mich die intensive Kooperation mit Kolleginnen und Kollegen aus der Philosophie sowie die ebenso anregende Zusammenarbeit mit den Dramaturgen und Darstellern des Zürcher Schauspielhauses in diesen Jahren durchaus. Denn auch sie erwarteten von dem ›Slavisten‹ zunächst einmal eine möglichst weit ausgreifende Erschliessung der historisch-kulturellen Kontexte der Stücke, auf der dann ihre stärker auf die aktuellen Erfahrungen der Gegenwart bezogenen Interpretationen beziehungsweise szenischen Realisierungen aufbauen konnten.

Die starke Ausrichtung der Literaturwissenschaft auf eine historisch und soziologisch fundierte Kulturgeschichte war zudem durch die sich zunehmend verändernden Interessen der Studierenden motiviert. Nur ein eher kleiner Kreis liess sich noch wie früher von der subtilen Analyse lyrischer Texte von Puškin, Mandel'štam oder Brodskij mit ihrer stark ausgeprägten ästhetischen Funktion im Sinn der Poetik und Ästhetik von Jan Mukařovský faszinieren. Die meisten Studierenden erwarteten auch von dem ›Slavisten‹, wie von dem Osteuropa-Historiker – wie ich fand, durchaus zu Recht – über die politischen, gesellschaftlichen und kulturellen Ereignisse beziehungsweise Entwicklungstendenzen in Russland vor und nach der Oktoberrevolution möglichst präzise und differenziert informiert zu werden, ohne deshalb die literarischen Texte als blosse Widerspiegelung der historisch-sozialen Verhältnisse lesen zu wollen. Um einer solchen Gefahr auch von mir aus entgegenzuwirken, machte ich in einer Reihe von Kolloquien immer wieder das Problem der Fiktionalität beziehungsweise das Verhältnis von Text und Kontext zum Thema, um – bei allem legitimen Interesse an der kulturgeschichtlichen Kontextualisierung der Texte – ihre spezifische Literarizität und ästhetische Autonomie ins Zentrum zu rücken. Da überdies im Curriculum zusätzlich zu der für alle Studierenden obligatorischen »Einführung in die Literaturwissenschaft« gleichzeitig eine »Systematische Einführung in die russische Literaturgeschichte« inzwischen fest etabliert war, wurde in dieser Zeit die historische beziehungsweise kulturgeschichtliche Orientierung des Fachs von mir vielleicht etwas zu stark forciert. Demgegenüber interessierten sich German Ritz und verschiedene Assistierende viel stärker für die unterschiedlichen Ausprägungen der slavischen Postmoderne und setzten sich schon deshalb viel intensiver mit den poststrukturalistischen Theoriekonzepten auseinander. Auf diese Weise spielten die Genderforschung, die Dekonstruktion und die interdisziplinäre Kulturwissenschaft sowohl in der Lehre als vor allem auch in der Forschung meiner slavistischen Kolleginnen und Kollegen eine erhebliche Rolle. Sie verfolgen diese Ansätze und Forschungsinteressen jetzt an den Universitäten Zürich, Basel, Freiburg im Üechtland und Mainz und werden auf diese Weise vermutlich zumindest indirekt die ähnlichen Entwicklungen der Literatur- und Kulturwissenschaft in den slavischen Ländern beeinflussen und bereichern.

Die regelmässigen gemeinsamen Reisen nach Sankt Petersburg und eine längere Exkursion nach Sibirien, welche die Slavisten zusammen mit den Osteuropa-Historikern in diesen Jahren unternahmen, trugen sicher dazu bei, dass wir bei allem unserem Interesse an der spezifischen offenen Struktur und der sich verändernden Funktion literarischer Texte niemals den Boden unter den Füssen verloren. Denn im Anschluss an Jurij Lotman und seine Kultursemiotik versuchten wir uns immer auch an ›Kulturmodellen‹ zu orientieren beziehungsweise kritisch abzuarbeiten, die letztlich nur von Historikern und Kunstwissenschaftlern gemeinsam erarbeitet werden konnten. Die von mir in diesen Jahren intensiv studierten und mit den Studierenden diskutierten Arbeiten der tschechischen Strukturalisten, vor allem die programmatischen Abhandlungen von Felix Vodička, vermittelten mir selbst in diesem Zusammenhang die wichtigsten Einsichten. Denn von ihnen aus liess sich die Geschichte der Literatur gleichzeitig historisch, rezeptionsästhetisch und kulturgeschichtlich begründen und fundieren, ohne deshalb die spezifische poetische und ästhetische Dimension der Texte zu vernachlässigen, auf die es mir immer noch in erster Linie ankam.

Die Krise in Russland und ihre Auswirkungen (2000–2008)

Die sich immer stärker zuspitzende ökonomische und politische Krise in Russland, die auch durch den Übergang der Macht auf den neuen Präsidenten Vladimir Putin in keiner Weise gelöst wurde, betrafen auch die Slavistik in Zürich. Der Rückgang der Studentenzahlen, der durch ein stärkeres Interesse an der Südslavistik nur partiell kompensiert wurde, vor allem aber die geringere oder zumindest weniger ausgeprägte Motivation der Studierenden, sich mit prinzipiellen Problemen der Ästhetik und Literaturtheorie zu beschäftigen, veranlasste mich dazu, meine früheren literaturwissenschaftlichen Ideen und Projekte nicht mehr mit derselben Intensität und Leidenschaft zu verfolgen. Um den veränderten Erwartungen und Interessen der

Studierenden, aber auch der neu hinzugekommenen Seniorenstudenten gerecht zu werden, bezog ich mich in den Vorlesungen stärker auf die Werke ›klassischer‹ Autoren wie Puškin, Lermontov, Dostoevskij oder Tolstoj und rückte in den Seminaren eher kürzere, auch in deutschen Übersetzungen zugängliche Prosatexte in den Mittelpunkt. Gleichzeitig baute ich die ohnedies schon bestehende Zusammenarbeit mit dem Seminar für Komparatistik aus, das inzwischen in Seminar für Allgemeine und Vergleichende Literaturwissenschaft umbenannt worden ist. Als ständiges Mitglied des Kuratoriums dieses Seminars konnte ich, da der komparatistische Lehrstuhl bis zu meiner Emeritierung unbesetzt blieb, immer wieder Kolleginnen und Kollegen aus der Fakultät zu gemeinsamen komparatistischen Seminaren und Vorlesungen gewinnen oder literaturtheoretische Kolloquien vorschlagen, wie ich sie aus dem Fachbereich Literaturwissenschaft der Universität Konstanz nur zu gut kannte. Dabei bot sich in Zürich die zusätzliche Chance, über die disziplinären Grenzen der Literatur und der Literaturwissenschaft immer wieder hinauszugehen. Drei ausserordentlich anregende Seminare mit den Musikwissenschaftlern, zwei Veranstaltungen mit den Kunsthistorikern und mehrere Kolloquien mit den Philosophen boten mir die Möglichkeit, literarische Texte, Bilder oder Musikstücke aus den slavischen Ländern in enger und in den meisten Fällen sehr fruchtbarer Kooperation mit den jeweiligen Fachwissenschaftlern auch einem nicht slavistisch vorgebildeten Publikum zu vermitteln oder aber zentrale Probleme der Ästhetik oder der Moralphilosophie im Anschluss an Dostoevskij, Tolstoj oder Solženicyn zu diskutieren. Für die slavistischen Fachstudenten bot sich dadurch umgekehrt die Möglichkeit, etwa die russische Romantik, den realistischen Roman des 19. Jahrhunderts oder die russische Kunst, Literatur und Musik der Jahrhundertwende unter einer komparatistischen Perspektive zu betrachten, wobei es uns hier weniger auf direkte Einflüsse oder Anregungen, sondern vornehmlich auf Strukturparallelen und spezifische Sonderentwicklungen in der Slavia ankam. Da allerdings die slavistischen Fachstudenten insgesamt doch stärker an ihr Studienfach direkt betreffenden Lehrveranstaltungen interessiert waren, bot ich auch in diesem Zeitraum bewusst immer spezialisierte Vorlesungen und Seminare an, um diesen Bedürfnissen Rechnung zu tragen. Gleichzeitig führte ich aber über viele Jahre hinweg zusammen mit meinen Kolleginnen und Kollegen aus der Germanistik und Komparatistik ein literaturwissenschaftliches Kolloquium durch, um die aktuellen Entwicklungen der modernen Literatur- und Kulturwissenschaft nicht aus dem Blick zu verlieren und für meine eigene Forschung zu nutzen.
Diese Öffnung beziehungsweise Verbreiterung des Fachs versuchte ich auch nach der Einführung der Bologna-Studiengänge, der ich – wie viele meiner gleichaltrigen oder auch jüngeren Kolleginnen und Kollegen – nur im Prinzip positiv gegenüberstand, bewusst fortzuführen. Die Notwendigkeit einer Zweiteilung und damit einer Straffung des Studiums durch den Bachelor leuchtete mir durchaus ein. Aber die damit verbundene Verschulung und Fixierung der Studierenden auf eine allzu grosse Anzahl von

obligatorischen Einführungen und Überblicksveranstaltungen bedauerte ich bis zum Ende meiner Lehrtätigkeit eher und versuchte sie durch die enge Kooperation mit dem Seminar für Allgemeine und Vergleichende Literaturwissenschaft gleichsam zu unterlaufen oder wettzumachen. Denn die Lehrenden und Studierenden dieses Fachs waren von vornherein darauf aus, über den eigenen Tellerrand zu schauen und liessen sich deshalb auch durch die neue Studienordnung nie von ihrem interdisziplinären und theoretisch anspruchsvolleren Zugang zur Literatur und ihrer Verknüpfung mit den anderen Künsten abbringen. Auf diese Weise hielt ich in den letzten Jahren die theoretisch und methodisch anspruchsvolleren Seminare und Kolloquien eher in der Komparatistik ab und profitierte dabei immer wieder von den Anregungen und kritischen Diskussionen mit Kolleginnen und Kollegen anderer Fächer und Disziplinen der Fakultät.

Erfreulicherweise liess sich mit diesen mich auch in der Lehre immer wieder neu motivierenden Aktivitäten ein vom Schweizerischen Nationalfonds über drei Jahre gefördertes Forschungsprojekt über das *Ende der Kunstperiode* in der russischen Kultur und Literatur (1825–1842) sehr gut vereinbaren. Denn mein wichtigster Partner während der Projektarbeit, Ulrich Schmid (damals Universität Bern, jetzt Sankt Gallen), war ebenso wie ich daran interessiert, moderne theoretische Konzepte der Kulturwissenschaft mit konkreten historischen Analysen und Fallstudien zu verknüpfen. So waren wir uns von vornherein darin einig, nicht nur einen Slavisten und Literaturwissenschaftler, sondern auch zwei Osteuropa-Historiker als wissenschaftliche Mitarbeiter in unsere Arbeit einzubeziehen. Das mit zwei umfangreichen, in den Jahren 2004 und 2007 veröffentlichten Sammelbänden abgeschlossene Projekt veranlasste uns dazu, nicht länger mehr der Kultursemiotik von Jurij Lotman und seinem Kreis zu folgen, sondern unsere Arbeit an den viel konkreteren und ausdifferenzierteren kultursoziologischen Ansätzen von Pierre Bourdieu auszurichten. Denn nur so liess sich der literarische und kulturelle Wandel in Russland zu den vergleichbaren und gleichzeitig sehr anderen Prozessen in Frankreich und Deutschland in Beziehung setzen. Dass wir uns dabei über viele Jahre hinweg mit einer Umbruchphase der russischen Kunst und Literatur beschäftigten, die in mancher Beziehung durchaus an den Übergang von der sowjetischen Kultur zur russischen Postmoderne erinnerte, wurde uns erst während der intensiven Zusammenarbeit wirklich bewusst, die mir selbst noch einmal ganz neue Einsichten über das schwierige Verhältnis zwischen Kunst und Gesellschaft beziehungsweise die Bedingtheit der Literatur von ihren jeweiligen institutionellen Voraussetzungen vermittelten. Insofern sind auch meine beiden gegenwärtigen Forschungsschwerpunkte, das Verhältnis von Literatur und Macht innerhalb der russischen Autokratie und die Korrelation zwischen literarischen und musikalischen Texten im Russland des 19. Jahrhunderts noch von der gemeinsamen Projektarbeit mitbestimmt, die erfreulicher nicht hätte sein können. Aber auch die vielseitigen und anregenden Gespräche und Diskussionen mit Kolleginnen und Kollegen innerhalb und ausserhalb der Slavistik haben dazu beigetragen, dass ich auf meine 17-jährige Tätigkeit am Slavischen Seminar insgesamt gern zurückblicke. Ich bin sicher, dass meine Nachfolgerin, Sylvia Sasse, mit ihren sehr anderen anspruchsvollen Forschungsschwerpunkten und Forschungsprojekten ganz neue Wege gehen und vermutlich auch der Bologna-Reform viel aufgeschlossener gegenüberstehen wird, als mir dies schon aus Altersgründen möglich war. Da aber Frau Sasse vor ihren Berufungen nach Berlin und Zürich ebenfalls viele Jahre im Fachbereich Literaturwissenschaft der Universität Konstanz tätig gewesen ist, wird es ihr vermutlich ebenfalls darauf ankommen, die Slavistik, wenn auch vermutlich mit sehr anderen Akzenten und Fragestellungen, als einen wichtigen Teilbereich der Allgemeinen und Vergleichenden Literatur- und Kulturwissenschaft darzustellen und zu begründen.

Publikationen

Monografien

Turgenevs ›Zapiski ochotnika‹ innerhalb der očerk-Tradition der 40er Jahre. Zur Entwicklung des realistischen Erzählens in Russland, Berlin 1972.
Kunst als organisierte Erfahrung. Über den Zusammenhang von Kunsttheorie, Literaturkritik und Kulturpolitik bei A. V. Lunačarskij, München 1980.
Poesie und Revolution. Majakovskijs Lyrik und Versepik als Paradigma der russisch-sowjetischen Avantgarde, Konstanz 1979.
Russische Satire im 20. Jahrhundert, München 1984.
Tendenz und Verfremdung. Studien zum Funktionswandel des russischen satirischen Romans im 19. und 20. Jahrhundert, Bern, Berlin 2000.

Herausgaben

Imperium und Intelligencija. Fallstudien zur russischen Kultur im frühen 19. Jahrhundert (Basler Studien zur Kulturgeschichte Osteuropas 9), hg. mit Ulrich Schmid, Zürich 2004.
Das ›Ende der Kunstperiode‹: Kulturelle Veränderungen des ›literarischen Feldes‹ in Russland zwischen 1825 und 1842 (Slavica Helvetica 75), hg. mit Ulrich Schmid, Bern 2007.

Aufsätze (Auswahl)

»Solschenicyns erzählerisches Werk in der Sowjetunion und in der Bundesrepublik«, in: *Über Solschenizyn. Aufsätze, Berichte, Materialien,* hg. v. Elisabeth Markstein, Felix Philipp Ingold, Darmstadt u. a. 1973, 101–118.
»Réalisme sans rivages? – Zur Diskussion über den sozialistischen Realismus in der Sowjetunion seit 1956«, in: *Zeitschrift für Slavische Philologie* 37 (1974), 291–324.
»Textdeskription und Textdeutung. Zu Jurij Lotmans Analysen russischer Lyrik des 19. und 20. Jahrhunderts«, in: *Russian literature* X (1981), 91–110.

»Die russische Literatur 1815–1842«, in: *Neues Handbuch der Literaturwissenschaft*, Bd. 16: *Europäische Romantik* III, Wiesbaden 1985, 413–438.

»Die Entthronung des romantischen Künstlers. Gogol's Dialog mit E. T. H. Hoffmann«, in: *Dialogizität*, hg. v. Renate Lachmann, München 1983, 155–167.

»Der verhinderte Dialog. Zu Form und Funktion des polyphonen Erzählens in Ivo Andrićs ›Prokleta avlija‹«, in: *Zeitschrift für Slavische Philologie* 45 (1985), 95–109.

»Der Diktator und der Schriftsteller. M. Krležas Roman ›Banket u Blitvi‹ als negative Utopie«, in: *Wiener Slawistischer Almanach* 17 (1986), 285–304.

»A. V. Lunačarskij und L. D. Trockij. Eine kulturtheoretische Kontroverse und ihre Folgen«, in: *Studies in Soviet Thought* 33 (1987), 219–304.

»Bulgakovs ›Der Meister und Margarita‹ als ironische Replik auf den sowjetischen Entwicklungsroman der 30er Jahre«, in: *Michail A. Bulgakov, 1891–1991. Text und Kontext*, hg. v. Dagmar Kassek und Peter Rollberg, Berlin u. a. 1992, 117–128.

»Nationalistische Tendenzen innerhalb der Literatur der Perestrojka«, in: *Die Russen. Ihr Nationalbewusstsein in Geschichte und Gegenwart*, hg. v. Andreas Kappeler, Köln 1992, 129–144.

»Poesie als Erinnerung. Anna Achmatovas ›Requiem‹ und Osip Mandel'štams ›Unbekannter Soldat‹«, *Zeitschrift für Slavische Philologie* 53 (1993), 349–368.

»Enttabuisierung und literarischer Funktionswandel«, in: *Enttabuisierung: Essays zur russischen und polnischen Gegenwartsliteratur*, hg. v. Jochen-Ulrich Peters, German Ritz, Bern 1996, 7–17.

»Majakovskij und Nietzsche: Die Transformation der Zarathustra-Figur in Majakovskijs Verspoem ›Oblako v štanach‹«, in: *Sprache – Text – Geschichte. Festschrift für Klaus-Dieter Seemann*, hg. v. Andreas Guski, Witold Kośny, München 1997, 235–242.

»Puškin, Bajron i Fridrich Šlegel: K voprosu o žanrovoj tradicii i poetičeskoj strukture ›Evgenija Onegina‹«, in: *Ars philologiae. Professoru A. B. Muratovu ko dnju šestidesjatiletija*, Sankt-Peterburg 1997, 48–70.

Die Unbeständigkeit der Faszination

GERMAN RITZ

Mein Weg zur Slavistik war im ersten Jahrzehnt kein direkter, sondern stark von äusseren Umständen mitbestimmt, umso konstanter blieb er in den folgenden drei Jahrzehnten. Als ich 1972 aus dem noch sehr katholischen und abgeschlossenen Wallis nach Zürich kam und nicht in das für die Zöglinge des Spiritus Sanctus von Brig vorgesehene Freiburg im Üechtland, wollte ich Germanistik, Geschichte und Philosophie studieren. Klassischer hätte man kaum wählen können, aber ich war nicht allein mit dieser Wahl, wie sich bald herausstellte. Der Wunsch nach dem Besonderen brachte mich im zweiten Semester zur Russistik, keine Pionierleistung, denn mein Bruder hatte mir in Genf das gleiche schon vorgemacht, freilich zusätzlich mit Jura und Soziologie im Gepäck. Ich blieb bei der Philologie und kombinierte Germanistik, Romanistik und Russistik. Die Russistik besserte schrittweise ihren letzten Platz bis zum Lizentiat 1977 auf den zweiten und schliesslich bei der Promotion 1980 auf den ersten auf. Zum letzten Schritt verhalf mir der Moskau-Aufenthalt von 1977/78. Das war – in den hedonistischen 1970er Jahren nach dem etwas angestrengten, unruhigen 1968 im Westen – eine Zäsur in jedem Sinn. Der Aufenthalt verhalf mir zur nicht ›deutschen‹ Begeisterung für Heine, den die Zürcher Germanistik aus ihrer klassischen Warte heraus, die damals mit der von Emil Staiger zusammenfiel, noch übersah beziehungsweise ausklammerte.

Dass die russische Literatur in der Folge nicht meine Welt blieb, war von mir nicht geplant und gehorchte dem historischen Zufall. Ich wurde zunächst Deutschlehrer an den Gymnasien von Winterthur und Zürich. Die Rektoren, verunsichert durch die Zürcher Jugendunruhen, suchten in dieser Zeit nach sicheren Werten oder zumindest nach solchen, die danach aussahen, und meine Herkunft aus der katholischen Alpenrepublik schien diese zu garantieren. Mein Weg in die ›besseren‹ Gymnasien verlief wenig steinig und hätte mich zum Verbleiben verführen können, wenn ich 1980 nicht gemeint hätte, dass ich auf das Forschen und das Schreiben, das mir bisher so einfach von der Hand ging, in der Zukunft nicht verzichten wollte. Dass ich dies in den folgenden Jahrzehnten so intensiv und ausschliesslich würde tun können und müssen, das wusste ich damals noch nicht, und vor allem wusste ich nicht, dass nicht Russland, sondern Polen meine künftige Beschäftigung prägen würde. 1980 von fern und ab Herbst 1981, während meines Forschungsaufenthalts in Warschau, inmitten des Geschehens erhielt ich meine ›polnische‹ Einweihung, sehr spät mit meinen 30 Jahren, aber umso intensiver, dafür sorgte die historische Erfahrung des Kriegszustands. Polen war von Anfang an Gegenpol zu Russland, das ich 1977/78 während meines Russlandstipendiums noch zu fürchten lernte. Das Habilitationsprojekt zur polnischen Prosa nach 1956 suchte genau diese Differenzbildung zu verfolgen. Es ging um die in Polen verfasste Literatur, nicht um die der Emigration. Damals schaute ich noch von Moskau aus nach Polen, inzwischen hat sich der Blick längst umgedreht, sodass ich mich in meiner polnischen Perspektive auf die Welt manchmal selbst ertappe. Die Beschäftigung mit Polen sollte eine Phase werden, sie wurde ungeplant zur Lebensaufgabe. Zu vertraut wurde mir das Land, zu eng waren die Bindungen zu Literaten, Wissenschaftlern und Institutionen, um den Faden der Russistik in der alten Form wieder aufzunehmen.

Als nach 1991 meine Bemühungen um den Aufbau einer selbständigen Westslavistik in Zürich sich mit den Plänen von Jochen-Ulrich Peters und Daniel Weiss deckten, war mein Verbleib bei der Polonistik auch institutionell sanktioniert. Die Bohemistik blieb eine Aufgabe der Lehre, wurde nie zum eigenen Forschungsfeld, dafür war die russisch-polnische Prägung meiner Interessen zu tief. Die einzige folgerichtige Erweiterung wäre die Ukrainistik gewesen, eine solche war aber in Zürich gerade wegen der starken Bedürfnisse einer eigenen Bohemistik institutionell nicht umsetzbar; so blieb die Ukraine für mich polnische Projektionsfläche, die man immer kritisch zu hinterfragen suchte, die ich aber nie schaffte, aus der ukrainischen Warte heraus in den wirklichen Gegenblick zu nehmen.

Meine Forschungsinteressen nach 1989 erschlossen schrittweise die Zeit nach und vor dem Prosaexperiment zwischen 1956 und 1976, das Gegenstand der Habilitationsschrift war. Ins Zentrum rückte dabei Jarosław Iwaszkiewicz, der als Person und in seinem Schaffen fast das ganze 20. Jahrhundert mitgeprägt hatte. Ihm widmete ich zwei Monografien, die auch eine Befreiung aus dem von aussen vorgegebenen Raster der Dissertation und der Habilitationsschrift bedeuteten.

Methodisch waren die 1990er Jahre für mich von der Postmoderne und dem Poststrukturalismus geprägt, die beide in die für mich lange bestimmende Orientierung an den Genderstudies und der französisch inspirierten Literaturpsychologie mündeten. Mit meinen Studien zu Iwaszkiewicz und den Beiträgen im Bereich der Gender Studies öffnete ich mir auch den Weg zum polnischen polonistischen Leser und fügte mich seit der Mitte der 1990er Jahre mit meinen polnischen Publikationen und der regelmässigen Teilnahme an polnischen Konferenzen in den polnischen Wissenschaftsbetrieb ein. Dieser Schritt befreite mich von der manchmal bedrohenden Enge der Auslandspolonistik. So konnte man die kleinen Arbeitsgruppen der Zürcher Polonistik und Bohemistik zeitweise mit der Illusion des grossen Publikums vertauschen, vom kleinen Übungsraum in die Aula wechseln.

German Ritz

Gender, Literaturpsychologie und Poststrukturalismus, wie so manche Theoriebegeisterung der Postmoderne, wurden nach 2000 auch bald einmal zur Theoriemaske. Ein Ausweg erschien mir in der Geschichte. Das weitgespannte internationale und interdisziplinäre Forschungsprojekt zur Neuschreibung der polnischen Literaturgeschichte scheiterte am deutschen Partner und musste nach 2003 als Zürcher Romantik-Projekt eingeschränkt werden. Das Projekt verstand sich nicht primär als Revision der in Polen besonders kanonischen Romantikforschung, dafür erwies sich der Zusammenhang von Literatur und Geschichte als zu starke Leitlinie in den verschiedenen Forschungsvorhaben der Zürcher Gruppe, ein Zusammenhang, der auch in der bisherigen Romantikforschung in Polen dominierte. Differenzen zur polnischen Forschung wurden über die verstärkte Fokussierung auf die Spätromantik – Słowacki wurde zum wichtigsten Bezugspunkt der Darstellung – und die stärkere vor allem auch poetologische Integration der polnischen Tradition in die europäische versucht. Das Projekt war Plattform der angehenden beziehungsweise bereits habilitierten Nachwuchsforscher Alfred Gall und Thomas Grob.
In meinem aktuellen Projekt setze ich den Weg, den ich im Romantikprojekt mit dem langen Beitrag zur erinnerten Romantik begonnen habe, auf einer viel breiteren Grundlage fort. Auf der Basis eines breit verstandenen Begriffs von autobiografi-

scher Literatur soll Polens schwieriger Weg in die Moderne beschrieben werden. Gleichsam einen Seitenarm von beiden Projekten stellt meine Beschäftigung mit den Polen in der Schweiz dar, die weniger einen faktografischen Zugang sucht, sondern sich um eine Interpretation des sehr stark intertextuellen und internationalen polnischen Schweiztextes bemüht. Letzteres Projekt steht auch im Zusammenhang mit meinem Engagement für das Polenmuseum in Rapperswil. Die verschiedenen wissenschaftlichen Forschungsinteressen wurden begleitet von mehreren von mir allein und mit Kollegen organisierten Konferenzen: einer ersten 1994 am Slavischen Seminar zusammen mit Jochen-Ulrich Peters zur Enttabuisierung in der russischen und polnischen Gegenwartsliteratur, einer zweiten 1997 in Boldern und Rapperswil zur polnisch-deutschen literarischen Wechselbeziehung zur Zeit der vorletzten Jahrhundertwende, ein Jahr später am gleichen Ort einer internationalen und interdisziplinären Gendertagung mit dem Doppelfokus auf Polen und Russland, die zusammen mit den Historikerinnen der Osteuropaabteilung Basel organisiert wurde, 2005 wiederum in Boldern und Rapperswil einer Romantik-Konferenz im Rahmen des Nationalfondsprojekts und schliesslich 2010 der Jubiläumskonferenz *140 Jahre Polenmuseum in Rapperswil*.

Forschung und Lehre lassen sich in den kleinen Fächern wie der Polonistik oder Bohemistik nicht immer einfach verbinden, weil bei den Studierenden die notwendigen vertieften Sprachkenntnisse oft nicht vorauszusetzen sind und weil viele im Rahmen des Slavistikstudiums die zweite Slavine nur streifen und sich nicht nachhaltig mit diesen Literaturen beschäftigen können. Das Bedürfnis nach Basiswissen ist verständlicherweise grösser als nach Spezialfragen. Die beiden Teilfächer brachten aber immer wieder Studierende zu einer intensiven und dominanten Beschäftigung mit der polnischen oder tschechischen Literatur, die meist mit der Abfassung einer Lizentiatsarbeit zu sehr verschiedenen, oft eigenwilligen Themen gekrönt wurde, leider aber kaum je zu einer Dissertation führte.

Publikationen

Monografien

150 Jahre russische Heine-Übersetzung (Slavica Helvetica 18), Bern 1982.
Die polnische Prosa 1956–1976. Modellierung einer Entwicklung (Slavica Helvetica 36), Bern 1990.
Jarosław Iwaszkiewicz. Ein Grenzgänger der Moderne (Slavica Helvetica 47), Bern 1996.
Jarosław Iwaszkiewicz. Pogranicza nowoczesności (Horyzonty nowoczesności 5), Kraków 1999.
»Polskie spotkanie z Niemcami. Jarosław Iwaszkiewicz i Stefan George [Eine polnische Deutschlandbegegnung]«, in: *Stawisko. Almanach Iwaszkiewiczowski,* Bd. 4, Podkowa Leśna 1999.
Nić w labiryncie pożądania. Gender i płeć w literaturze polskiej od romantyzmu do postmodernizmu [Ein Faden im Labyrinth des Begehrens. Sex und Gender in der polnischen Literatur von der Romantik bis zur Postmoderne], Wiedza Powszechna, Warszawa 2002.
Poeta romantyczny i nieromantyczne czasy. Juliusz Słowacki w drodze do Europy – pamiętniki polskie na tropach narodowej tożsamości, Kraków 201+.

Herausgaben

Enttabuisierung. Essays zur russischen und polnischen Gegenwartsliteratur (Slavica Helvetica 50), hg. mit Jochen-Ulrich Peters, Bern 1996.
Recepcja literacka i proces literacki. O polsko-niemieckich kontaktach literackich od modernizmu po okres międzywojenny. Literarische Rezeption und literarischer Prozess. Zu den polnisch-deutschen literarischen Wechselbeziehungen vom Modernismus bis in die Zwischenkriegszeit, hg. mit G. Matuszek, Kraków 1999.
Nowa świadomość płci w modernizmie. Studia spod znaku gender w kulturze polskiej i rosyjskiej u schyłku stulecia, hg. mit Christa Binswanger, Carmen Scheide, Kraków 2000.
Romantik und Geschichte. Polnisches Paradigma, europäischer Kontext, deutsch-polnische Perspektive, hg. mit Andreas Lawaty, Thomas Grob, Alfred Gall, Wiesbaden 2007.
Geschichtsentwurf und literarisches Projekt. Studien zur polnischen Hoch- und Spätromantik, Wiesbaden 2010.

Aufsätze

»Fet und das Programm der ›Reinen Kunst‹«, in: *Zeitschrift für Slavische Philologie* 49 (1989), 333–352.

»Andrej Bitovs ›Čelovek v pejzaže‹. Postmoderne Lektüre eines poetologischen Textes«, in: *Zeitschrift für Slavische Philologie* 50 (1990), 337–353.

»Choroba na brzydotę rzeczywistości i tęsknota za pięknem sztuki, czyli koniec polskiej awangardy [Das Leiden an der hässlichen Wirklichkeit und die Sehnsucht nach der schönen Kunst. Oder das Ende der polnischen Avantgarde]«, in: *Twórczość* 7–8 (1992), 133–144.

»Moderne polnische Prosa. (Witkacy, Schulz, Gombrowicz)«, in: *Die literarische Moderne in Europa*, hg. v. H. J. Piechotta, R. R. Wuthenow, S. Rothemann, Bd. 3, Opladen 1994, 316–337.

»Mitteleuropa und die Postmoderne. Zu einem Kulturphänomen am Ausgang des realen Sozialismus in der polnischen und tschechischen Literatur«, in: *Neue Literatur. Zeitschrift für Querverbindungen* 2 (1993), 97–114.

»Neue Welt und altes Frauenbild. Ein Gender-Blick auf die polnische Avantgarde nach 1918«, in: *Die Welt der Slaven. Internationale Halbjahresschrift für Slavistik* 42 (1997), 272–290.

»Nowy świat i dawny wizerunek kobiety. Polska awangarda po 1918 roku a kulturowe aspekty płci«, in: *Kresy* 3 (1997), 11–26.

»Die George-Übersetzungen Iwaszkiewiczs und ihr Ort in der polnischen Georgetradition«, in: *George Jahrbuch* 2 (1998), 61–84.

»Iwaszkiewicz i przekłady z Georgego«, in: *Literatura na Świecie* 3 (1998), 61–84.

»Der deutsche Mickiewicz – die Tradition der Übersetzung«, in: *Colloquium Helveticum* 28 (1998), 57–88.

»Der masochistische Pakt ohne Vertrag. Anna Mars weibliches Weiterschreiben eines männlichen Phantasmas«, in: *Russische Kultur und Gender Studies* (Osteuropaforschung. Schriftenreihe der Deutschen Gesellschaft für Osteuropakunde 43), hg. v. Elisabeth Cheauré, Christiane Heyder, Berlin 2002, 325–338.

»Masochistyczny pakt bez cyrografu. Anna Mar, czyli kobiece pozpisywanie pewnego męskiego fantazmatu«, in: *Przegląd Rusycystyczny* 4 (2000), 1–9.

»Does Pałuba Have a Sex. Irzykowski's *Pałuba* in the Light of Gender Studies«, in: *Gender and Sexuality in Ethical Context: Ten Essays on Polish Prose* (Slavica Bergensia 5), hg. v. Knut Andreas Grimstad, Ursula Phillips, Bergen 2005, 124–154.

Früher mobil, heute stabil

Porträt eines Spätheimkehrers

DANIEL WEISS

Ich hätte mir, übersättigt mit insgesamt sieben Sprachen beziehungsweise Literaturen, in meiner Gymnasialzeit nie träumen lassen, dass ich einmal ein Philologie-Studium ergreifen würde. Eigentlich waren Politische Wissenschaften mein Studienwunsch, nur hätte das den sofortigen Gang ins Ausland bedeutet, da dieses Fach damals an der Universität Zürich nicht existierte. So begann ich 1968 faute de mieux mit Allgemeiner Geschichte, belegte gleichzeitig Russisch- und Georgisch-Kurse und wechselte schon im nächsten Semester zur Slavistik als Hauptfach. Die entscheidende Motivation war allerdings immer noch nicht philologischer Natur, vielmehr bedeutete in einem Klima eines eher tumben helvetischen Antikommunismus die Welt hinter dem Eisernen Vorhang einfach ein Faszinosum; keinen Einfluss auf meine Studienwahl hatte hingegen das Schlüsseljahr 1968. Allerdings lernte ich dann sehr bald die Reize der modernen Linguistik zu schätzen, denen ich bis heute verfallen bin. Gleichzeitig pflegte ich als Hobby die Indogermanistik weiter, die ich nach der Einrichtung des Lehrstuhls für Osteuropageschichte zugunsten dieses Fachs aufgab, das ich schliesslich mit rumänischer Sprachwissenschaft als zweitem Nebenfach kombinierte.

Ein zweisemestriger Studienaufenthalt in Warschau wirkte insofern als Zäsur, als ich hier das Thema zu meiner Dissertation konzipierte und damit endgültig den Schritt zur Syntaxtheorie generativ-transformationeller Prägung vollzog. Ausserdem lernte ich hier meine Ehefrau kennen; 1973 heirateten wir. Nach dem Ende 1975 mit summa cum laude erfolgten Abschluss – ich hatte das Glück, dem letzten Jahrgang anzugehören, der noch direkt promovieren konnte – trat ich einen Postdoc-Studienaufenthalt an der Moskauer Staatsuniversität an. Meine offizielle dortige Betreuerin sah ich ganze zwei Mal, stattdessen lernte ich mein wichtigstes wissenschaftliches Über-Ich circa fünf Minuten vor Beginn jener Sitzung am Institut Jazykoznanija kennen, an der sein Rauswurf beschlossen werden sollte: nachdem man mir unter mannigfachsten Vorwänden den Eintritt verweigert hatte, kam Igor' Mel'čuk, prominentes ehemaliges linguistisches Wunderkind und damals international bekannter Dissident, selbst heraus, um diesen kuriosen Ausländer kennenzulernen, dessen Anliegen man ihm kolportiert hatte. Von daher datiert meine Nähe zur Moskauer Semantischen Schule: insbesondere genoss ich das Privileg, einem Seminar Mel'čuks beizuwohnen, das von der gesamten Korona der damaligen linguistischen Szene Moskaus besucht wurde. Ich habe später nirgends mehr eine solch lebendige und von persönlichen Rivalitäten freie wissenschaftliche Diskussionskultur erlebt. Der Ort des Geschehens war das Physik-Institut »Informelektro«, an dem der zweite, ebenfalls dissidente und in Ungnade gefallene grosse Meister der Moskauer Semantik, Ju. D. Apresjan, sich und seine gesamte Entourage etabliert hatte. Die formale Strenge und begriffliche Rigorosität dieser beiden Vordenker beeinflussten mich mein ganzes Leben lang, auch wenn sich das von ihnen erschaffene und über Jahrzehnte weiterentwickelte sogenannte Inhalt-Text-Modell wegen seiner Beschränkungen auf die Satzdomäne und die Weglassung der Pragmatik bald als zu enges Korsett erwies.

Noch während meines Studiums trat ich am Zürcher Slavischen Seminar eine halbe Assistentenstelle an, nach der Promotion wurde sie zu einer ganzen Stelle aufgestockt und blieb mir bis 1980 erhalten. Ebenfalls schon während des Studiums schloss ich mich dem sich eben konstituierenden Konstanzer Slavistischen Arbeitskreis an und veröffentlichte meine ersten Fachbeiträge. Das mir 1980 zugesprochene dreijährige Habilitationsstipendium konnte ich nicht mehr bis zum Ende ausnutzen: 1981 erfolgte der Ruf auf eine C-4-Professur an der Universität Hamburg, die ich am 1. April 1982 antrat. An dieser damals von den Nachwehen der Studentenunruhen und einer üppig wuchernden akademischen Selbstverwaltung geprägten Lehrstätte verbrachte ich meine Lehr- und Wanderjahre, die in etwa zusammenfielen mit dem in Dietrich Schwanitz' späterem Schlüsselroman *Der Campus* beschriebenen Zeitraum; manche seiner Protagonisten sind für mich unschwer wiederzuerkennen. In diese Zeit fällt auch ein erstes, von der Deutschen Forschungsgemeinschaft finanziertes, noch recht bescheiden bemessenes Forschungsprojekt zur Grammatik des russischen Textverweises. 1986 erblickte unser Sohn in Hamburg-Eppendorf das Licht der Welt; nolens volens war er seitdem an unseren weiteren Migrationen beteiligt. Im Frühling 1988 nahm ich den Ruf an die Ludwig-Maximilian-Universität München an und erlebte dort das genaue Gegenteil der Hamburger Verhältnisse: eine recht verschlafene, traditionsreiche, noch stark im Zeichen der alten Ordinarienherrschaft stehende und gleichzeitig bereits arg vermasste (60 000 Studierende waren es schon damals) Hochschule, die allerdings innerhalb der deutschen Slavistik dank ihrer diversen infrastrukturellen Vorteile vielen als Eldorado galt.

Unterdessen war die Wende angebrochen, nicht nur in Deutschland – sie bescherte uns im Westen etablierten Professoren bald die zweifelhafte Ehre der Hinzuziehung zu diversen Verifikationsverfahren ostdeutscher Fachkolleginnen und -kollegen –, sondern auch im ehemaligen ›Reich des Bösen‹. Dies eröffnete neue Reisemöglichkeiten für ehemals blockierte russische Wissenschaftler, die denn auch bald ihren Weg nach München fanden; gleichzeitig verbrachte der 1977 nach Montreal

Daniel Weiss

emigrierte I. Mel'čuk als Preisträger der Humboldt-Stiftung ein Jahr in München, dies alles zur Erbauung der Münchener Studentenschar. 1992 zeichnete sich infolge der Zürcher Vakanz die letzte Möglichkeit einer Rückkehr in die traute Heimat ab, die ich 1993 nach insgesamt elfjähriger Tätigkeit in deutschen Diensten mehr aus familiären Gründen denn auch vollzog. In meiner Berufslaufbahn war dies die schwerste Entscheidung, die ich allerdings nie zu bereuen brauchte: die neue Stelle bot mir optimale, in Deutschland nicht gekannte Gestaltungsmöglichkeiten, die in Hamburg und München ebenfalls fehlende enge Zusammenarbeit mit der Osteuropa-Geschichte liess sich in Zürich sofort reaktivieren, das studentische Engagement und das Potenzial an wissenschaftlichem Nachwuchs liessen auch hier kaum zu wünschen übrig, und ein von 1996 bis 2001 betreutes, vom Schweizerischen Nationalfonds finanziertes Forschungsprojekt zur *Geschichte der verbalen Propaganda in der Sowjetunion und Volkspolen* brachte eine späte Annäherung an meinen ursprünglichen politikwissenschaftlich orientierten Studienwunsch. Dieses Projekt fand 2001–2004 eine Fortsetzung in dem kollektiv von Forscherteams aus Omsk, Moskau, Wien und Zürich betriebenen, von der Europäischen Union finanzierten Forschungsvorhaben *Foodstuff Information – Reality and Illusions*, das dem sowjetischen und postsowjetischen Essensdiskurs galt. Von den vier ehemaligen MitarbeiterInnen, die unterdessen zu höheren akademischen Weihen gelangt sind, haben sich zwei in München und zwei in Zürich habilitiert; aus meiner ehemaligen Hamburger Klientel haben weitere drei Abkömmlinge heute Professorenstellen inne.

Was meine Forschungsschwerpunkte angeht, so löste der frühe Zwang zur professoralen Lehre hier einerseits eine markante Verschiebung von der Polonistik zur Russistik, andererseits ein starkes Breitenwachstum aus: zur *Syntaxtheorie* gesellte sich schon während meiner Assistenz die *Textlinguistik,* die sich später in die beiden Teilbereiche Textverweis und Satzkonnexion ausdifferenzierte. Daneben sprossen munter weitere Themenbereiche empor, so *Sprache und Sexus* (der Schreibende kann mit einem gewissen Augenzwinkern für sich beanspruchen, der früheste Feminist in der slavistischen Linguistik gewesen zu sein), deutsch-polnische grammatische Lehnbeziehungen, lexikalische Fallstudien (zum Beispiel je zwei Arbeiten zu russisch *čelovek* und seinen Nachbarbegriffen sowie zum makedonischen unbestimmten Artikel) und (last but not least) zur *Zoolinguistik*. Gleichzeitig schälte sich gegen Ende der 1980er Jahre ein neuer gewichtiger Schwerpunkt heraus, nämlich die Analyse der *sowjetischen Propagandasprache*. Damit im Zusammenhang stand das bereits erwähnte Nationalfondsprojekt, und diesem Themenkreis entstammen unterdessen über 40 Publikationen, worunter neun von ehemaligen Mitarbeitenden; die Spannweite der Themen reicht hier von sowjetischen Folklore-Epen und Totenklagen über Chruščevs Memoiren, den Zusammenhang von Politwitzen und Politgerüchten, die Kontrastierung von SU- und NS-Propagandasprache, Ungeziefer, Aas und Müll als Feindbilder der Sowjetpropaganda bis hin zur sowjetischen Nahrungsmittelwerbung. Etliche dieser Aufsätze wurden ins Russische übersetzt. Eine organische Fortsetzung fand der propagandistische Schwerpunkt in fünf Arbeiten zum postsowjetischen öffentlichen Diskurs (davon drei zu Politikerinterviews), in jüngster Zeit schliesst hier als weiterer Bereich die forensische Linguistik mit zurzeit drei Beiträgen an. Daneben findet die syntaktische Traditionslinie verschiedene Fortsetzungen, so in drei Untersuchungen zur Possessivrelation im Russischen und fünf Studien zu den Anfängen der Verbserialisierung in der russischen Umgangssprache, der ›hedonistischen‹ Partikel *sebe* beziehungsweise *sobie* oder der Grammatikalisierung von *vzjat'* zum Ausdruck einer unerwarteten Handlung. Bei allen diesen Fallstudien hat in den letzten Jahren neben der arealen (finnougrische Sprachen, Balkan-Sprachbund, Eurolinguistik) vor allem auch die typologische Perspektive zunehmend an Gewicht gewonnen. Auch die Publikationssprachen haben sich verschoben: nach dem früher neben Polnisch und Französisch dominanten Deutschen ist in den letzten Jahren zunächst Russisch, seit Kurzem (angesichts der generellen Entwicklung des internationalen wissenschaftlichen Diskurses wenig überraschend) Englisch an die Spitze gerückt. Meine wissenschaftlichen Kontakte umfassen vor allem dank regen Besuchs diverser Tagungen beziehungsweise Kongresse und einer stetig anwachsenden Expertentätigkeit die meisten Staaten Europas, eine weitere Ausdehnung auf die USA steht jetzt bevor.

Publikationen

Monografie
Syntax und Semantik polnischer Partizipialkonstruktionen im Rahmen einer generativ-transformationellen Sprachbeschreibung, Bern, Frankfurt a. M. 1977.

Herausgaben
Slavistische Linguistik 1979. Referate des V. Konstanzer Slavistischen Arbeitstreffens, Zürich, 25.–27. 9. 1979, München 1980.
»Primi sobran'e pestrych glav«. Slavistische und slavenkundliche Beiträge für Peter Brang zum 65. Geburtstag, hg. mit C. Goehrke u. R. Kemball, Bern u. a. 1989.
Words Are Physicians for an Ailing Mind. Orges nosouses eisin iatroi logoi (Festschrift für A. Bogusławski), hg. mit M. Grochowski, München 1991.
Slavistische Linguistik 1994. Referate des 20. Konstanzer Slavistischen Arbeitstreffens, Zürich, 20.–22. 9. 1994, München 1995.
Der Tod in der Propaganda (Sowjetunion und Volksrepublik Polen), Bern, Frankfurt a. M. 2000.
Slavistische Linguistik 2006–2007. Referate des 32. und 33. Konstanzer Slavistischen Arbeitstreffens (Slavistische Beiträge 464), hg. mit Peter Kosta, München 2008.

Ausgewählte Artikel
»Funktionen des Passivs im Textzusammenhang. Begriffsnatur und nichttextuelle Restriktionen der Passivierung«, in: *Slavistische Linguistik 1979,* hg. v. Daniel Weiss, München 1980, 183–200.
»Textuelle Bedingtheit der Wahl des Passivs im Polnischen«, in: *Slavistische Linguistik 1979,* hg. v. Daniel Weiss, München 1980, S. 230–258.
»Zur typologischen Stellung des Polnischen (ein Vergleich mit dem Čechischen und Russischen)«, in: *Schweizerische Beiträge zum IX. Internationalen Slavistenkongress in Kiev, September 1983,* hg. v. Peter Brang, Georges Nivat, Robert Zett (Slavica Helvetica 22), Bern, Frankfurt 1983, 229–261.
»Was ist neu am Newspeak? Reflexionen zur Sprache der Politik in der Sowjetunion«, in: *Slavistische Linguistik 1985,* hg. v. Renate Rathmayr, München 1986, 247–325.
»Polsko-niemieckie paralele w zakresie czasowników modalnych (na tle innych języków zachodniosłowiańskich)«, in: *Sprach- und Kulturkontakte im Polnischen,* hg. v. Gerd Hentschel, Gustav Ineichen, Alek Pohl, München 1987, 131–156.
»Neskol'ko nabljudenij po povodu leksikografičeskoj koncepcii ›Tolkovo kombinatornogo slovarja‹ I. A. Mel'čuka i A. K. Žolkovskogo«, in: *Wiener Slawistischer Almanach* 19 (1987), 209–250.
»How many Sexes are there? Reflections on Natural and Grammatical Gender in Contemporary Polish and Russian«, in: *Studies in Polish Morphology and Syntax,* hg. v. Gerd Hentschel, Roman Laskowski, München 1993, 71–105.

»Russian Converbs: a Typological Outline«, in: *Converbs in Cross-Linguistic Perspective. Structure and Meaning of Adverbial Verb Forms – Adverbial Participles, Gerunds,* hg. v. Martin Haspelmath, Ekkehard König, Berlin, New York 1995, 239–282.

»Kleine Einführung in die russische Zoolinguistik«, in: *Slavistische Linguistik 1997,* hg. v. Tilman Berger, München 1998, 273–324.

»Der posttotalitäre politische Diskurs im heutigen Russland«, in: *Sprachwandel in der Slavia. Die slavischen Sprachen an der Schwelle zum 21. Jahrhundert. Ein internationales Handbuch,* hg. v. Lew N. Zybatow, Frankfurt a. M. 2000, 209–246.

»Stalinistischer und nationalsozialistischer Propagandadiskurs im Vergleich: eine erste Annäherung«, in: *Slavistische Linguistik 2001,* hg. v. Holger Kusse, München 2003, 309–356.

»Russkie dvojnye glagoly i ich sootvetstvija v finnougorskich jazykach«, in: *Russkij jazyk v naučnom osveščenii* 2.6 (2003), 37–59.

»The Rise of an Indefinite Article: the Case of Macedonian *eden*«, in: *What Makes Grammaticalization? A Look from its Fringes and its Components,* hg. v. Walter Bisang, Nikolaus P. Himmelmann, Björn Wiemer, Amsterdam, Berlin 2004, 139–165.

»Sowjetische Nahrungsmittelwerbung: eine erste Annäherung«, in: *Slavistische Linguistik 2003,* hg. v. Sebastian Kempgen, München 2005, 325–362.

»L'interview politique dans les conditions du discours postsoviétique«, in: *Le texte dans la Russie contemporaine,* hg. v. Alexandre Bourmeyster, Isabelle Després, Grenoble 2006, 11–32.

»Sudebnaja ėkspertiza i vklad lingvista v interpretaciju zakona«, in: *From Poets to Padonki. Linguistic Authority and Norm Negotiation in Modern Russian Culture,* hg. v. Ingunn Lunde, Bergen 2009, 252–274.

Verspätete Begeisterung

SYLVIA SASSE

Weshalb Slavistik studieren, insbesondere Russistik, wenn man in der DDR aufgewachsen ist, sich dort in der Schule durch Michail Šolochovs *Neuland unterm Pflug* kämpfen musste, aus unbekannten Gründen zunächst weder Abitur machen noch später das gewünschte Studium der Kulturwissenschaften aufnehmen durfte? Auch mein erster Russlandaufenthalt, 1984 in Moskau, da war ich 16, organisiert als Abschlussfahrt der POS Rosa Luxemburg in Magdeburg, trug definitiv nicht zur Studienwahl bei. Wir waren damals im ehemaligen olympischen Dorf untergebracht, dessen 18 in weisser Farbe gestrichene 16-stöckige Hochhaustürme teilweise als Hotel dienten. Ich kann mich erinnern, dass man uns verbot, zu den Schülergruppen aus Westeuropa Kontakt aufzunehmen, was schlicht unmöglich war. Wir begegneten uns im Fahrstuhl, beim Essen, nachts heimlich an einer Bar. Als wir gemeinsam mit einer westdeutschen Gruppe das Leninmausoleum besuchten und danach noch ein Gespräch mit einem Sowjet-Funktionär über das Erbe Lenins zu absolvieren hatten, kam es zu einem interessanten Zwischenfall. Einer der westdeutschen Schüler fragte, ob es sich im Mausoleum tatsächlich um den echten Lenin handle. Keiner traute sich zu antworten, unser Klassenlehrer verliess mit uns den Raum, über den Vorfall sollten wir schweigen.
Die nächste ›Begegnung‹ mit der Sowjetunion hatte ich erst wieder während des Abiturs, das ich dann doch noch machen durfte, und zwar als Fachverkäuferin mit Abitur, drei Jahre in einem Internat in Frankfurt an der Oder. Ich hätte mich auch für »Facharbeiterin für Obst und Gemüse mit Abitur« entscheiden können, zog es aber vor, freitags und samstags in der Kaufhalle und nicht in der Fabrik zu arbeiten. Eine Fehlentscheidung. Als wir 18 wurden, fragte man uns, ob wir in die Partei eintreten wollten, etwa fünf Mädchen aus unserer Klasse entschieden sich dafür, einige wohl, um den gewünschten Studienplatz zu sichern. Für mich kam das nicht infrage. Als dann im April 1986 das Atomkraftwerk von Tschernobyl explodierte, wurden die Mädchen, die sich für den Parteieintritt entschieden hatten, mit einer Reise in die Sowjetunion ›belohnt‹, nicht so weit weg von Tschernobyl, wie es nötig gewesen wäre. Vermutlich ging es darum zu beweisen, dass die Katastrophe nicht so schlimm sei, wie in den westlichen Medien berichtet.

Warum also doch Slavistik? Für das Slavistikstudium entschied ich mich erst in Konstanz. Dort war ich hingeraten, ein paar Wochen vor dem Mauerfall, weil mir der 65. Geburtstag meiner Westtante ein dreitägiges Ausreisevisum eingebracht hatte. Ich beschloss, nicht in die DDR zurückzukehren und endlich zu studieren. Für Slavistik und Germanistik entschied ich mich, weil ich mich nicht traute, Anglistik zu studieren, der Englischunterricht in der DDR war nicht gerade anspruchsvoll. Der vielleicht noch gewichtigere und weitaus positivere Grund war jedoch ein Vortrag von Renate Lachmann. Ich weiss nicht mehr, worüber sie sprach, ich glaube über Nabokov. Aber sie sprach so beeindruckend, dass ich unbedingt bei ihr studieren wollte. Die slavistische Literaturwissenschaft in Konstanz mit Renate Lachmann, Igor' P. Smirnov und Erika Greber war insgesamt ein Glücksfall für mich. Ich kann mich an Seminare zum russischen Formalismus, zur strukturalistischen und poststrukturalistischen Literaturtheorie, zur vergleichenden osteuropäischen Avantgarde, zum literarischen Minimalismus, zur Mythopoetik, zu Avvakum, Danilo Kiš, zur Theorie der Phantastik, zu Puškins kleinen Dramen und so weiter erinnern. Für mich prägend war auch, dass Igor' Smirnov immer wieder Schriftsteller und Künstler in das fernab gelegene Konstanz einlud: Sorokin, Prigov, Pepperštejn lernte ich dort kennen.

Dass ich eine wirklich begeisterte Slavistin geworden bin, lag also nicht so sehr an einer Begeisterung für Russland oder das postkommunistische Osteuropa, sondern in erster Linie an der Konstanzer Slavistik und Literaturwissenschaft. Die erst öffnete mir die Augen für das Potenzial der literarischen Sprache, für literaturtheoretische und sprachphilosophische Gedankengänge und für Schriftsteller, von denen ich bis dahin nicht so viel gehört hatte und die mich seither nicht mehr losgelassen haben: Daniil Charms, Danilo Kiš, die Moskauer Konzeptualisten. Man könnte auch von einer sekundären Begeisterung sprechen, von einer Begeisterung, für die nicht nur das Objekt, sondern der Umgang mit diesem ausschlaggebend ist.

Meine nochmaligen Begegnungen mit Russland oder anderen osteuropäischen Ländern hatten nach dem Zusammenbruch des Warschauer Pakts ein anderes Flair. Ich fuhr gewissermassen als Ethnologin dorthin, machte Selbst- und Fremdbeobachtungen. Immer handelte es sich um eine Reise in die eigene Vergangenheit. Meist fuhr ich, wie von Oktober 2002 bis Juli 2003 nach Sankt Petersburg, mit Studienkollegen, die in Westdeutschland aufgewachsen waren. Für meine Kommilitonen war ich eine Expertin, weniger für Russisch als für den Ostblock. Während sie sich für das echte, unverbrauchte Leben ohne Luxus und Schein im Osten Europas interessierten, konnten mich weder Warteschlangen, volle Busse oder unfreundliche Fahrkartenverkäuferinnen beindrucken. Während sie es als Abenteuer verstanden, in einem postsowjetischen Wohnheim mit Kakerlaken zu leben, versuchte ich sie zu überreden, eine eigene Wohnung zu mieten.

Ich interessierte mich für die kommunistische Utopie, für die postkommunistische Phase, für den Zusammenhang von Mikro- und Makrogeschichte in autokratischen

Sylvia Sasse

Systemen. Die meisten meiner literaturwissenschaftlichen Forschungsarbeiten hängen in der einen oder anderen Weise mit diesen Themen zusammen. Meine Dissertation verfasste ich zum Moskauer Konzeptualismus. Ich untersuchte Prozesse ästhetischer Dissidenz im Moskauer Untergrund. Wenn man so will, interessierte ich mich für ästhetischen und poetischen Widerstand, für Taktiken und Tricks auf sprachlicher beziehungsweise medialer Ebene. Ich schrieb diese Dissertation im Rahmen eines Stipendiums am Konstanzer Graduiertenkolleg »Theorie der Literatur und Kommunikation« – ein anspruchsvolles Kolleg mit regelmässig durchgeführten thematischen Seminaren und Kolloquien.
Kurz bevor ich die Dissertation abgeschlossen hatte, entschied ich mich, nach Berlin zu gehen. Renate Lachmann und Igor' Smirnov standen kurz vor ihrer Emeritierung, die Zukunft in Konstanz war ungewiss und die Stadt Berlin lockte. Glücklicherweise hatte meine Bewerbung am Graduiertenkolleg der Freien Universität Berlin »Körper-Inszenierungen« Erfolg. Von 1999 bis 2001 war ich an diesem Kolleg Postdoktorandin. Der Sitz des Kollegs war am Institut für Theaterwissenschaften, das von Erika Fischer-Lichte geleitet wurde. Auch diese Begegnung war ein Glücksfall für mich. Erika Fischer-Lichte, die selbst auch Slavistin ist, hatte Interesse an meinen Themen,

und ich konnte mein Wissen in Richtung Theaterwissenschaft erweitern. Die Zeit an diesem Kolleg erinnere ich als sehr kreativ. Das lag am Institut für Theaterwissenschaften, aber auch an den KollegInnen, Stefanie Wenner, Kathrin Deuffert, Ludger Schwarte. Wir organisierten Ringvorlesungen unter anderem zu *Kunst als Strafe* und Konferenzen wie die *Kollektiv-Körperkonferenz* an der Schaubühne in Berlin, und wir gründeten die Diskursive Poliklinik als Plattform für wissenschaftlich-künstlerische Praxis. In dieser Zeit begann mein Interesse für den russischen Theatertheoretiker und -praktiker Nikolaj Evreinov, mit dessen Konzepten der »Theatralisierung des Lebens« und des »Theaters für sich selbst« ich mich seither intensiv auseinandergesetzt habe.

Nach zwei Jahren, das Stipendium war abgelaufen, bewarb ich mich am Zentrum für Literaturwissenschaften (ZFL) und wurde im Projekt von Wolfgang Kissel über Erinnerungsdiskurse in Russland und Polen angestellt. Wieder ein Glücksfall. Ich lernte dort Franziska von Thun-Hohenstein und Carlo Barck kennen. Beide waren für mich nicht nur hinsichtlich der literaturwissenschaftlichen Auseinandersetzung interessant, sondern auch aufgrund ihrer Vergangenheit. Sie kamen aus der DDR und konnten mir aus einem Land erzählen, das ich selbst nicht erlebt hatte – die DDR der konformen und nichtkonformen Intellektuellen. Das klingt vielleicht etwas kitschig, trifft aber einen Punkt, der für das Leben in der DDR typisch war. Arbeiterkinder, wie ich eines bin, hatten in der DDR kaum Zugang zu anderen Kreisen oder gar zur inoffiziellen Kultur. Der Weg führte eigentlich nur über die evangelische Kirche in die zaghafte freie Diskussion.

Die Arbeit am ZFL ermöglichte es mir, an meiner Habilitationsschrift zu arbeiten, ein Buch über das Beichten und Gestehen in der russischen Literatur. Dabei interessiert mich vor allem das Antibeichten, ein Ausdruck Michail Bachtins, also das Beichten, das die Beichtpraxis zugleich infrage stellt und parodiert. Das war ein Buch, das ich ursprünglich gemeinsam mit Caroline Schramm, einer Kollegin aus Konstanz, verfassen wollte. Diese entschloss sich aber, den ungewissen Weg bis zur Professur nicht zu gehen und wechselte in die Bibliothek. Ich schrieb das Buch dann allein und fand insbesondere in Franziska von Thun-Hohenstein am ZFL eine ideale Gesprächspartnerin, da sie selbst gerade ein Buch über autobiografisches Schreiben im sowjetischen Lager verfasste. Die Gespräche mit ihr brachten das Buchprojekt sehr voran. Die Zeit am ZFL, die insgesamt durch einen regen Austausch mit Kollegen aller Philologien geprägt war, unterbrach ich 2002/03 für einen Studienaufenthalt an der University of California, Berkeley, der durch die Humboldt-Stiftung (Feodor Lynen-Programm) finanziert wurde. In dieser wunderbaren Zeit konnte ich meine Habilitationsschrift fast fertigschreiben sowie Kontakte zur dortigen ausgezeichneten Slavistik, insbesondere zu Olga Matich, aber auch nach Colombia (Ohio) und Yale knüpfen. Ich kann mich an keine so intensive Schreibphase erinnern wie in Berkeley, die durch die vorzügliche und riesige Universitätsbibliothek enorm vereinfacht wurde.

Nach insgesamt drei Jahren am ZFL, kurz nach der Abgabe meiner Habilitationsschrift, bewarb ich mich 2005 an der Humboldt-Universität um die Professur für Ostslawische Literaturen und Kulturen. Bewerbungsvortrag und Habilitationsverteidigung lagen nur kurze Zeit auseinander, beide erfolgten im Herbst 2005. Ich wurde erstplatziert und damit schloss sich auf paradoxe Weise der biografische Zirkel. Die Universität, die mich 1987 nicht zum Studium zugelassen und mir dabei bescheinigt hatte, dass in meinem Fall »keine gesellschaftliche Notwendigkeit für ein Studium besteht«, machte mich knapp 18 Jahre später zur Professorin.

Im Unterschied zur kleinen und familiären Slavistik in Konstanz arbeitete ich nun am grössten deutschen Slavistikinstitut mit acht Professuren und circa 1000 Studierenden. Die Situation am Institut für Slavistik in Berlin war nicht ganz einfach. Auch 20 Jahre nach der Wende spürte man dort das Konfliktpotenzial zwischen Ost und West noch deutlich. Ich verkörperte dabei als Ostlerin, die im Westen Slavistik studiert hatte, eine Spezies, die sich schlecht einordnen liess, was mir allerlei Vorteile und auch Nachteile brachte. Ich kannte zwar die DDR, hatte allerdings vom ehemaligen ostdeutschen Hochschulsystem und dem noch andauernden Wendeprozess wenig Ahnung.

In Berlin wurden mir auch die Vorteile der Konstanzer Literaturwissenschaft wieder bewusst. Das Berliner Institut hatte nur wenige Beziehungen zu den anderen Philologien oder zur Osteuropageschichte – in Bezug auf Studiengänge und Forschungsprojekte. Das lag ganz klar an der Organisationsstruktur. Während in Konstanz die Literatur- und die Sprachwissenschaften eine eigene Fachgruppe bildeten, in der alle philologischen Richtungen miteinander forschten und lehrten, war die Berliner Philologie – wie an den meisten anderen Universitäten auch – territorial beziehungsweise sprachlich organisiert. Für den Dialog der Disziplinen ist die territoriale beziehungsweise sprachliche Ordnung ein klarer Nachteil. Sie befördert vermutlich auch die nach der Bologna-Reform deutlich zu beobachtende Wende zu den *area studies* in der Slavistik. Ich hoffe sehr, dass dieser Trend nicht anhält, da er langfristig zu einer Verwässerung oder gar einem Verschwinden der Disziplinen in den kleinen Philologien führen wird und nur in Einzelfällen eine avancierte Kulturwissenschaft hervorbringt, in weniger günstigen Fälle fördert dieser Trend eher die Neuauflage von Landeskunde.

Die Zeit an der Humboldt-Universität war arbeitsintensiv und inspirierend, Letzteres ist vor allem einigen KollegInnen und sehr guten Studierenden zu verdanken. Mit Mirjam Goller und Magdalena Marszałek gründete ich die Internetzeitschrift *novinki* und wir organisierten ein gemeinsames thematisches Kolloquium. Mit Wladimir Velminski beantragte ich bei der Deutschen Forschungsgemeinschaft erfolgreich ein Forschungsprojekt zu Rezeptionstheorien und -experimenten in der russischen und sowjetischen Moderne. Mit Magdalena Marszałek und Miranda Jakiša arbeitete ich gemeinsam an dem am ZFL ansässigen Forschungsverbund über plurale Kulturen in Europa – mit jeweils eigenen Forschungsprojekten und Mitarbeitern. Mit Michail Ryklin, den ich für ein Jahr als Gastprofessor ans Institut für Slavistik geholt hatte, führte ich intensive Gespräche über die politische und kulturelle Situation in Russland. Und ich hatte an der Humboldt-Universität Gelegenheit, mein Interesse für die Südslavistik wieder aufzufrischen.

Dass ich mich nach drei Jahren Humboldt-Universität um die Professur für Slavistische Literaturwissenschaft an der Universität Zürich bewarb, hatte verschiedene Gründe, private und auf die Arbeit bezogene. Mein Lebensgefährte und Vater meines 2008 auf die Welt gekommenen Sohnes ist Schweizer. Und das Slavische Seminar in Zürich ist kleiner, übersichtlicher, die Universitäten in der Schweiz werden zudem nicht in der Exzellenzinitiative aufgerieben. Ich habe diesen Wechsel nicht bereut, auch wenn ich Berlin und seine chaotische kulturelle Vielfalt vermisse. Die Arbeit in Zürich ist angenehm, die Studenten sind bei der Sache, der Freiraum für die eigene Forschung, die nicht notwendig in Sonderforschungsbereichen oder Clustern stattfinden muss, ist optimal. Aus alter Gewohnheit habe ich auch in Zürich gleich ein Forschungsprojekt zu *Literatur und Kunst vor Gericht* beim Schweizerischen Nationalfonds beantragt, das inzwischen bewilligt worden ist und im Februar 2011 starten wird. Das ist ein Thema, mit dem ich mich schon lange beschäftige und zu dem ich 2003 mit Stefanie Wenner und Anselm Franke im Berliner Theater Hebbel am Ufer ein internationales Festival organisierte. Anlass dafür waren einige Gerichtsprozesse gegen Kunst in Russland und in Polen und die damit verbundene Frage der Verhandelbarkeit von Kunst vor Gericht sowie die erneute politische Instrumentalisierung von Kunst.

Wenn ich mir meinen Weg zur Professur beziehungsweise nach Zürich rückblickend anschaue, kann ich resümieren, dass ich das Glück hatte, an Instituten, Seminaren und Lehrstühlen zu arbeiten, die mich intellektuell forderten und es mir gleichzeitig ermöglichten, ziemlich selbständig eigenen Interessen nachzugehen.

Publikationen

Monografien
Texte in Aktion. Sprech- und Sprachakte im Moskauer Konzeptualismus, München 2003.
Wortsünden. Beichten und Gestehen in der russischen Literatur, München 2009.
Michail Bachtin zur Einführung, Hamburg 2010.

Herausgaben
Mystifikation, Autorschaft, Original, hg. mit Susi Frank, Renate Lachmann, Schamma Schahadat, Caroline Schramm, Tübingen 2001.
Kunst als Strafe. Zur Ästhetik der Disziplinierung, hg. mit Gertrud Koch, Ludger Schwarte, München 2002.

Kollektivkörper. Kunst und Politik von Verbindung, hg. mit Stefanie Wenner, Bielefeld 2002.
Namen. Benennung, Verehrung, Wirkung, hg. mit Tatjana Petzer, Franziska Thun-Hohenstein, Sandro Zanetti, Berlin 2009.
Geopoetiken. Geographische Entwürfe in den mittel- und osteuropäischen Literaturen, hg. mit Magdalena Marszałek, Berlin 2009.

Anthologien, Editionen
Traumstadtbuch. Berlin, Moskau, New York (Rowohlt Literaturmagazin 46), hg. mit Ralf Bönt, Dirk Vaihinger, Reinbek bei Hamburg 2001.
Michail Bachtin. Zur Philosophie der Handlung, aus dem Russischen von Dorothea Trottenberg, Berlin 2010.

Aufsätze
»Totalitäre Ästhetik und subversive Affirmation« (gemeinsam mit Caroline Schramm), in: *Welt der Slaven* LXII (1997), 306–327.
»Aktionen, die keine sind. Über Nicht(s)tun in der russischen Aktionskunst«, in: *Minimalismen. Zwischen Leere und Exzess* (WSA Sonderband), hg. v. Mirjam Goller, Georg Witte, München, Wien 2001, 403–430.
»Stichwort: Performativität (Neue deutsche Literatur)«, in: *Germanistik als Kulturwissenschaft*, hg. v. Claudia Benthien, Hans Rudolf Velten, Reinbek bei Hamburg 2002, 247–269.
»Moralische Infektion. Lev Tolstojs Theorie der Ansteckung und die Symptome der Leser«, in: *Ansteckung. Zur Körperlichkeit eines ästhetischen Prinzips*, hg. v. Mirjam Schaub, Nicola Suthor, München 2005, 275–293.
»Mnimyj zdorovyj. Teatroterapija Nikolaja Evreinova v kontekste teatral'noj ėstetiki vozdejstvija«, in: *Medicina i russkaja literatura. Ėstetika, Ėtika, Telo*, hg. v. Riccardo Nicolosi, Aleksandr Bogdanov, Moskva 2006, 209–219.
»Statt der Sterne. Literarische Gestirne bei Mallarmé und Chlebnikov« (gemeinsam mit Sandro Zanetti), in: *Gestirn und Literatur im 20. Jahrhundert*, hg. v. Maximilian Bergengruen, Davide Giuriato, Sandro Zanetti, Frankfurt a. M. 2006, 103–119.
»Der Weitersager. Danilo Kiš und die Wege des Geredes«, in: *Fama. Kultur der Gerüchte*, hg. v. Jürgen Brokoff, Jürgen Fohrmann, Hedwig Pompe, Brigitte Weingart, Göttingen 2008, 301–322.
»Stichwort: Literaturwissenschaft«, in: *Raumwissenschaften*, hg. v. Stephan Günzel, Frankfurt a. M. 2008, 208–224.
»Pathos und Antipathos. Pathosformeln bei Sergej Ėjzenštejn und Aby Warburg«, in: *Transformationen des Pathos*, hg. v. Cornelia Zumbusch, Berlin 2009, 171–190.
»Kontingente Feindschaft? Die Jugoslawienkriege bei David Albahari und Miljenko Jergović« (mit Miranda Jakisa), in: *Kriegsnarrative des 20. und 21. Jhs. Zwischen Apokalypse und Alltag*, hg. v. Natalia Borissova, Susanne Frank, Andreas Kraft, Bielefeld 2009, 221–236.

Markus Giger

Von der Dissertation zur Habilitation

Das Slavische Seminar Zürich aus der Sicht eines Mittelbauangehörigen

MARKUS GIGER

Als ich im Jahr 1988 das Studium der Slavischen Philologie in Zürich bei Robert Zett und Peter Brang begann, waren die Umwälzungen der kommenden Jahre noch nicht zu erahnen – nicht in Mittel- und Osteuropa und auch nicht am Slavischen Seminar. Beim Antritt einer Assistentenstelle bei Daniel Weiss im September 1996 hatte sich nicht nur die Region, der unser Interesse gilt, völlig gewandelt, auch das Slavische Seminar hatte eine tief greifende Metamorphose durchgemacht. Im mich primär interessierenden Bereich der slavischen Sprachwissenschaft bedeutete das vor allem eine weitgehende Umorientierung von traditionellen philologischen Themen zu formal-linguistischen, pragmatischen und kognitivistischen Fragestellungen. In diesem Sinn richtete ich auch meine Dissertation zu den Resultativkonstruktionen im modernen Tschechischen aus – semantisch-beschreibend, dependenzgrammatisch, grammatikalisierungstheoretisch. In Daniel Weiss fand ich nicht nur einen kompetenten, geduldigen und jederzeit inspirativen Betreuer, das Slavische Seminar Zürich der zweiten Hälfte der 1990er Jahre war auch ein Institut, das mir grossen Freiraum liess, nicht nur für meine Dissertation, sondern auch für andere Aktivitäten im Bereich der Forschung wie der Lehre (neben den festen Einführungsveranstaltungen in die Sprachwissenschaft, das Altkirchenslavische und den russischen Verbalaspekt konnte ich bereits als frisch gekürter Assistent frei wissenschaftliche Übungen formulieren, welche ich z. B. der russischen Phonologie oder der tschechischen Soziolinguistik widmete). Auch die Bibliotheksarbeit – zumal die Beschlagwortung aller linguistischen Titel – empfand ich durchaus als Bereicherung.
Das erste grosse Thema meiner Assistentenzeit war jedoch die Begründung eines neuen Diskussions- und Publikationsforums für den wissenschaftlichen Nachwuchs im Bereich der slavischen Sprachwissenschaft, das ich gemeinsam mit dem damaligen Konstanzer Nachbarn Björn Wiemer anging.
An einem heissen Sommernachmittag des Jahres 1996 beschlossen wir in Winterthur, auf den Herbst 1997 eine offene Konferenz junger slavistischer SprachwissenschaftlerInnen in Konstanz zu veranstalten. Ein Spezifikum sollte die internationale Ausrichtung sein, das heisst keine Beschränkung auf den deutschen Sprachraum, sondern

eine bewusste Ausweitung auf die zielsprachigen Länder. Dieses Vorhaben gelang vollumfänglich, im Herbst 1997 entstand die »Europäische Slavistische Linguistik – Polyslav«, welche im Herbst 2012 ihrem 15. Treffen entgegengeht, von Tübingen über Prag und Warschau bis Moskau getagt und mittlerweile 15 Sammelbände publiziert hat. Obwohl in Konstanz gegründet, hat dieses Forum also auch Zürcher Wurzeln.

In Zürich – genauer im Computer auf meinem damaligen Schreibtisch – entstand auch der erste Polyslav-Sammelband (Giger/Wiemer 1998),[1] der ohne tatkräftige Unterstützung von MitarbeiterInnen des Slavischen Seminars technisch nicht in dieser Form gelungen wäre. Neben der Möglichkeit zu publizieren und herausgeberisch tätig zu sein ergab sich aus Polyslav eine grosse Zahl von fruchtbaren wissenschaftlichen Kontakten, neben dem deutschsprachigen Raum v. a. nach Polen.

›Nebenbeschäftigungen‹ dieser Art und die Publikation einer Reihe von thematisch nicht mit der Dissertation zusammenhängenden Aufsätzen brachten es mit sich, dass meine Dissertation erst im Jahr 2001 in die Endphase kam. Zeitgleich bahnte sich ein grosser Umbruch in meinem beruflichen (und auch privaten) Leben an: im Frühling 2001 bewarb ich mich um eine Stelle am Institut für slavistische und osteuropäische Studien an der Philosophischen Fakultät der Karlsuniversität (Ústav slavistických a východoevropských studií Filozofické fakulty Univerzity Karlovy) in Prag, und bereits am 15. Oktober begann ich dort mit dem Unterricht, zuerst in vergleichender Slavistik, später auch in Sorabistik und Russistik. Zu meinem Doktorkolloquium in Zürich am 5. November reiste ich bereits aus Prag an.[2] Es folgte eine rasante Integration in die turbulente, manchmal chaotische, aber zugleich ungemein vielseitige, dynamische und mitreissende akademische Welt eines postkommunistischen Landes – was kann sich ein Slavist mehr wünschen. Genannt seien Lehrpensen von bis zu 13 und 14 Stunden, stets neue und wechselnde Lehrpläne, Aufnahmeprüfungen, Akkreditierungen, die Nostrifikation der Dissertation, aber auch die Ernennung in den Fachrat *(oborová rada)* des Doktorstudiums Slavische Philologie, die Betreuung eigener Doktoranden noch vor der Habilitation,[3] die Wahl ins Tschechische Slavistenkomitee und überhaupt eine unvergleichlich bunte und inspirative linguistische Umwelt mit verschiedenen und stets neuen Kreisen, Vereinigungen, (wissenschaftlichen) Geburtstags- und Gedenkfeiern, Konferenzen, Vorträgen und Projekten, mit den verschiedensten Begegnungen, Zusammenarbeiten, Allianzen und Konflikten,

---

1 Aufgrund des unerwartet grossen Erfolgs unserer ersten Tagung wurde ein Teil der Beiträge in einem zeitgleich entstandenen zweiten Band publiziert (Giger/Menzel/Wiemer 1998).

2 Publiziert ist die Dissertation als Giger (2003). Später habe ich die Thematik in einer gemeinsamen Publikation mit Björn Wiemer in einen breiteren Zusammenhang gesetzt (Wiemer/Giger 2005).

3 Nicht zufällig vor dem Hintergrund der schwindenden Bedeutung des Deutschen als Wissenschaftssprache sind es vor allem Dissertationsprojekte zum deutsch-slavischen Sprachkontakt, welche ich in Prag betreue. Abgeschlossen und verteidigt ist bisher die Dissertation von Katja Brankatschk, *Verbalpräfixe im Obersorbischen. Verbpartikeln im älteren Sorbischen und ihre Entsprechungen im modernen Sorbischen*, Prag 2009.

welche sich tief greifend von der Welt des slavistisch-linguistischen Einzelkämpfers am Zürcher Schreibtisch unterschieden und unterscheiden. Von 2005 bis 2008 war ich auch in der ausseruniversitären Sprachwissenschaft tätig: an der in der Tschechischen Republik im wissenschaftlichen Bereich zentralen Akademie der Wissenschaften, am Institut für tschechische Sprache, in einem Projekt zur automatischen Erkennung benannter Entitäten in Texten (vgl. Giger/Štěpán 2007). Mit alldem verbunden war eine Totalimmersion ausserhalb der universitären Hallen – im mehr oder minder zusammengebrochenen Stadtverkehr nach den schweren Überschwemmungen von 2002, aber auch im Naherholungsgebiet des Stausees Džbán und des Naturreservats Divoká Šárka, bei dem bis zu siebenstündigen Schlangestehen bei der Fremdenpolizei im alljährlichen Kampf um die Verlängerung von Arbeitsbewilligung und Visum, aber auch bei der sofortigen Gleichberechtigung (ohne Gegenleistung) der Schweizer Staatsbürger nach dem Eintritt der Tschechischen Republik in die Europäische Union 2004, auf den verwundenen Wegen des öffentlichen Gesundheitswesens sowie bei der glücklichen Geburt unserer Tochter Veronika 2006, generell mit der Erfahrung, dass tagtäglich ›unlösbare‹ Probleme immer wieder gelöst wurden.

In dieser Zeit blieb das Slavische Seminar Zürich ein wichtiger, in gewisser Hinsicht existenzieller Anker. Mein erster Nettolohn in Prag betrug umgerechnet weniger als 400 Franken – im dynamisch expandierenden Prag kurz vor dem Eintritt in die EU sicher nicht existenzsichernd. Ich beschloss, an der Universität Zürich ein dreijähriges Habilitationsstipendium zu beantragen, dieses jedoch mit der (vollen) Anstellung an der Karlsuniversität zu verbinden. Diese Konstellation löste in der beschlussfassenden Kommission einiges Kopfzerbrechen aus, wurde aber letztlich gebilligt, nicht zuletzt dank der Unterstützung durch Daniel Weiss und German Ritz. In den Jahren 2004, 2005 und 2007 konnte ich ausserdem als Lehrbeauftragter in Zürich mit Blockveranstaltungen wirken. Zudem war die Bibliothek des Slavischen Seminars in den ganzen Jahren stets ein Rettungsring, wenn etwas unverzichtbar Scheinendes in Prag einfach nicht zu beschaffen war. Nachdem die Universität Zürich einige Jahre zuvor die kumulative Habilitation als Möglichkeit eingeführt hatte, wählte ich diesen Weg und reichte im Frühling 2007 ein aus 21 Texten zu vier thematischen Schwerpunkten bestehendes Kompendium von Arbeiten ein[1] und konnte mich damit im November 2007 in Zürich für slavische Sprachwissenschaft habilitieren. Das Wintersemester 2007/08 verbrachte ich als Vertreter des Lehrs-

---

1 Während im Schwerpunkt zur Entstehung neuer analytischer Verbformen im Westslavischen für die Dissertation entwickelte Verfahren auf weitere Konstruktionen angewandt wurden (vgl. Giger 2008a), betrifft der Schwerpunkt Spatialpartikeln teilweise auch das Russische (Giger 2004) und der soziolinguistische Schwerpunkt breiter das Ostslavische (Giger/Sloboda 2008). Der sprachtypologische Schwerpunkt schliesslich schlägt den Bogen von meiner Assistenz bei Daniel Weiss – der mich mit der Prager Typologie bekanntgemacht hatte – zu meiner Zeit in Prag, wo ich Gelegenheit zu manchen Diskussionen mit Jaroslav Popela und Petr Sgall hatte und die Typologie mit Bohumil Vykypěl vertiefen konnte (Giger/Vykypěl 2001).

tuhls für slavische Sprachwissenschaft von Walter Breu in Konstanz, was nicht nur einen wertvollen Einblick in eine deutsche Universität von ›innen‹ ermöglichte, sondern auch einen ernüchternden Ausflug in die Welt des europäischen Steuer- und Sozialversicherungsrechts darstellte: Was geschieht, wenn ein Schweizer mit festem Wohnsitz in der Tschechischen Republik für ein halbes Jahr in Deutschland arbeitet? Das Wiehern der vereinigten Amtsschimmel ist ohrenbetäubend.

Zugleich bewarb ich mich um eine Förderungsprofessur des Schweizerischen Nationalfonds, welche seit dem 1. Februar 2009 am Slavischen Seminar der Universität Basel angesiedelt und dem Einfluss des Russischen auf andere slavische Sprachen im 19. Jahrhundert im Bereich der Grammatik gewidmet ist.[1] Neben der Möglichkeit zur (vorübergehenden) Rückkehr in die Schweiz bietet dieses Instrument der Nachwuchsförderung vor allem die Chance, eine grössere Forschungsfrage selbständig zu formulieren und ein kleines Team bei ihrer Bearbeitung zu leiten.

Nach fast acht Jahren in Prag fand ich eine Hochschullandschaft wieder, welche sich durch elektronische Erfassung von Studienleistungen, stärkere Verschulung, Kreditpunkte und Bologna-Reform in mancher Hinsicht – für mich anfangs überraschend – dem angenähert hatte, was ich in Prag kennengelernt hatte. Auch das Slavische Seminar Zürich hatte sich wieder verändert, eine neue und bemerkenswerte Dynamik gewonnen, die ich nun als nicht jedes Semester unterrichtender Privatdozent nicht mehr in vollem Umfang würdigen kann. Es ist, so scheint es, für die Zukunft gut positioniert. Da die universitäre Laufbahn im humanwissenschaftlichen Bereich trotz verschiedenster Förderungsinstrumente immer noch voller Unwägbarkeiten ist, bleibt meine eigene Zukunft vorerst offen – eine nicht immer ganz belastungsfreie Situation, nicht nur für mich, sondern auch für meine Frau Miriam, die aufgrund dieser Unwägbarkeiten aus Bratislava in die Schweiz, nach kurzer Zeit nach Prag, beruflich wieder nach Bratislava und dann wieder nach Prag und schliesslich wieder in die Schweiz versetzt worden ist.

---

1 Förderungsprofessur PP001-118892 des Schweizerischen Nationalfonds »Das Russische als slavische *langue-étalon* im 19. Jahrhundert« (2009–2013). Präliminar dazu Giger (2008c).

Publikationen (Auswahl)

Monografien
Resultativkonstruktionen im modernen Tschechischen (unter Berücksichtigung der Sprachgeschichte und der übrigen slavischen Sprachen) (Slavica Helvetica 69), Bern u. a. 2003.
Wiemer, Björn und Markus Giger, *Resultativa in den nordslavischen und baltischen Sprachen. Bestandsaufnahme unter arealen und grammatikalisierungstheoretischen Gesichtspunkten* (LINCOM Studies in Language Typology 10), München 2005.

Herausgaben
Beiträge der Europäischen Slavistischen Linguistik (POLYSLAV) 1 (Die Welt der Slaven. Sammelbände / Сборники 2), hg. mit Björn Wiemer, München 1998.
Lexikologie und Sprachveränderung in der Slavia (Studia Slavica Oldenburgensia 2), hg. mit Thomas Menzel, Björn Wiemer, Oldenburg 1998.

Aufsätze
»Die Typologie des Litauischen und des Lettischen (mit einem allgemeinen Ausblick zu den Perspektiven der Prager Typologie)« (mit Bohumil Vykypěl), in: *Sborník prací filosofické fakulty brněnské university* A 49 (2001), 45–86.
»Präliminarien zu einem Studium von Spatialpartikeln im Slavischen«, in: *Beiträge der Europäischen Slavistischen Linguistik (POLYSLAV)* 7 (Die Welt der Slaven. Sammelbände / Сборники 22), hg. v. Markus Bayer, Michael Betsch, Joanna Błaszczak, München 2004, 53–62.
»Pojmenované entity v počítačové lingvistice a vlastní jména« (mit Pavel Štěpán), in: *Acta onomastica* 48 (2007), 44–53.
»Der ›gehen‹-Prospektiv im Slovakischen: Semantik und Grammatikalisierung«, in: *Slavistische Linguistik 2006/2007. Referate des 32. und 33. Konstanzer Slavistischen Arbeitstreffens* (Slavistische Beiträge 464), hg. v. Peter Kosta, Daniel Weiss, München 2008a, 103–124.
»Language management and language problems in education and beyond in Belarus« (mit M. Sloboda), in: *International Journal of Bilingual Education and Bilingualism* 11 (2008b), 315–339.
»Partizipien als Exportschlager. Zum Einfluss des Russischen auf andere slavische Sprachen im 19. Jhdt.«, in: *Slavistische Linguistik 2006/2007. Referate des 32. und 33. Konstanzer Slavistischen Arbeitstreffens* (Slavistische Beiträge 464), hg. v. Peter Kosta, Daniel Weiss, München 2008c, 125–152.

Monika Bankowski

Eine ›Sechzigerin‹ blickt zurück

MONIKA BANKOWSKI-ZÜLLIG

Was, wenn ich die kleine Anzeige, mit der Prof. Peter Brang die Maturanden des Jahres 1966 zu einer Informationsveranstaltung über sein Fach einlud, übersehen hätte? Nicht auszudenken, wie ganz anders dann wohl nicht nur meine Ausbildung, sondern auch mein Leben verlaufen wäre! Zum Glück aber packte ich Kairos beim Schopf. Diesen flüchtigen Olympier kannte ich damals trotz der mir attestierten klassischen Reife freilich nicht einmal dem Namen nach, und seine Gunst des richtigen Augenblicks wurde mir erst viel später bewusst.
Nach unserem Besuch im idyllischen Florhof stand für meine Mitschülerin Ursula (Pellaton-)Müller und mich fest, Russisch zu studieren. Nicht aus Extravaganz, wie sie den Töchtern der Hohen Promenade zuweilen eignete, sondern aus der Einsicht, dass die Kenntnis der russischen Sprache für die Weiterpflege unserer Liebhabereien vonnöten war. Die eine von uns begeisterte sich für das russische Ballett und ist als Tanzexpertin sowie als Dozentin für klassischen Tanz an der Zürcher Hochschule der Künste dieser Leidenschaft bis heute treu geblieben. Die andere schwärmte für die Gesänge der Ostkirche und die Frauen der russischen revolutionären Bewegung. Und auch bei ihr hat der Bann angehalten.
Doch schon das erste Semester dämpfte meinen Überschwang, denn der gleichzeitige Einstieg in das Russische und das Altkirchenslavische (welches ich in meiner Ahnungslosigkeit für die Liturgiesprache hielt und ohne Verzug erlernen wollte) forderte seinen Tribut. Die hochfliegenden Pläne einer humboldtianischen Weite des Studiums zerschlugen sich. Angezeigt war vielmehr eine gründliche Vertiefung in das gewählte Fach. Nach fünf oder sechs Semestern drängte sich sogar der Tausch des bisherigen Hauptfachs Geschichte gegen die Slavistik auf. Eine ›osteuropäische Geschichte‹ oder gar ›Osteuropastudien‹, die meinen Neigungen am ehesten entsprochen hätten, gab es in Zürich damals nicht. Zwar liessen die Vorlesungen des Südosteuropa-Spezialisten Werner G. Zimmermann ihr Fehlen etwas vergessen, doch im Allgemeinen vermochte mich das Lehrangebot der Historiker nicht recht zu fesseln. Für den Hauptfachwechsel sprach ein weiterer Grund. Am Zeltweg (wohin das Slavische Seminar 1967 gezogen war) fühlte ich mich heimisch und kannte meine wenigen Kommilitonen, während Masse und Anonymität bei Klio am Hirschengraben schreckten.

Um die Sprachkenntnisse war es bei uns ›Sechzigern‹ am Studienbeginn ungefähr gleich gut oder vielmehr gleich schlecht bestellt. Muttersprachler oder Studierende mit slavischen Wurzeln gab es nur ganz wenige. Meines Wissens brachte auch noch niemand seine *azy* aus dem Gymnasium mit. Diese Chancengleichheit war ein Ansporn und beflügelte die kollektive Selbsthilfe – wie etwa unseren jahrelangen regelmässigen *kružok*. Aktive Sprachbeherrschung oder Redegewandtheit war in jenen Zeiten des Eisernen Vorhangs für manche von uns ohnehin ein ferneres Ziel. Aus der Not, das heisst dem Mangel an Gelegenheit zu mündlicher Übung, wurde in Zürich eine Tugend gemacht – Augen-Philologie mit ihrer Schärfung des Blicks für das geschriebene Wort. So fällt es mir auch heute noch wesentlich leichter, einen Text sprachhistorisch und stilistisch einzuordnen als ohne schlimme Patzer zu parlieren. Trotzdem galt es natürlich auch im Gespräch zu bestehen, wozu man sich mit Kassetten und Schallplatten behalf, am Knopf drehte, um Radio Moskau mit seinen *Podmoskovnye večera* zu erhaschen, oder durch den Beitritt zur anrüchigen Gesellschaft Schweiz-Sowjetunion in den Genuss von Eintrittskarten für Chorkonzerte und Originalton-Filme gelangte. Etwas einfacher liess sich bessere Vertrautheit mit dem Polnischen gewinnen. Hier gab es für unser Polonistentrüppchen eigentlich nur die Wahl zwischen Tee, Kaffee oder Bier im Buffet des Hauptbahnhofs, wo wir Herrn Sarnecki nach den abendlichen Lektionen die Wartezeit bis zur Abfahrt seines letzten Winterthurer Zugs verkürzten; und einen Konversationsunterricht erhielten, der uns eine Menge aus dem Schicksal unseres Lektors und vor allem seines Landes offenbarte.

Jedenfalls reichten meine vier um unzählige Bahnhofsstunden ergänzten Polnisch-Semester aus, mir während des Warschauer Stipendienjahres 1969/70 die Zurechtfindung nicht nur in der sprachlichen Wirklichkeit Volkspolens zu erleichtern. Ein langer, harter Winter tat für die Akklimatisation ein Übriges, denn die häufigen Strom- und Heizungsausfälle sowie die schlechte Kost im Studentenhotel nötigten zu abendlichen Ausgängen. Es gab wohl kein Theaterstück, keinen Film und kein Kabarett, das ich nicht gesehen und mit den Ohren aufgesogen hätte! Nach meiner eher widerwilligen Rückkehr (ich hatte an der Weichsel ja auch mein Herz verloren) schien das meiste Russisch und Serbokroatisch zwar vergessen, und auch die Lizentiatsarbeit *(Geschichte und Probleme der Sprachpflege in Polen)* war nicht über ihr Konzept hinaus gediehen. Dennoch erhielt ich Anfang 1971 eine halbe Assistenz, nicht als Auszeichnung natürlich, sondern weil sie plötzlich frei wurde und mir die Anwartschaft wohl des Anciennitätsprinzips wegen zustand. Aus der Lückenbüsserin wurde dann eine mehrfach ›verlängerte‹ Assistentin – sehr zum Verdruss jüngerer, ambitionierter Kollegen, die gerne die akademische Stufenleiter erklommen hätten. Für Wissenschaft und Karriere fehlte es mir, wie der Nachwuchs richtig erkannte, allein schon an Entschlossenheit. Ich konnte mich weder für die Sprach- noch für die Literaturwissenschaft entscheiden und liebäugelte als Nebenfach-Historikerin mit der Grauzone zwischen Philologie und Geschichte oder dem Interdisziplinären, wie man später in solchen Fällen zu sagen pflegte. Dank ihren bibliothekarischen Aufgaben gebot meine Assistentenstelle den vielen Verlockungen auf Abwege auch gar keinen Einhalt, sondern begünstigte Stöbern und Leselust erst recht. Zur Aushändigung meiner Lektüreliste (des Kür-, nicht des Pflichtprogramms) jedenfalls brauchte es – ganz im Gegensatz zu jener gewisser anderer Fleissnachweise – von oben weder Druck noch Zwang.

Nach meinem Examen Anfang 1973 hatte ich mir den Kopf über Berufswahl und Stelle folglich nicht zu zerbrechen, denn die halbe Assistenz garantierte mir vorerst ein Gehalt und den Verbleib im lieb gewordenen Seminar. Der 68er-Sturm war nun vorüber, hatte aber neue und zukunftsträchtige Forschungstrends im Gefolge, die man auch am Zeltweg bereitwillig aufgriff. Einer davon war die Soziolinguistik – neu aber lediglich dem Namen und der gesellschaftskritischen Ausrichtung nach. Als in Konstanz die Kollegen Girke und Jachnow die sowjetischen Verhältnisse im Licht der neuen Lehre zu erschliessen begannen, sah Peter Brang, der schon seit Langem Titel und Texte zur Sprachsoziologie gesammelt und 1972 ein Seminar über soziolinguistische Probleme der slavischen Sprachen abgehalten hatte, den Zeitpunkt für ein Zürcher Forschungsprojekt gekommen. Im Unterschied zu jenem der Konstanzer sollte es alle Slavinen umfassen, die historische Dimension einbeziehen, inhaltlich um den Bereich der literarischen Soziostilistik erweitert und formal als eine kommentierte Bibliografie konzipiert werden. Und wieder einmal hatte ich das Glück, *just in time* und *in the right place* zu sein. Als frischgebackene lic. phil. mit der Bereitschaft, mich in Theorie und Methodik der jungen Disziplin einzulesen, schien ich den Stellenanforderungen für den gesuchten Mitarbeiter zu entsprechen. Zudem war das Bibliografieren – in grauer Vor-Google-Zeit noch eine Sache der Entdeckungslust und des Spürsinns – meine Passion. Und die Aussicht, mich mit der Geschichte und Gegenwart aller slavischen Sprachen (es waren ja nicht ganz so viele wie heute, wo politische Ereignisse ihre Zahl noch vermehrt haben) befassen zu müssen, hatte nichts Abschreckendes – im Gegenteil. Später, nach der Übernahme des Fachreferats Slavistik an der Zentralbibliothek, erwies sich diese Spannweite für mich stets aufs Neue von unschätzbarem Wert und Gewinn. Auch Sitzleder besass ich und Beharrlichkeit – Letztere in der Folge, in Momenten zäher Kontroversen, nicht selten auch als Sturheit angeprangert. Impetus und Ausdauer führten bald zu greifbaren Resultaten. Es begann sich Karteikasten an Karteikasten zu reihen, und schliesslich musste unsere Soziolinguistikwerkstatt in einen eigenen, neu zugemieteten Raum im Nebengebäude verlegt werden. Gäste und Gastreferenten, die das *work in progress* vorgeführt bekamen, zeigten sich allein schon von der schieren Menge des Materials beeindruckt. Die Titel waren ja (mittels Durchschlags) doppelt zu erfassen – alphabetisch (für das Register) und thematisch, und zwar auf jenen bekannten, rosa Zetteln, auf welchen Peter Brang mit meist stumpfem Bleistift und allerlei kryptischen Siglen seine Lektürehinweise an die Studenten zu erteilen pflegte. Sie steckten wie seine nicht minder typischen aus grünem Durchschlagpapier zudem zahlreich in Büchern und Zeitschriften des Seminars, wo sie nicht nur von der Belesenheit ihres Eigentümers zeugten, sondern der gewitzten Jungschar auch die bedeutsamen oder prüfungsverdächtigen Stellen signalisierten. Unser rosa Zettelmeer vom Zeltweg 67 nun, das zu guter Letzt mehr als 15 000 Soziolinguistiktitel umfasste, wurde von Karin Brang mit nie erlahmender Geduld und Akribie in eine druckfertige Vorlage gebracht, und zwar unter Zuhilfenahme der neuesten Technik, die es damals auf dem Gebiet der Texterzeugung gab – einer IBM-Kugelkopfmaschine mit eigens applizierten Sonderzeichen. Ich glaube mit gutem Gewissen behaupten zu dürfen, dass unser weit über 1600 Seiten zählendes Werk in seiner Art einmalig und unübertroffen blieb!

Da sich noch vor dem Abschluss der *Kommentierten Bibliographie* sowohl meine Assistenten- als auch meine Nationalfondsstelle unwiderruflich dem Ende zuneigten, ernannte mich die Erziehungsdirektion auf das entsprechende Gesuch der Seminarleitung hin kurzerhand zur Verwaltungsangestellten und schliesslich, 1985, zur Kanzleisekretärin ad personam von Robert Zett. Wohl niemals brachte eine Anwärterin für diese respektable Stelle weniger berufsgerechte Erfahrung und Eignung mit! Gottseidank benötigte mein neuer Chef aber keine Schreibhilfe und überliess mich ganz meinem bibliografischen und bibliothekarischen Handwerk. Dafür, dass ich mit dem Titelsuchen und -erfassen nicht aus der Übung geriet, sorgte bald schon ein neues, nunmehr interdisziplinäres Forschungsprojekt. Angeregt wurde es einerseits wiederum durch Peter Brangs Interessen – die literarischen Wechselbeziehungen zwischen der Schweiz und den Slaven – und andererseits durch die Russlandschweizer-Themen der Osteuropahistoriker unter der Leitung von Carsten Goehrke. Der Zusammenschluss schuf Synergien für ein ambitiöses gemeinsames Unterfangen – fortan von allen Beteiligten und den beiden Seminaren nie anders als respektvoll ›das Projekt‹ genannt.

Vom Schweizerischen Nationalfonds räumlich-geografisch wohlweislich zur Hauptsache auf den nordosteuropäischen Bereich der Slavia eingeschränkt, erstrebte es dennoch nichts weniger als eine Datenbank zu allen inhaltlichen Aspekten und historischen Epochen der schweizerisch-slavischen Kontakte sowie Forschungsbeiträge mit kommentierten Bibliografien zu ausgewählten, besondere Ergiebigkeit versprechenden Themen (Reisen und Reiseberichte, die Schweiz als Asylland, Kultur- und Literaturbeziehungen). ›Datenbank‹ war ein Novum, denn die Zukunftsgewandten unter uns (an vorderster Front der Haupt-Projektleiter selbst) ahnten, dass eine neue Ära, das papierlose Zeitalter, angebrochen war. Als Koordinatorin hatte ich zwar auch hier für alle Fälle, sollte die Elektronik ihren Dienst versagen, meine Karteikästen und meine mechanische Hermes stehen, doch gegenüber thronte jetzt ein Mac. Bei allen Gegensätzen zwischen den Beteiligten (drei Leitern und sechs Mitarbeitern,

darunter auch Kollegen und Kolleginnen aus Basel, Bern und Genf), den Verfechtern des Neuen und den Bewahrern des Alten, zwischen den Arbeitsweisen und den Temperamenten, den persönlichen Neigungen und dem Gruppeninteresse, schafften wir es binnen der gesetzten Frist, unsere Ziele zu erreichen. Dass der umfangreiche Ertrag unserer vereinten Bemühungen dann nicht ganz das erhoffte Echo in der Fachwelt und der Öffentlichkeit auslöste, lag vielleicht am diskreten Marketing der Verlage, erst von Helbing & Lichtenhahn und danach von Schwabe. Unsere Themen jedenfalls schienen sehr im Schwange zu sein, wie wenig später das einschlägige und ungleich werbewirksamer inszenierte Werk eines russischen Booker-Preisträgers bewies, das eine eingehende, wenngleich versteckte Würdigung unserer Forschungen enthielt.
Ganz nebenher hatte unser Projektbüro in seinen Anfängen eine weitere Aufgabe zu bewältigen – ›nebenher‹ im Sinn auch von geheimer Aktion. Rechtzeitig auf den Mai 1989 sollte die von Carsten Goehrke, Robin Kemball und Daniel Weiss geplante Festschrift zum 65. Geburtstag von Peter Brang erscheinen. Was lag hier näher, als den bewährten Mitarbeiterstab für diese vertrauensvolle Aufgabe heranzuziehen? Die 52 eingegangenen Beiträge mussten – von mir recht unzimperlich mit dem Rotstift traktiert – nach ihrer Reinschrift durch die Helfer und Helferinnen von der Platten- und der Rämistrasse in eine druckgerechte Form gebracht werden. Unser technischer Redaktor, Hans Urech, war ein Perfektionist und Tüftler, den auch gelöschte Files, vermurkste Disketten und meine vielen Nachkorrekturen nicht aus der Fassung brachten. Ich erinnere mich, wie er ein transliteriertes *fita* zu generieren hatte und unter Opferung seiner Mittagspause nicht eher ruhte, als bis der vermaledeite Diakrit endlich auf dem Schweif oben festsass. Eher schon stresste ihn – und mich – ein plötzliches und unerwartetes Erscheinen des Jubilars, wobei sich die Gefahr glücklicherweise meist lautstark ankündigte. Denn Peter Brang pflegte die Treppe zu unserem Büro hinauf im Sturmschritt zu nehmen, sodass es jeweils gerade noch gelang, die verräterischen Stapel und Bildschirmseiten verschwinden zu lassen. Trotz aller Hindernisse wurde auch dieses Teamwork termingerecht fertig, und wir waren nicht wenig stolz, als wir dem angeblich ahnungslosen Geehrten zu seiner Feier den prächtig eingebundenen Vorabdruck überreichen konnten. Diese Szene wie das ganze denkwürdige Fest überhaupt, zu dem sich viele Ehemalige aus nah und fern, selbst von den Antipoden herauf, eingefunden hatten, wurde auf Celluloid gebannt und beweist dem Auge und dem Ohr, wie viel künstlerisches und darstellerisches Potenzial in uns SlavistInnen steckte.
Nach dem Abschluss des Projekts 1994 war für mich der endgültige Abschied gekommen, und es hiess nun ganz zur Zentralbibliothek hinüberzuwechseln, wo ich zusätzlich zum Fachreferat (das 2002 um die Baltistik erweitert wurde), eine halbe Stelle bei der Erwerbungsabteilung erhalten hatte. Mein Übertritt fiel in die Zeit des rasanten Wandels im Informationswesen, und so bildete auch die Zentralbibliothek keine Insel der Seligen mehr, sondern ungewisses Neuland, in das es beherzt vorzu-

dringen galt. Der zu leistende Tribut an Experimentierzwang und Zukunftseuphorie erhöhte für mich aber erst recht den Reiz des Alten und Beständigen – konkret: des historischen Buchbestands.

Auch anderen in der Seminarzeit mit Leidenschaft betriebenen und von meinen Vorgesetzten teils mit Nachsicht geduldeten, teils mit Grossmut geförderten Vorlieben blieb ich treu. Den ›Zürcher Russinnen‹ oder Pionierinnen des Frauenstudiums beispielsweise. Zur Beschäftigung mit ihnen hatte ja nicht zuletzt immer wieder der Genius Loci der Plattenstrasse verleitet. Von dem Bann, den die Seminarbibliothek während meines Studiums und vor allem zur Zeit meiner Assistenz ausübte, ist bereits die Rede gewesen. Ihre ausgeklügelte Systematik, obwohl in späteren Jahren von Seiten unseres überforderten Staffs durch Reformvorschläge beharrlich infrage gestellt, führte uns mit ihren wuchernden Signaturennestern die boomenden Forschungsrichtungen beziehungsweise den fachlichen Mainstream sehr anschaulich vor Augen – oder waren es die Präferenzen der Institutsleiter? Persönlich fesselten mich jedoch eher jene Nischen, wo sich wenig oder gar nichts bewegte – das Ukrainische und vor allem das Weissrussische. In beiden gab es weder ausgetretene Pfade noch Verkehrsschilder, das heisst, es liess sich unbehelligt von Konkurrenzgerangel und Methodenzwängen dilettieren. Beide verschafften mir in der Folge auch Amt und W(B)ürden. Bei der Schweizerisch-Ukrainischen Gesellschaft (1992–2003) versah ich zehn Jahre lang den Posten der Aktuarin, und in der 1991 gegründeten Internationalen Assoziation der Belarusisten (Mižnarodnaja asacyjacyja belarusistaŭ) durfte ich sogar das Vizepräsidium übernehmen (2000–2005), freilich nicht aufgrund besonderer akademischer Verdienste, sondern weil man sich in Minsk von einer Schweizerin, zumal einer solchen, deren Name (etymologisch unbegründete) Assoziationen mit Geldinstituten weckt, Aussicht auf die benötigten Subsidien versprach. Um den auch in Weissrussland noch ungebrochenen Schweiz-Mythos nicht zu diskreditieren, griff ich in aussichtslosen Fällen gelegentlich in die eigene Tasche und darf deshalb behaupten, zur Verbreitung nicht nur des slavischen Buchs, sondern auch des slavischen Buchdrucks mein Scherflein beigetragen zu haben.

Neben dem Seminar selbst als eines (H)Orts der Bildung und der Wissenschaft sei hier zum Schluss mit Dankbarkeit der Menschen gedacht, die ihm am Zeltweg und dann an der Plattenstrasse Geist und Leben verliehen: seines Gründers und ersten Leiters sowie seiner Lehrenden und Lektoren, welche bei aller Unterschiedlichkeit ihrer didaktischen Methoden es verstanden, den jungen Slavisten neue Welten zu eröffnen und sie für diese zu begeistern, der Kollegen und Kolleginnen, die Freuden und Leiden des Arbeitsalltags sowie unvergessliche Momente geselliger Freizeit mit einem teilten, und nicht zuletzt der Besucher und all derjenigen, mit denen uns ›Dienstleistung‹ und ›Öffentlichkeitsarbeit‹ in näheren Kontakt und nicht selten auch in freundschaftliche Verbindung treten liessen. Viele dieser Erinnerungen sind sehr persönlicher und durch den Abstand der Jahre, sprich Jahrzehnte, verständlicherweise nostalgischer, ja verklärter Art und deshalb für eine faktenorientierte Institutsgeschichte ohne Belang. Dennoch! Möge das Seminar bei seinen Angehörigen auch in einer frohen und schönen Rückschau weiterleben – *na mnogaja leta!*

Publikationen (Auswahl)

Monografie
Ganz Europa blickt auf uns! Das schweizerische Frauenstudium und seine russischen Pionierinnen, (mit Franziska Rogger), Baden 2010.

Herausgaben
Fakten und Fabeln. Schweizerisch-slavische Reisebegegnung vom 18. bis zum 20. Jahrhundert, hg. mit P. Brang, C. Goehrke, R. Kemball, Basel, Frankfurt a. M. 1991.

Aufsätze
»Ältere Slavica aus den Beständen der Museumsgesellschaft Zürich«, in: *Librarium. Zeitschrift der Schweizerischen Bibliophilen-Gesellschaft* 28.3 (1985), 158–188.

»Die erste ›Russische Bibliothek in Zürich‹ (1870–1873). Bakunisten und Lavristen im Widerstreit«, in: *Zeitschrift für Slavische Philologie* 47.1 (1987), 128–158.

»N. P. Suslova – die Wegbereiterin; Zürich – das russische Mekka«, in: *Ebenso neu als kühn. 120 Jahre Frauenstudium an der Universität Zürich,* hg. vom Verein Feministische Wissenschaft Schweiz, Zürich 1988, 119–146, 214–220.

»Perestrojka und Sprachpolitik. Der Fall Weissrussland«, in: *Schweizer Monatshefte* 71.4 (1991), 318–328.

»›Kleinrussischer Separatist‹ oder ›russischer Nihilist‹? M. P. Drahomanov und die Anfänge der ukrainischen Emigration in der Schweiz«, in: *Asyl und Aufenthalt. Die Schweiz als Zuflucht und Wirkungsstätte von Slaven im 19. und 20. Jahrhundert,* hg. v. M. Bankowski, P. Brang, C. Goehrke, W. G. Zimmermann, Basel, Frankfurt a. M. 1994, 107–138.

»Студэнты і студэнткі з Беларусі ў швейцарскіх універсітэтах (XVI–пачатак XX ст.)«, in: *Беларусь паміж Усходам і Захадам,* Minsk 1997, Teil 2, 83–90.

»Schneehasen, Livengräber und Dainas. Ältere Lettland-Literatur der Zentralbibliothek Zürich«, in: *Librarium. Zeitschrift der Schweizerischen Bibliophilen-Gesellschaft* 46.2 (2003), 78–114.

»›О Литве – меньше нежели о Китае‹: отражение в зарубежной публицистике запрета литовской печати 1864/65 г.«, in: *Исторический путь литовской письменности,* Vilnius 2005, 132–181.

»Slavica legebantur! Der historische Osteuropa-Bestand der Zentralbibliothek Zürich«, in: *ABDOS-Mitteilungen,* München, 28.1 (2008), 1–10.

Russischunterricht bei Wladimir Bitter 2011

»Eure und unsere wunderbare, mächtige und wohlklingende russische Sprache«

Bemerkungen eines Russischlehrers

WLADIMIR BITTER

Der bekannte russische Philosoph Ivan I'lin sprach von »der wunderbaren, mächtigen und wohlklingenden Sprache«. In einem der vielen Seminare, die ich am Moskauer Puškininstitut besuchte, erlebte ich einmal, wie eine Dozentin aus Westeuropa – sie ahmte ganz langsam die russische Betonung nach, sprach die »schwierigen Wörter« höchst akkurat aus – diesen Gedanken paraphrasierte: »Und noch ein Geschenk gab uns Russland, das ist eure wunderbare, eure mächtige und eure wohlklingende Sprache!« Waren Russland und die russische Sprache bei Il'in nur »unser«, sind sie seit langer Zeit zu »unserem« und »eurem« Erbe geworden.
Im Oktober des Jahres 1993 begann ich, in Zürich Russisch zu unterrichten. Bis dahin hatte ich 14 Jahre Lehrerfahrung in der Sowjetunion gesammelt und nur ein Jahr in Deutschland an der Universität Oldenburg unterrichtet. Von Zürich wusste ich nur, was man uns in der Schule eingetrichtert hatte: Hier lebte Lenin. Ich erinnerte mich an ein mir heute grässlich erscheinendes Gedicht von Vera Inber, *Wir waren auf dem Flug nach Moskau,* in dem die sowjetische Dichterin darauf beharrte, dass das kalte, dunkle und unfreundliche Zürich ihr nur dann lieblich erschien, wenn sie sich daran erinnerte, dass sich dort einmal der Führer der russischen Revolution aufgehalten hatte.
In der grossen und sehr guten Bibliothek des Slavischen Seminars erstaunten mich vor allem die Lehrbücher, die sowjetischen und die westeuropäischen gleichermassen. Noch in der Sowjetzeit erschienen, strahlten die einen Güte und Ruhe aus. Kein einziges schlechtes Wort über unser Leben kam darin vor, die Beziehungen zwischen den Menschen waren rein und desinfiziert: »Sergej Petrov ist Chauffeur, seine Frau ist Lehrerin. Ihre Wohnung in Moskau ist schön und komfortabel. Abends schaut Sergej fern, und Anna hört Musik. Einmal in der Woche geht das Ehepaar ins Kino oder besucht Freunde. Ihren Urlaub verbringen sie in Soči.«
Die westeuropäischen Lehrbücher wiederum erstaunten durch ihre landeskundlich versierten Inhalte. In den grammatischen Übungen fand man eine Perle nach der anderen: »Die Grossmutter handelt mit Wodka. Der Schriftsteller lebte in der Nähe

russischer Weiber. Aus Afghanistan zurückgekehrt, wandte sich Igor' von seinen Freunden ab und wurde drogensüchtig. Der junge Mann beraubte und tötete zwanzig alte Frauen.«

Selbstverständlich müssen die Studenten eine glaubwürdige Vorstellung vom Leben in Russland erhalten, inklusive seiner negativen Seiten. Aber Sie stimmen sicherlich mit mir darin überein, dass die russische Wirklichkeit gerade dank ihrer jahrhundertealten Geschichte noch immer in der Lage ist, uns mit interessanteren Hintergründen und Informationen über das Leben der Russen zu versorgen, als es jene zitierten Lehrbücher tun oder jene Stereotypen, die behaupten, dass Russen viel trinken und die moderne russische Gesellschaft mafiös und voller kleinerer und grösserer Betrüger ist.

Mit diesen Voraussetzungen im Hintergrund waren die ersten Jahre schwierig und interessant zugleich. Es war die Zeit, in der man sich nicht an Lehrbücher halten konnte. Man musste die Übungen und Dialoge selbst erfinden, vieles umbauen und experimentieren. Neue, brauchbare Lehrbücher und Lehrmittel kamen erst viel später auf.

Ein Lehrer aus Russland beziehungsweise der Sowjetunion steht ausserdem vor dem Dilemma, sich entweder von der vertrauten hierarchisierten und distanzierten Kommunikationsart und Unterrichtsführung zu lösen, das heisst ein demokratisches Modell anzuwenden, oder mit dem Lehren der russischen Sprache die für Russland typische, etwas autoritäre Einstellung gegenüber den Studenten beizubehalten und ihnen damit zugleich dieses System zu vermitteln. Meine Devise entspricht eher dem alten russischen Sprichwort: »In ein fremdes Kloster geht man nicht mit den eigenen Regeln.« Ich entschied mich also von Anfang für die weniger hierarchisierte und demokratischere Art der Kommunikation.

Sehr schnell verstand ich, dass das Erlernen der russischen Sprache mit dem Kennenlernen des Landes beginnt. In den 17 Jahren meiner Tätigkeit fuhr ich mit meinen Studenten 15 Mal nach Russland. Diese Entscheidung erwies sich als goldrichtig. Momentan besteht diese Notwendigkeit allerdings nicht mehr. Wir verfügen über solide Kontakte zu Universitäten in Moskau, Sankt Petersburg, Vladimir, Petrozavodsk, und die Studenten können nun selbständig Reisen unternehmen. Mir sind aber sehr interessante und teilweise lustige Erinnerungen an diese Reisen im Gedächtnis geblieben.

Ich interessiere mich immer dafür, mit welchem Ziel die Studenten die russische Sprache erlernen wollen. In den ersten Jahren traf ich, wenn auch selten, noch diejenigen, denen der Zerfall der Sowjetunion und der Deutschen Demokratischen Republik leid tat. Sie versuchten mich auch davon zu überzeugen, dass ich früher besser gelebt hätte: »Es war gut in der UdSSR! Günstige Preise, soziale Gleichheit. Es gab nicht diese furchtbare Amerikanisierung. Alles wurde ohne Gewinnsucht gemacht, aus der Güte der russischen Seele heraus. Und nun, nur noch Geld, Geld ...«

Ich, der ich die Herrlichkeit des Sozialismus erlebt hatte, widersprach, doch man versuchte, mich vom Gegenteil zu überzeugen. Heute gibt es diese Studenten nicht mehr.

Und noch ein Unterschied: Früher gab es unter den Studenten viele, die ein ungewöhnliches Hobby hatten. Der eine sammelte sowjetische Militäruniformen, der andere Pionierabzeichen oder leere russische Wodkaflaschen, ein anderer Schilder wie »Hygienetag«, »Der Kassierer hört schlecht. Sprechen Sie bitte so laut wie möglich«, »Treten Sie in die Wechselstelle einzeln ein, auch wenn Sie zu zweit sind«.

Heute antworten mir die Studenten, dass sie Russisch lernen wollen, um Lehrer, Übersetzer, Diplomat, Reiseführer oder Geschäftsmann zu werden, um die russische Kultur, Geschichte, Literatur, Politik, Wirtschaft oder die Bräuche und Traditionen kennen zu lernen oder um neben der englischen und der deutschen Sprache eine slavische Sprache erlernen. Viele lernen Russisch zudem, weil ihnen der Klang der Sprache gefällt oder eines der Familienmitglieder diese Sprache beherrscht. Viele der heutigen Studierenden haben zudem russische oder russischsprachige Freunde und Bekannte in der Schweiz. Und in letzter Zeit gibt es immer mehr Studenten, welche die praktische Seite anzieht – Russland bietet wirtschaftliche Perspektiven. Die Anzahl qualifizierter Kräfte im Schweizer Finanzwesen, das sich dem russischen Markt öffnet, steigt. Es ist ausserdem interessanter, im expandierenden russischen Markt zu arbeiten als im stabilen westeuropäischen. Das Interesse junger Spezialisten an der russischen Wirtschaft wird zur neuen Realität.

Was kann man über den Stellenwert der russischen Sprache in der Schweiz sagen? Dieser ist wie überall sonst von Höhen und Tiefen gekennzeichnet. Ende der 1980er Jahre gab es einen Boom, danach, Mitte der 90er Jahre, nahm die Anzahl der Studierenden wieder drastisch ab. Jetzt zeigt sich endlich wieder eine zunehmende Tendenz. Alles hängt von der Politik und dem Ruf des Landes ab. In den Jahren des Kalten Kriegs galt die russische Sprache als die Sprache des Feindes, als aber die Sowjetunion zerfiel, wurde die russische Sprache nicht mehr mit Stärke assoziiert – so dachten viele. Als sich Russland unter Gorbatschow öffnete, entstand ein neues Interesse an der russischen Sprache, das dann aber wieder verging, weil sich das Land in einer Dauerkrise befand.

Momentan hat sich die Lage Russlands stabilisiert, und die Motivation zum Erlernen der russischen Sprache steigt wieder. Auch dank der russischsprachigen Bevölkerung im Ausland steigt die Nachfrage. Wir haben immer mehr Studenten aus russischsprachigen Familien. Die neuen Probleme beim Erlernen des Russischen werden deutlich durch die Migrationsprozesse der letzten Zeit hervorgerufen und verlangen neue Herangehensweisen an die Sprachvermittlung. Unsere Landsleute, die aus diesem oder jenem Grund im Ausland leben, stellen ein soziokulturelles Phänomen, »eine russische Welt« dar.

Es ist schwierig, die russische Sprache zu lernen. *Tri mal'čika* (drei Jungen), *četyre mal'čika* (vier Jungen), aber *pjat' mal'čikov* (fünf Jungen). Warum? Was passiert hier? Und dann soll man sich das alles merken und richtig einsetzen können, alle diese *pod"echal, priechal, v"echal, zaechal, s"echal, ob"echal, raz"echalis'*... Deswegen bin ich skeptisch gegenüber allen Lehrbüchern des Typus: *Russisch ohne Mühe, Russisch in letzter Minute, Russisch in 10 oder 20 Tagen.*
Doch man kann Russisch lernen! Und vieles hängt von uns, den Russischlehrern, ab. Ich bin davon überzeugt, dass man Russisch ohne eine gewisse Inspiration nicht unterrichten kann. Seit mittlerweile 32 Jahren versuche ich, diese Inspiration nicht zu verlieren.

Aus dem Russischen von Oliver Meckler

Vom Slavischen Seminar in die Schule

THOMAS SCHMIDT

Als ich im September 1978 das Gymnasium Rychenberg in Winterthur mit dem Maturitätszeugnis Typus B (Latein und Englisch) verliess, konnte ich leidlich Englisch, aber kein Wort Russisch. Ich hatte das Freifach Italienisch belegt – Russisch gab es an der Schule meiner Adoleszenz nicht. (Das hat sich inzwischen geändert, führt doch die Kanti Rychenberg neben Fakultativrussisch auch erfreulich grosse Klassen mit Russisch als Schwerpunktfach.)
Als ich im Herbstsemester 1979/80 mein Studium der Anglistik und Russistik an der Universität Zürich aufnahm, sprach ich ziemlich gut Englisch (nach Taxidienst und Rekrutenschule war ich – *on the road* – während vier Monaten durch Nordamerika gereist) und ein paar wirklich spärliche Sätze Russisch, die ich mir mithilfe von Tonbandkassetten des Fernlernstudios »Sight und Sound« im wartenden Taxi beizubringen versucht hatte. Zu Beginn meines Studiums zählte das Slavische Seminar jugendliche 18 Jahre und befand sich – gerade noch – am Zeltweg 63.
Schon bald wurde mein Nebenfach Russisch zum inoffiziellen Hauptfach. So erging es manch anderen Studienkolleginnen und -kollegen, die ihre Hauptfächer Deutsch, Englisch oder Französisch dem Nebenfach unterordneten. Das lag einerseits am Lernaufwand für die nun zu erlernende, komplexe Sprache, andererseits an ihrem Status in der westlichen Welt und der ›neutralen‹ Schweiz. Russisch war aufgrund historischer Gegebenheiten wenig bekannt und wegen des Kalten Kriegs mit einem Tabu belegt – und gerade deshalb attraktiv: ein Nischenfach, ein Orchideenfach, ein Feindesfach. Die Rekrutenschule und die Berichterstattung in der Presse hatten das Interesse auf den ›Feind rot‹ und das eigene Land gelenkt; ich wollte die Welt der Feind- und Freund-, der Fremd- und Selbstbilder mit eigenen Sinnen erkunden und musste mich dazu der russischen Sprache bemächtigen. Die Lektorinnen Anne-Marie Schlaepfer, Elisabeth Goślicka und Maria Bankoul halfen den Weg zu ebnen, jede auf ihre Weise. Die russische Literatur kam als Geschenk mitgeliefert, musste jedoch unter strenger und nachhaltiger Aufsicht durchdrungen werden – ich spreche von Peter Brang, der mit seiner wissenschaftlichen Energie und seiner fordernden Präsenz mit dazu beitrug, dass die Hauptfächer neben der Russistik zu Nebenfächern mutierten, und der uns lehrte, dass Literatur mit der Kultur, mit dem Leben zu tun hat.
Als zweites Nebenfach wählte ich Osteuropäische Geschichte bei Carsten Goehrke,

dessen strukturierte Vorlesungen und menschennahe Seminare einen glauben liessen, dass Geschichte durchdringbar sei und der Mensch daraus lernen könne. Erst zu einem späteren Zeitpunkt offenbarte sich mir, dass ich in der Familientradition nicht der Erste war, der seinen Fuss auf russisches Territorium setzte: einer meiner Vorfahren hatte als hoher preussischer Offizier zur Zeit Peters des Grossen in der russischen Armee gedient.

Nach dem 1981 erfolgten Umzug an die Plattenstrasse – Englisches Seminar und Slavisches Seminar waren nun Nachbarn – und der Beendigung des Grundstudiums erfolgte 1982/83 ein Auslandsjahr als »German« Foreign Language Assistant an zwei Comprehensive Schools in Sheffield, South Yorkshire, gleichzeitig der Besuch von Veranstaltungen am Department for Russian and Slavonic Studies der University of Sheffield. Die angelsächsischen Länder blieben meine zweite Welt, auch wenn mir mit zunehmendem Alter die Welt der eigenen Sprache immer wichtiger wird: Deutschland, die Schweiz und ihre Literaturen. Fremdsprachen sind ja ein exzellenter Weg, sich seiner eigenen Sprache und Kultur bewusster zu werden und zu ihnen vorzudringen. Ein Austauschstipendium brachte mich zu Beginn der Perestroika 1985/86 nach Leningrad und an die dortige Universität zur Bearbeitung meiner Lizentiatsarbeit: *Die Aufnahme von James Thomsons (1700–1748) Natur- und Landschaftsbildern in der russischen Literatur* (unter anderen bei Karamzin und Žukovskij). Ein an Prägungen reiches Jahr (Treffen Gorbatschow – Reagan in Genf, Černobyl', viele Bekanntschaften und viele Theaterbesuche, sonntäglicher Fussball auf dem Platz hinter der dem Studentenheim gegenüberliegenden Grundschule: das Team Sowjetunion gegen das Team Rest der Welt).

Noch vor der Beendigung meines Lizentiats besuchte ich 1986/87 den – im Wintersemester 1984/85 installierten – Fachdidaktikkurs bei Elisabeth Goślicka und unterrichtete als Stellvertreter 1987 erstmals Russisch an der Kantonsschule Hohe Promenade. Als Delegierter von Danzas-Reisen wurde ich zeitgleich an verschiedenen internationalen Messen in Moskau eingesetzt (1986–1988), ich übersetzte Auszüge der damaligen Regierungszeitung *Izvestija* für das Eidgenössische Militärdepartement und das Eidgenössische Departement für auswärtige Angelegenheiten ins Deutsche (1986–1990), brachte während meiner Wiederholungskurse jungen Schweizer Offizieren Russisch bei (1988–2001). Wo sollte das alles hinführen? Schuldienst oder doch diplomatischer Dienst? Eine Dissertation? Ich unterrichtete weiter: längere Stellvertretung für Christian Weiss in Wettingen (1988), gleichzeitig übernahm ich von Elisabeth Goślicka den Fakultativunterricht an der Hohen Promenade (1988–1991) und rückte 1989 in die Enge nach (im ersten Jahr nur mit Englisch), um ab 1990 an der Seite meiner Schicksalsgöttin E. G. meine ersten Schüler in der 1989 an der Kantonsschule Enge eingeführten dritten Fremdsprache Russisch zu unterrichten (im Dezember 1972 war der gymnasiale Typus D mit Spanisch oder Russisch als dritter Fremdsprache, als Wahlpflichtfach, auf eidgenössischer Ebene – auf dem Papier –

Thomas Schmidt

eingeführt worden). Und unversehens war ich im Business. Die Entscheidung war gefallen, obwohl mir das zu Beginn noch nicht bewusst war. Noch stand die Welt ausserhalb der Schulstube offen. Erst als mich Robert Zett anfragte, ob ich Assistent am Slavischen Seminar werden wolle, entschied ich mich dagegen und zu 60 Prozent für die Schule. Die anderen 40 Prozent gehörten dem Haushalt und der Kinderbetreuung; die Mutter der Kinder war zu dieser Zeit als Sängerin öfters unterwegs.
Ich war in den Schuldienst gerufen worden und blieb – inzwischen seit Längerem mit einer vollen Anstellung für Englisch und Russisch. Die Arbeit mit den jungen Menschen zwischen 15 und 20 wurde mir immer lieber, die Auswahl an inspirierenden Kolleginnen und Kollegen aller Fakultäten und Fächer war immer gross und ist es geblieben. Der Wechsel von kleinen Russischklassen zu grossen Englischklassen ist dynamisch, der Gang durch das ästhetisch sehr befriedigende, ja beglückende Schulgebäude (Jacques Schader, Eröffnung 1959) verleidet nie, sondern eröffnet auch nach Jahren immer wieder neue Perspektiven. Wer Gymnasiallehrer werden will, sollte neben dem Russischen unbedingt ein zweites Fach mit dem Lehrdiplom für Maturitätsschulen (früher Diplom für das Höhere Lehramt) abschliessen, auch wenn nach neuen Richtlinien der Abschluss in nur einem Fach erforderlich ist. Wer neben dem Russischen mit einem zweiten Fach in einer Schule verankert ist, kann

durch die schiere Präsenz mehr Einfluss auf den Fächerkanon nehmen. Natürlich ist eine Schulleitung vonnöten, die den Stellenwert Osteuropas und des Russischen erkennt und eine Affinität zu dieser schönen Sprache hat. Vor Jahren schon wurde an unserer Schule Lehrer-Russisch installiert: Kolleginnen und Kollegen anderer Fächer lernen kyrillisch zu schreiben und russisch zu parlieren. Neben meiner Tätigkeit als Russisch- und Englischlehrer vertrete ich seit 2004 das Kollegium und den Konvent in der Schulkommission der Kantonsschule Enge.

Als der 1969 gegründete Verein der Russischlehrerinnen und Russischlehrer in der Schweiz (Obščestvo prepodavatelej russkogo jazyka v Švejcarii, OPRJaŠ) sich 1994 aufzulösen drohte, nachdem fast der gesamte Vorstand zurückgetreten war, fiel mir das Amt des Präsidenten zu, das ich jetzt seit 17 Jahren ausübe. Vorletztes Jahr feierte der OPRJaŠ – er umfasst rund 120 Mitglieder aus Gymnasium, Universität, Volkshochschule, Abendschule – sein 40-Jahr-Jubiläum mit einem Russischen Kulturtag und einer Ausstellung im Museum Lindengut in Winterthur, einer Jubiläumsfeier an der Kantonsschule Enge in Zürich und einer *Theatervorführung (Besy – Böse Geister)* mit Studenten des Basler Slavischen Seminars. Seit 1998 bin ich Delegierter von OPRJaŠ bei der Internationalen Vereinigung der LehrerInnen für russische Sprache und Literatur (MAPRJaL) mit Sitz in Sankt Petersburg. 2007 wurde ich in Varna völlig überraschend ins 21-köpfige Präsidium (Exekutivrat) von MAPRJaL gewählt. An gut 40 Mittelschulen (von etwas über 150 in der Schweiz) werden rund 700 Schülerinnen und Schüler in Russisch unterrichtet, davon rund 150 im Schwerpunktfach, das heisst mit im Maturitätszeugnis zählender dritter Fremdsprache im Neusprachlichen Profil. Diese 150 Schüler verteilen sich auf 13 Gymnasien in den fünf Kantonen Zürich, Bern, Baselland, Appenzell Ausserrhoden und Graubünden. Zum Vergleich: In der Bundesrepublik Deutschland gibt es an Schulen insgesamt knapp 100 000 Russischlernende, in Österreich gut 5000. Das heisst, es gibt in der Schweiz noch viel zu tun; Russischlehrer, die Russisch – möglichst in Verbindung mit einem weiteren Fach am Gymnasium – zu unterrichten in der Lage sind, werden weiterhin vonnöten sein. Dass Russisch als gymnasiales Fach sich seit Jahren behaupten kann und ausdehnen konnte, ist die Frucht der Zusammenarbeit zwischen dem Slavischen Seminar und den Mittelschulen (Fachdidaktik, Erstellung von Rahmenlehrplänen, Vorstösse und Interventionen bei Behörden). Auf beiden Seiten sind der Blick und die Fürsorge für den anderen Geschwisterteil, ein Mitberücksichtigen der jeweils anderen Institution – nämlich der Zulieferer (Mittelschule respektive Universität) und der Abnehmer (Universität resp. Mittelschule) notwendig. Dass dieser Blick neben der Lehre und der Forschung erhalten bleibe, wünsche ich dem Slavischen Seminar für die nächsten 50 Jahre. Und: Herzliche Gratulation zum Geburtstag!

Interviews

Peter Brang

»Literatur von der Sprache her angehen«

SYLVIA SASSE IM GESPRÄCH MIT PETER BRANG

Sylvia Sasse: Vor 50 Jahren, im Herbst 1960, wurden Sie 36-jährig und frisch habilitiert an die Universität Zürich berufen, auf ein neu geschaffenes Extraordinariat für Slavische Philologie. Wie muss man sich ein Berufungsverfahren Ende der 1950er Jahre vorstellen?

Peter Brang: Ich habe mich im Juli 1959 in Bonn für Slavische Philologie habilitiert, und dann kam ein Dreivierteljahr später aus Zürich eine Einladung zu zwei Vorträgen. Die Vorträge fanden im Mai 1960 statt, ich habe damals ein literatur- und ein sprachwissenschaftliches Thema vorgetragen, *Das Duell im russischen Leben und in der russischen Literatur* und *Schriftreformen bei den Slaven und ihre geistesgeschichtlichen und politischen Hintergründe*. Das waren damals, so würde man heute mit (auch von Anna Achmatova gebrauchter) russischer Terminologie sagen, *vegetarianskie vremena* für ein Berufungsverfahren. Man hatte zuvor bei einer Reihe von Kollegen, Vasmer und Rammelmeyer und vermutlich noch weiteren, Erkundigungen über mögliche Kandidaten eingezogen (noch ein weiterer wurde zu Vorträgen eingeladen), und dann hat mich der Germanist Max Wehrli, der Kommissionspräsident war, einige Wochen nach den Vorträgen angefragt, ob ich wohl bereit sein würde, einen Ruf nach Zürich anzunehmen. Das war für einen frisch habilitierten Privatdozenten keine schwere Entscheidung. Im Oktober 1960 bin ich dann zu Verhandlungen mit dem damaligen Erziehungsdirektor Walter König gefahren. Vorher wusste ich schon von Wehrli, dass die Absicht besteht, ein Slavisches Seminar zu gründen. In den Verhandlungen kam man mir sehr entgegen, weil die Behörden der Meinung waren, wenn schon, denn schon. Dann sind wir von Bonn nach Zürich gezügelt, am 13./14. März 1961.

Sasse: Im Frühjahr 1961 hatten Sie dann die Herkulesaufgabe, das Slavische Seminar zu begründen und aufzubauen. Sie waren neu in Zürich und neu in der Schweiz. Was waren Ihre ersten Eindrücke an der Universität?

Brang: Was das Verhältnis zur Schweiz anbelangt, so war sie für mich nicht so ganz neu, weil ich zweimal als Ferienkind, 1937 und 1938, je vier Wochen in Basel war. Ich war damals schon auf dem Pilatus, am Vierwaldstätter See und auf der Rigi, so ist meine Liebe zu den Bergen geweckt worden, ich wurde Mitglied des Alpenvereins, wollte beim Militär zu den Gebirgsjägern – Gott sei Dank ist daraus nichts geworden. Das war nämlich vor allem Infanterie, die in den russischen Wäldern verheizt wurde.

Meine ersten Eindrücke an der Universität? Die Philosophische Fakultät zählte 1961 nur 32 Professoren. Ich war sehr überrascht über die Atmosphäre in Zürich, die so freundlich und so sachlich war. Ich habe in meiner gesamten Zeit *eigentlich kaum irgendwelche schweren,* nur sehr selten ernstliche Zerwürfnisse erlebt.

In den ersten Wochen meiner Tätigkeit am Seminar war noch gar kein Assistent da. Meine Frau war die erste, die mir beim Büchereintragen und Signaturenkleben half. Mein erster Assistent kam aus der Zürcher Anglistik, der nächste aus England, Julian Watts, mit einem BA (Honours) aus Cambridge, aber er wusste nicht, was der *Brokgauz-Efron* ist, und da sind mir die Gefahren eines sehr engen Studiums natürlich bewusst geworden. Nach anderthalb Jahren haben dann Schweizer Studenten beziehungsweise Studentinnen die Assistentenstellen übernommen. Ich bekam eine, sehr bald eine zweite und eine dritte, weil wir immer sagen konnten, die Hauptaufgabe ist die Verwaltung der Bibliothek, dafür braucht es Sprachkenntnisse. Die Assistentenstellen wurden meist geteilt, wöchentliche Arbeitszeit in der Vollstelle 21 Stunden.

Sasse: Können Sie sich an erste Kontakte zu Kollegen erinnern?

Brang: Da kann ich von einem Kulturschock berichten. Mir wurde eingeschärft, wenn man neu ist, müsse man Antrittsbesuche machen. Das war in Deutschland damals üblich. Und wir haben das dann auch gemacht. In den ersten zwei Jahren haben wir immer mal wieder Kollegen angerufen und gefragt, ob wir am nächsten Sonntag gegen 11 Uhr einen kurzen Besuch machen können. Dieses Missverständnis, denn hier kannte man das nicht und die Männer sind eingebunden in die Zünfte, Militärbünde und sonstigen Vereine, dieses Missverständnis hat dazu geführt, dass wir mit gut einem Dutzend Kollegen ein recht persönliches Verhältnis aufgebaut haben.

Sasse: Wie haben Sie herausgefunden, dass es sich um ein Missverständnis handelt?

Brang: Nun, die Kollegen waren immer freundlich erstaunt. Einer der beiden Anglisten, Ernst Leisi, hat uns dann auch gesagt, dass das hier gar nicht üblich ist.

Sasse: Ihre gesamte Amtszeit über haben Sie Slavistik unter den Bedingungen des Kalten Krieges betreiben müssen. In dieser Zeit war die Slavistik zwangsläufig ein stark politisiertes Fach. Einerseits benötigte man Kenner des gegnerischen politischen Systems, andererseits war die Slavistik auch häufig ein Ort für die politische Linke, die den Klassenfreund und nicht den Klassenfeind studieren wollte. Wie hatten die politischen Verhältnisse Einfluss auf die Arbeit an der Universität?

Brang: Ich zitiere in diesem Zusammenhang immer gerne die Bemerkung von Dietrich Gerhardt, die Slavistik sei ein Kriegsgewinnler gewesen. Tatsächlich war es so, dass man wusste, man muss das Fach fördern, damit man Spezialisten für Osteuropa hatte. Aber in der allgemeinen Arbeit sind wir politisch kaum belästigt worden. Sicherlich hatten bestimmte politische Ereignisse, wie der Einmarsch in die Tschechoslowakei, für uns Konsequenzen. Einerseits wurde in der öffentlichen Meinung die Frage laut, warum man denn Russisch studieren solle, andererseits hatten wir dank der Besetzung der ČSSR plötzlich eine Reihe von tschechischen und slowakischen Studierenden.

Sasse: Sie haben schon davon gesprochen, dass Sie zunächst keine Assistierenden hatten. Wie sah es mit den Lektoren aus. Wer unterrichtete die Sprachen?

Brang: Das war in der Tat ein Problem. Für das Serbokroatische hatten wir zuerst eine sehr begabte Studentin, die Slavistik hier studierte, dann Dozenten aus Jugoslawien, wobei man von 4 Stunden Lehrauftrag in der Schweiz ja nicht leben konnte. Da mussten wir ständig nachverhandeln. Unser erster Polnischlektor, Tadeusz Sarnecki, war einer von mehreren 1000 Polen, die in der Schweiz während des Zweiten Weltkriegs interniert worden waren. Er war Jurist, arbeitete aber im Büro einer Teigwarenfabrik. Für sein Lebensglück bedeutete es viel, dass er am Seminar seine Muttersprache unterrichten durfte. Das Russische betreute Maria Bankoul, eine Russin, die in Lyon promoviert hatte; sie hat über 30 Jahre unterrichtet. Sie war ein Glücksfall, auch wenn mit dem Marxismus liebäugelnde Studenten in der Zeit der Studentenrevolte 1968/69 Sowjetlektoren verlangten. Die Emigrantensprache, so hiess es, die wollen wir nicht mehr.

Sasse: Auch Forschungsaufenthalte und das Arbeiten in Archiven waren zur Zeit des Kalten Krieges sicher keine einfache Angelegenheit. Wie sind Sie als Forscher mit diesen Schwierigkeiten umgegangen?

Brang: Ich selbst hatte schon in Bonn einen Antrag bei der Deutschen Forschungsgemeinschaft gestellt, 1960, und bewilligt bekommen, um im Rahmen der zwischen der Bundesrepublik und der UdSSR bestehenden Abkommen nach Russland zu gelangen. Nun war ich aber Professor in Zürich. Über die Berner Sowjetbotschaft bekam ich dann aber doch die Möglichkeit, zwei Monate in Russland zu arbeiten. Die Mittel dafür stellte, obwohl ich bereits in der Schweiz war, die Deutsche Forschungsgemeinschaft zur Verfügung. Man musste damals, was das Arbeitsthema anbelangt, schon ein bisschen schummeln, ich durfte nicht sagen, ich wolle über Literatursoziologie forschen, so etwas gab es in der UdSSR damals offiziell nicht, ich gab allgemein »Methodik der Literaturwissenschaft« an. Ich habe dann in Leningrad

und in Moskau in den Bibliotheken gesessen und mich mit soziologischen Ansätzen in der Literaturwissenschaft der 1920er Jahre befasst (Ėjchenbaum, Šklovskij, Tynjanov, Gric, Trenin und so weiter).
Vorher, 1956, war ich in Helsinki gewesen, um Material für meine Habilitationsschrift zu sammeln. In der Universitätsbibliothek Helsinki befand sich ja die grösste russische Bibliothek ausserhalb der Sowjetunion. Helsinki hatte seit 1828 von allen Bucherscheinungen im Zarenreich jeweils eines der drei *objazatel'nye ėkzempljary* (Pflichtexemplare) erhalten, ein zweites ging immer an die Imperatorskaja publičnaja biblioteka (die Saltykovka) in Sankt Petersburg, das dritte an die Zensur ... Helsinki war nach 1945 ein Eldorado für Slavisten aus den USA, Kanada, Frankreich, allgemein für Forscher aus dem Westen. In den 1960er bis 80er Jahren war ich mehrere Male in der Sowjetunion, 1963, 1977, 1983 (Leningrad, Moskau, Kiew), dann auch 1991 und 2001 – immer mit Sonderbewilligungen, denn einen offiziellen Dozentenaustausch gab es nicht.

Sasse: Wie haben Sie in der Sowjetunion Kontakte zu Kollegen knüpfen können?

Brang: Das war nicht einfach. Für Studierende war das leichter, die konnten sich einiges erlauben, während man als Dozent ja immer ein offizieller Vertreter war. Seit 1966 kannte ich Dmitrij Sergeevič Lichačev, ihn habe ich mehrfach getroffen, 1983 hat die Zürcher Philosophische Fakultät ihm auf meinen Antrag hin die Ehrendoktorwürde verliehen. Schon 1962 hatte ich in Moskau Viktor Vladimirovič Vinogradov kennengelernt und in Leningrad Michail Pavlovič Alekseev und hätte beinahe auch Anna Achmatova getroffen, wenn Alekseev nicht Angst gehabt hätte, mich zu einem Treffen mit ihr mitzunehmen. Seine Frau sagte, ach nimm doch den Brang mit, er aber meinte, das sei zu heikel. Ich war im Interesse der Studierenden sehr vorsichtig, die Studierenden waren es nicht. Wir hatten mehrfach Probleme, weil sich gerade die »linken« Studierenden die Freiheiten des Wortes erlaubten, die sie in der Schweiz gewohnt waren. Eine Studentin hat in Voronež zum Beispiel gesagt, ihr habt hier viel zu viel Militär, woraufhin es ein grosses Verfahren gab.

Sasse: Sie haben in den 1960er bis 80er Jahren einige Schriftsteller an das Slavische Seminar eingeladen, unter anderen Iossif Brodskij, Vassilij Aksenov, Aleksandr Solženicyn. Solženicyn kam im Februar 1974 nach Zürich ins Exil, zwei Jahre später hat er Zürich in Richtung Vermont wieder verlassen. Am 20. Februar 1975 trat er auch am Slavischen Seminar auf und hielt einen Vortrag auf der Basis von 13 zuvor schriftlich gestellten Fragen, der unter dem Titel *Gespräch mit Slavistik-Studenten an der Universität Zürich* in seine Werkausgabe aufgenommen wurde. Wie kam es zu diesem Auftritt?

Brang: Zunächst muss ich sagen, dass Solženicyn mich von Anfang an als Schriftsteller sehr interessiert hat. Ich habe mir, als *Archipel Gulag* erschien, 1974, sofort eine Kartothek zu den künstlerischen Verfahren angelegt, mit denen er dort arbeitet, Ironie, Metaphorisierung et cetera. Ich kannte also sein Werk sehr gut, über die *Krebsstation* hatte ich zuvor im Fernsehen Auskunft gegeben. Er kam nach Zürich, wir hatten zunächst keinen Kontakt mit ihm, aber es hat sich dann doch eine Verbindung ergeben, dadurch, dass Frau Bankoul in der russisch-orthodoxen Gemeinde sehr engagiert war, sie hat Solženicyn in Zürich auch etwas betreut. Frau Bankoul brachte die Botschaft, dass er bereit sei, im Seminar aufzutreten – allerdings unter gewissen Bedingungen. Eine Bedingung war, dass dies nicht öffentlich bekannt gemacht wird, eine zweite, dass keine Aufzeichnungen gemacht werden, eine dritte, dass ihm vorher Fragen schriftlich eingereicht werden. Frau Bankoul und ich haben daraufhin 13 Fragen formuliert und dann Mundpropaganda gemacht. 60 Studenten kamen, der Seminarraum am Zeltweg 63 war prallvoll. Ich fing Solženicyn vor dem Hause ab und fragte ihn, ob ich ihn mit Aleksandr Isaevič ansprechen dürfe, ich durfte. Während des Vortrags merkte er, dass jemand ein Diktaphon eingeschaltet hatte, er hörte sofort auf und drohte, er würde nicht weitersprechen, wenn das Aufnahmegerät nicht abgeschaltet werde.

Sasse: Was war Ihre dringlichste Frage an Solženicyn?

Brang: Meine erste Frage war die, die mich persönlich am meisten interessierte, nämlich, warum er *Archipel Gulag* den *Versuch einer künstlerischen Forschungsarbeit* (*Opyt chudožestvennogo issledovanija*) genannt hat. Seine Antwort war, dass die Kunst eine andere und intensivere Wirkung ermögliche.

Sasse: Hat er nach dem Vortrag weitere Fragen beantwortet?

Brang: Nein, das nicht. Er ist sofort verschwunden. Er hatte Angst, dass KGB-Agenten dort sitzen könnten. Bemerkenswert ist, dass auch die ihm gegenüber kritischen Studenten sich nach der Begegnung von seiner Persönlichkeit sehr beeindruckt zeigten.

Sasse: Sie hatten noch viele andere Begegnungen mit sowjetischen beziehungsweise russischen Emigranten in Zürich. Sie haben mir vorhin ein Foto gezeigt mit Roman Jakobson, das vor Ihrem Wohnhaus auf der Forch entstanden ist ...

Brang: Roman Jakobson hat 1974 in der Aula der Universität einen Vortrag über Kindersprache gehalten. Er hat damals alle überrascht mit seinem frei auf Deutsch gehaltenen Vortrag, in einer Sprache, von der er behauptete, dass er sie über Jahre

БЕСЕДА СО СТУДЕНТАМИ-СЛАВИСТАМИ
В ЦЮРИХСКОМ УНИВЕРСИТЕТЕ

20 февраля 1975

Почему в „Архипелаге ГУЛАГе" подзаголовок „опыт художественного исследования"?

Когда я начинал эту книгу писать, я уже тогда почувствовал, что так можно определить жанр. Совершенно исключительны те условия, в которых приходится исследовать сейчас проблемы тюрем и лагерей Советского Союза. Думаю, что условия эти, может быть, даже труднее археологических в некотором смысле. Все прямые документы или уничтожены, или так тайно хранятся, что к ним проникнуть нельзя, или будут уничтожены к тому моменту, когда можно было бы проникнуть. Большинство свидетелей убито или умерло. Итак, писать обыкновенное научное исследование, опирающееся на документы, на цифры, на статистику, не только невозможно мне сегодня, или кому-либо сегодня, но боюсь, что и никогда никому. Настолько основательно уничтожены все фактические данные, что невозможно кому-нибудь когда-нибудь написать такое исследование, где будут сплошные колонки цифр, сколько арестованных по каждой области, по каждому городу, в какое время, сколько умерло, на каком году заключения... Метод научного исследования в системе Советского Союза почти закрыт. Вот это с одной стороны. Почему я сказал, что даже труднее археологических? потому что в археологии никто не мешает копать, искать, определять глубину слоя, а в СССР... как я мог собрать материалы, я вам сейчас расскажу. (Кстати, никогда нигде не рассказывал, это вот только первый раз.) А с другой сторо-

nicht gesprochen habe – er kam ja aus Amerika hierher. Als wir im Juli 1974 einen Seminarausflug nach Einsiedeln machten, hat er sich zu uns gesellt. Er wohnte zeitweise dort.

Sasse: Sie begannen 1960 mit circa zehn Studierenden, 1972, nach der Einrichtung des Faches Osteuropäische Geschichte, waren es schon 75, zur Zeit der Perestroika waren es 172, heute sind es circa 300. Heute haben wir neben den philologisch Interessierten viele Muttersprachler, ›Secondos‹ oder Emigranten, die ihre eigene Kultur oder die ihrer Eltern studieren wollen. Was waren die hauptsächlichen Motivationen in den 1960er bis 80er Jahren?

Brang: Ja, Emigranten hatten wir nicht, höchstens einzelne aus Jugoslawien, dann nach 1968 kamen einige aus der Tschechoslowakei. Unsere Studenten, das waren alles Schweizer, motivierte Schweizer Studenten und besonders Studentinnen, die sich aus verschiedenen Gründen für das brotlose Fach interessierten. Die einen hatten eine russische Grossmutter, andere, wie Ilma Rakuša, begeisterten sich für Dostoevskij, wieder andere wollten aus der Norm ausbrechen, sie hat das Exotische gereizt.

Sasse: Was war Ihre eigene Motivation, Slavistik zu studieren?

Brang: Das kann ich gern erzählen, und ich erzähle es erst zum zweiten Mal ausführlich. Ich habe öfters berichtet, ich hätte in Amerika angefangen, Russisch zu lernen, aber das stimmt nicht so ganz. Ich war 1943 zum Nachrichtennahaufklärer für Englisch ausgebildet worden. Das sind Leute, die sich mit dem Funkgerät an die feindlichen Linien nahe heranarbeiten, um den Sprechfunk abzuhören. Es war mein Glück, dass ich zu einer solchen Truppe kam. Mein erster Einsatz war in Frankreich, Ende 1943 wurde unsere Division in die Ukraine verlegt. Wir waren dann nur einige Tage dort, wurden sehr bald wieder zurückgeschickt, der Leutnant des kleinen Trupps von Englischdolmetschern, drei bis vier Mann, hat darauf bestanden. Ich habe noch heute in meinen Soldbuch einen kleinen Zettel, auf dem steht, dass man zum Ersatztruppenteil (nach Meissen) zurückgesandt werden muss, das heisst an einer Front, wo man nicht gemäss seiner Ausbildung gebraucht wird, darf man nicht eingesetzt werden. Wäre jenem Leutnant das damals nicht gelungen, sässe ich heute nicht hier.

Sasse: Haben Sie in der Ukraine, mitten im Krieg, begonnen, sich für Russisch zu interessieren?

Brang: Ja, ich habe sofort angefangen, mich für die Sprache und die Schrift zu interessieren, habe meiner Mutter am 3. Oktober 1943 geschrieben, mit Feldpost: »Besorge mir bitte ein gutes russisches Lehrbuch«, eine etwas anspruchsvolle Forderung ... Und am nächsten Tag habe ich dann begonnen, kyrillische Buchstaben zu schreiben, das heisst, mich hat das Russische auch wegen der Exotik interessiert – eine neue, ganz andere Sprache! Zudem hatte ich einen Freund in Meissen, der konnte Russisch. Und dann bin ich in Kriegsgefangenschaft aus Südfrankreich über Afrika nach Amerika verpflanzt worden. In Ruston, in Louisiana, habe ich zunächst das schlechte Lehrbuch von Bubnow in der Lagerbibliothek vorgefunden und mich in die Grammatik eingearbeitet. Dann hat man uns versetzt nach Middletown, Pennsylvania, und dort wurde ich mit meinen Sprachkenntnissen Clerk im Lageroffice. Über die amerikanischen Lageroffiziere habe ich mir die *Pravda* besorgen lassen und mit den grammatischen Grundkenntnissen, die ich im Lager in Ruston erworben hatte, eine Sprachlehre und ein Wörterverzeichnis zusammengestellt. Die Offiziere besorgten mir schliesslich das Russisch-Englische Wörterbuch von Golowinsky.

Sasse: Haben Sie nach Ihrer Entlassung gleich Slavistik studiert?

Brang: Als ich im April 1946, direkt nach der Entlassung, in Frankfurt am Main zu studieren begann, Anglistik, Germanistik, zeitweise Romanistik, gab es dort noch keine Slavistik – wie leider auch heute wieder. Aber im Indogermanischen Seminar standen anderthalb Laufmeter slavische Bücher. Und es war ein Lektor da, das war Viktor Leontovič, der ein Buch über die Geschichte des Liberalismus in Russland geschrieben hatte, er bekam an der Uni einen juristischen Lehrauftrag. Er gab aber auch einen Kurs deutsch-russische Übersetzungsübungen, und an diesem Kurs habe ich vom dritten Semester an teilgenommen. Wir waren fünf Leute. Ab 1947 kam als Lektor für Russisch und Altkirchenslavisch Robert Günther hinzu, ein Wolgadeutscher, Schüler von M. N. Peterson. Im Übrigen habe ich gleich eine Sprachlehrerin in Frankfurt gesucht und gefunden, das war Elena Andreevna Januševskaja. Sie war die Frau eines sowjetrussischen Diplomaten, war 1937 über die Türkei nach Belgien gekommen und dann während des Zweiten Weltkriegs nach Frankfurt. Sie gab dort dem Nazi-Oberbürgermeister Krebs Russischkurse, aber nach dem Krieg auch mir [lacht]. Und ich nahm dann von 1946 bis 1952 »eisern« jeden Dienstag von zwölf bis zwei bei ihr Konversationsunterricht.

Sasse: Wo und wann haben Sie dann mit dem Slavistikstudium begonnen?

Brang: Weil es in Frankfurt in absehbarer Zeit keine Slavistik geben sollte, bin ich 1949 nach Marburg gegangen zu Tschiževskij. Leider war Tschiževskij gerade dabei, nach Harvard zu wechseln. Ich habe ihn aber zweimal in Marburg besucht, sein Zimmer war voll mit den berühmten Zettelkästchen. Dann habe ich bald doch den Wechsel nach Marburg vollzogen und bei Ludolf Müller studiert.

Sasse: Wie haben Sie Ihr Studium finanziert, hatten Sie ein Stipendium?

Brang: Nein, Stipendien gab es nicht, ich war Werkstudent. Ab 1949 habe ich dreieinhalb Jahre in einem Presseinstitut gearbeitet. Ich hatte das Ressort Osteuropa, las die *Pravda,* die *Izvestija* und was man an lokalen Zeitschriften aus der Sowjetunion bekam, und die Zeitungen der DDR. Ich hatte im Institut ein Feldbett, schlief dort Montag auf Dienstag und fuhr jeweils Mittwoch Vormittag nach Marburg zum Studium.

Sasse: Hatten Sie zu Tschižewskij nach seinem Weggang nach Harvard noch weiteren Kontakt?

Brang: Von Marburg aus habe ich einige Korrespondenz mit ihm geführt (beziehungsweise er mit mir). Später habe ich ihn nach Zürich eingeladen, und da hat er einen völlig missratenen Vortrag gehalten, obwohl er sich im Thema des Vortrags vorzüglich auskannte, nämlich *Die Emblematik und die slavischen Literaturen*. Ich holte ihn im Bodmerhaus, dort hatten wir ihn unterbringen können, zum Vortrag ab, und da sagte er: »Mein Manuskript lasse ich hier, ich werde erzählen, dass es in Basel geblieben ist.« Und nun gingen wir und ich dachte: »Nun gut, wenn er meint, er kann den Vortrag frei halten, bitte schön.« Und dann wurde der Vortrag schlecht und zwar, weil er viel an die Tafel schrieb, seinen Zuhörern den Rücken zukehrend, und dazu noch undeutlich sprach. Ich hatte die Trommel gerührt für Tschižewskij, er ist der Spezialist für Emblematik, aber der Vortrag erfüllte bei Weitem die Erwartungen *nicht*. Und ich stand da und wusste, das Manuskript liegt drüben im Bodmerhaus. Na ja, ich durfte ihn ja nicht verraten. Einer seiner skurrilen Einfälle.

Sasse: Als ihre grösste Förderin haben Sie oft Margarete Woltner erwähnt ...

Brang: Ja, Frau Woltner, meiner ›Habilitatrix‹, verdanke ich sehr, sehr viel, besonders in den Gesprächen mit ihr habe ich viel gelernt. Sie hatte immer Zeit für ihre Assistenten. Sie hat mir Korrekturarbeiten bei Vasmers etymologischem Wörterbuch vermittelt. Ich bekam dafür zwar nur Pfennige, habe aber sprachlich viel gelernt. Und sie hat mich früh auch Korrektur lesen lassen für Beiträge in der *Zeitschrift für Slavische Philologie*. Später, 1967, hat sie die Herausgeberschaft der Zeitschrift an Herbert Bräuer übergeben wollen, der Vasmer-Schüler war, aber Bräuer meinte, er werde sie nur übernehmen, wenn er die Herausgabe mit mir teilen könne, – er Sprache, ich Literatur. So hat sich das ergeben, dass ein Teil der Redaktion nach Zürich ging.

Sasse: Sie gehören zu der seltenen Spezies der Vollslavisten, womit ich hier meine, dass Sie sowohl literatur- als auch sprachwissenschaftlich gelehrt und auch geforscht haben und zudem mehrere Slavinen bedienen mussten. Wie haben Sie diesen Spagat in der Lehre bewältigt?

Brang: Mein besonderes Schicksal war, dass ich, vornehmlich durch meine intensive Beschäftigung mit Karl Kraus gelernt hatte, die Literatur von der Sprache her anzugehen. Und deshalb erscheint mir die Trennung von Sprache und Literatur immer als etwas Bedauerliches. Was die Veröffentlichungen anbelangt, so ist das Verhältnis Literatur zu Sprache bei mir etwa 70 zu 30. Man sagt, ich bin ein Allrounder, aber ein solcher konnte man schon damals nicht wirklich sein, und heute kann man es natürlich noch sehr viel weniger. Ich konnte und musste das Grundwissen vermitteln, das Sprachwissenschaftliche war stark historisch ausgerichtet. Die russische Literatur habe ich von den Anfängen bis in die Neuzeit gelehrt, da war ich gründlich bewandert. In der polnischen Literatur, da musste man von Gipfel zu Gipfel gehen und konnte sich in die vielen interessanteren Texte am Rande nicht so vertiefen. Die Überblicksvorlesungen und die Interessen der Studierenden verlangten, dass ich mich in eine ganze Reihe von Slavinen einarbeitete, das machte Mühe, aber ich lernte viel und hätte Projekte wie *Die Schweiz in Gedichten der Slaven* oder die *Kommentierte Bibliographie zur slavischen Soziolinguistik* ohne solche Einarbeitung gar nicht verwirklichen können.

Sasse: In der Linguistik haben Sie sich viel mit soziolinguistischen Themen befasst. Wo würden Sie sich in der Literaturwissenschaft situieren?

Brang: Ich habe als Aufgabe der Slavischen Philologie immer die Erforschung der slavischen Sprachen und Literaturen vor dem Hintergrund ihrer Geschichte und Kulturgeschichte betrachtet. So sind auch meine Arbeiten auf dem Gebiet der Literatur oft gesellschaftlich ausgerichtet *(Das Duell ...* oder *Mensch und Tier in der russischen Literatur)*. 1963 oder 1964 veröffentlichte ich einen längeren Bericht über den russischen Beitrag zur literarisch-soziologischen Forschung im *Jahrbuch für Ästhetik und allgemeine Kunstwissenschaft,* er ist 1973 auch in englischer Übersetzung erschienen. Ich war erfreut, als Thomas Grob kürzlich erklärte, er habe zuerst gar nicht verstanden, was diese ganze kulturhistorische Wende in der deutschsprachigen Slavistik soll. Er habe das eigentlich bei mir schon studiert. Aber ich war früh auch an der literarischen Form interessiert, meine ›Habilschrift‹ zur russischen Erzählung im späten 18. Jahrhundert, an der ich seit 1955 arbeitete, nahm bewusst die kleinen Formen ins Visier – weil Formuntersuchungen in der Sowjetunion damals ja verpönt waren. Wenig später wurden dann im Westen die Arbeiten der russischen Formalisten der 20er Jahre veröffentlicht.

Sasse: Die Zeit Ihrer Forschung und Lehre war die Hochzeit des Strukturalismus, der Kultursemiotik, der nicht weit entfernten Konstanzer Schule und des beginnenden Poststrukturalismus, der ja zum Beispiel prominent zwischen 1964 und 1971 von Paul de Man in Zürich vertreten wurde. Wie würden Sie sich in diesen methodischen Debatten verorten?

Brang: Ja, zu Paul de Man habe ich eigentlich normale kollegiale Beziehungen gehabt, aber wir hatten nicht viele Berührungspunkte, das Seminar für Vergleichende Literaturwissenschaft war damals auch nicht im gleichen Haus. Sein potenzieller Nachfolger auf dem Lehrstuhl, Peter Szondi, hat auf dem Sofa gesessen, wo Sie jetzt sitzen, kurz vor seinem Selbstmord, ich war in der Kommission Nachfolge de Man. Wir haben auf sein Kommen gehofft – aber wenige Wochen später schied er aus dem Leben. Im Weiteren gab es mit der Komparatistik zu meiner Zeit nicht viel Kontakt, aber als Slavisten arbeiteten wir ohnehin in hohem Masse komparatistisch, viele Lizentiatsarbeiten und eine Reihe von Dissertationen befassten sich mit Rezeptions- und Übersetzungsgeschichte.

Sasse: Lässt sich Ihr kultursoziologischer Ansatz mit der Kultursemiotik in Verbindung bringen?

Brang: Die kultursemiotischen Theorien von Lotman und seiner Schule haben wir selbstverständlich diskutiert, ihre Anwendung zum Beispiel auf den *Evgenij Onegin* studiert, sie bei der Interpretation besonders von Gedichten benutzt. Einer meiner kritischen Vorbehalte gegenüber Lotman und mancher anderen mit Verve vertretenen neuen Richtung war und ist, dass sie, was ihr gutes Recht ist, meist solche Texte wählen, an denen sich ihre Thesen ausnehmend gut beweisen lassen. So etwa wählt Lotman für die Erläuterung der Rolle der *povtory* Leonid Martynovs Gedicht *O zemlja moja,* wo sie extrem gehäuft erscheinen. Das schwächt natürlich den Allgemeingültigkeitsanspruch der jeweiligen Methode, nicht bei allen Texten ist ihr Ansatz fruchtbar.

Sasse: Im Grunde sind Sie jemand, der von den Texten ausgeht, vom Material, der auf einzelne Begriffe stösst, sich dann anschaut, welche Rolle diese im Werkzusammenhang spielen. Das ist ein sehr material- und begriffsbezogener Arbeitsprozess …

Brang: Ja, das wohl. Schon von meinem Studium bei Ludolf Müller her war ich gewohnt, sehr stark textbezogen zu arbeiten. Und es scheint mir auch jetzt noch gefährlich, wenn man über Literatur redet, ohne sich eine genaue Textkenntnis erarbeitet zu haben.

Sasse: Lassen Sie uns noch ein wenig über Ihre Forschung sprechen. 1988, kurz vor Ihrer Pensionierung, haben Sie eine wegweisende Studie zur Deklamationskunst in Russland publiziert. Sie beziehen sich darin auf Sergej Bernštejns Arbeiten zur Deklamation, die unter anderem auf einer umfassenden von ihm selbst angelegten Phonothek basierten. Hatten Sie die Möglichkeit, sich dieses Material anzuhören? Haben Sie selbst solche Studien unternommen? Haben Sie selbst auch Phonogramme angefertigt?

Brang: Nein, keineswegs. Das war ja noch die Zeit, als die Sowjetunion existierte und es war selbst für Russen kaum möglich, an diese Materialien heranzukommen. Ich habe in Russland im Druck zugängliches Material über Bernštejn gesammelt, habe mit Lev Šilov korrespondiert, der die bernštejnschen Materialien aus den 1920er und frühen 30er Jahren aufgearbeitet hat und auf Schallplatten herausgab *(Govorjat pisateli)*. Die haben wir im Seminar dann auch bei Texten von Blok und Majakovskij und Puškin benutzt. Das Interesse für die mündliche Existenz von Texten war bei mir aber ausgedehnt, ich bezog soziokulturelle Fragen wie die der allgemeinen Entwicklung der Vortragskunst oder ihrer pädagogischen Vermittlung ein. Dieses Interesse war übrigens nicht zuletzt biografisch bedingt. Im Vorwort zur russischen Ausgabe meiner Arbeiten zum *Zvučaščee slovo*, die gerade eben erschienen ist, erwähne ich, dass ich schon als Fünfjähriger Gedichte aufgesagt habe, weil mein Vater Schauspieler war, der hielt mich dazu an. Das erste Gedicht, an das ich mich erinnere, ist das *Abendlied* von Matthias Claudius. Dieses Interesse für das Mündliche hat wohl auch meine Lehrtätigkeit begleitet. Ich habe immer Wert darauf gelegt, dass die Studierenden die Texte wirklich laut so lesen, dass diese Texte leben und dass sie die Texte erleben. 1990 habe ich einen Brief von einem meiner ehemaligen Schüler bekommen, Niklaus Largier, der jetzt in Berkeley Germanistikprofessor ist. Er schrieb, er habe bei mir gelernt, dass man Texte sprechen muss und dass man über das Mündliche zu ihrem Verstehen kommt.

Sasse: Die russische Deklamationskunst ist ja eine sehr eigenwillige, getragen, erhaben, ein Singsang, der manchmal an orthodoxe Kirchengesänge erinnert. Bei den vor Kurzem erschienenen alten Aufnahmen *(Stimmen russischer Dichter)* von Blok, Gumilev, Majakovskij, Kručenych, Achmatova, Mandel'štam kann man das sehr gut hören. Was hat es mit dieser Tradition auf sich?

Brang: Eine allgemeine Aussage über die russische Vortragskunst ist insofern möglich, als man in Russland bis in die jüngste Zeit am Reim festgehalten hat, was die Gesanglichkeit, die *napevnost'* förderte. Im Übrigen muss man nach Perioden und nach einzelnen Dichtern unterscheiden. Von Puškin bis zu Turgenev herrschte die *napevnost'* vor, dann kam ein »Sprechstil« auf, bei den Symbolisten gab es das »symbolistische Flüstern«, die *simvolističeskie šopoty,* und die Revolutionszeit brachte das ihr eigene Pathos. Brodskijs ›Kirchengesang‹ ist ein Personalstil. Nur schwach ausgebildet war in Russland, wie schon Ėjchenbaum bemerkte, die »Kammerdeklamation«, der inhaltsbezogene, leise Vortrag. Die kultur- beziehungsweise literaturvergleichende Deklamationsforschung ist ein hochinteressantes Gebiet, über das ich noch gern weiter forschen würde, wenn mir dazu Zeit bliebe. Ich habe eine grosse Sammlung von Schallplatten mit literarischen Texten, aber heute hat man ja elektronische Sammlungen wie die *Antologija golosov poėtov* zur Verfügung oder für das Deutsche die *Lyrikstimmen* des Hörbuchverlags.

Sasse: In Ihrer Studie widmen Sie sich insbesondere Puškin, Gogol', Dostoevskij und auch Blok. Von Blok existieren Aufnahmen, mit denen Sergej Bernštein gearbeitet hat. Puškin, Dostoevskij und Gogol' lebten zu einer Zeit, in der es technisch unmöglich war, Stimmen aufzuzeichnen. Wie sind Sie mit diesem Problem umgegangen, dass Sie im Grunde nur Texte zur Verfügung hatten, die die Deklamation beschrieben haben, oder literarische Texte, in denen Deklamatoren aufgetreten sind?
Brang: Ja, das ist ja klar, dass wir da angewiesen sind auf die Berichte der Zeitgenossen oder auf die Aussagen der betreffenden Dichter selbst. Aber diese Zeugnisse sind zum Teil sehr reich, bei Puškin ist da sehr viel zu finden, auch bei Gogol'. Gogol' ist bekanntlich ein Dichter, dessen Texte mündlich entstanden sind. Bei Puškin habe ich auch an den Texten zeigen können, dass er sie mündlich ›komponierte‹.

Sasse: In Ihrem Buch, das 2002 bei Böhlau herauskam und seit 2006 auch in russischer Übersetzung vorliegt, beschäftigen Sie sich mit dem Vegetarismus in der russischen Kultur und Literatur. Das ist ein recht ungewöhnliches und bis dato völlig unerforschtes Thema. Sie schreiben in der Einleitung, dass Sie schon 1977 in der Leninbibliothek in Moskau die Zeitschrift *Vegetarianskoe obozrenie* entdeckten. Ab wann haben Sie sich wissenschaftlich mit dem Vegetarismus beschäftigt und warum?

Brang: Auch dieses Forschungsinteresse war biografisch bedingt. Ich bin von Jugend auf vegetarisch erzogen worden, als Laktovegetarier, ich bin ein, wie das russisch heisst, ein *potomstvennyj vegetarianec,* also einer, der den Vegetarismus ererbt hat – sozusagen. Als Slavist habe ich natürlich gewusst, dass der späte Tolstoj Vegetarier war. Aber dass es vor dem Ersten Weltkrieg in Russland eine vegetarische Bewegung gegeben hat, der Schriftsteller und bildende Künstler angehörten, davon hatte ich keine Ahnung. 1977 blätterte ich in den Katalogen der Leninbibliothek auf der Suche nach irgendeinem *Vestnik,* dabei bin ich ganz zufällig auf den Titel ›Vegetarische Rundschau‹, *Vegetarianskoe obozrenie,* gestossen. Ich habe dann von 1977 an Text- und Bildmaterial zum Thema Vegetarismus gesammelt. Nach der Wende habe ich der Leninbibliothek mehr als 400 von mir im Laufe der Jahre zusammengetragene Zürcher Phil.-I-Dissertationen geschenkt, im Tausch bekam ich Xerokopien der drei vegetarischen Zeitschriften, die in Russland erschienen waren. Mit der Zeit wurde daraus ein kleines Archiv des Vegetarismus in Russland, es ist inzwischen der Zürcher Zentralbibliothek übergeben. Bei der Entstehung des Buches *Ein unbekanntes Russland* habe ich übrigens nicht zum ersten Mal erlebt, wie sich Negatives als Positives erweisen kann. Ich wollte 2001 nochmals nach Russland reisen, für zehn Tage, um in der Leninbibliothek noch einige Lücken in meiner Darstellung zu schliessen. Die Leiterin der Auslandsabteilung teilte mir aber mit, dass die Leninbibliothek leider wegen *remont* geschlossen sei. Ich musste nach Petersburg ausweichen, war darüber zunächst gar nicht glücklich. In Petersburg bin ich dann in der Russischen Akademie der Künste (RACh) kurz vor dem Druckbeginn noch auf hochinteressante Quellen gestossen, auf einen Entwurf für einen vegetarischen Lehrstuhl in Russland, auf die Beziehungen zwischen Bechterev und Repin und mancherlei anderes.

Sasse: Wie waren die Reaktionen in Russland auf die Publikation des Buches? Zwar gehörten vegetarische Vorstellungen zur frühen sowjetischen Utopie, in der späteren Sowjetunion war Vegetarismus jedoch tabuisiert.

Brang: Ein Pfeiler der Bewegung war Tolstoj, die Tolstojaner aber wurden in der Sowjetunion zuerst geduldet und dann verfolgt. Ende der 1920er Jahre kamen einige von ihnen nach Solovki. Da war das Thema für das offizielle Russland vom Tisch. Man sprach auch nicht mehr von vegetarischen Gaststätten, sondern von *dietičeskie stolovye*. In Russland ist der Vegetarismus im Grunde bis heute nicht sehr bekannt, es gibt fast keine Reformhäuser und nur recht wenige vegetarische Gaststätten.
Das Echo auf mein Buch? Die Tierschutzbewegung und die Vegetarier zeigten sich nach der Publikation der russischen Ausgabe begeistert, sie haben mir geschrieben, es sei für sie eigentlich beschämend, dass ein Ausländer ihnen ein Stück ihrer Kultur zurückbringen müsse. Die von mir ›wiederentdeckten‹ Texte und das ganze Buch wurden ins Internet gestellt. Auch die Literaturwissenschaft hat es zur Kenntnis genommen, es gab eine Rezension in *Novoe literaturnoe obozrenie*.

Sasse: Eines Ihrer konstanten Forschungsthemen waren die kulturellen und literarischen Wechselbeziehungen zwischen Russland und der Schweiz. Das jetzige Slavische Seminar befindet sich in jenem Quartier, in dem die russischen Studenten und Studentinnen der 1860er Jahre, die Anarchisten, Nihilisten, Revolutionäre im ausgehenden 19. und zu Beginn des 20. Jahrhunderts vorzugsweise wohnten. Gegenüber vom Slavischen Seminar wohnte Vera Figner, ein paar Meter weiter Sabina Spielrein. Hat die unmittelbare Umgebung Sie zu diesem Thema inspiriert?

Brang: In dieser Umgebung sind wir ja erst seit 1981. Nein, schon meine Jungfernrede in der Fakultät hatte ich 1961 über Karamzins Verhältnis zur Schweiz gehalten, von Anfang an hat mich alles, was die Beziehungen zwischen der Schweiz und den Slaven betrifft, emotional gepackt. Das heisst, wenn ich irgendwo ein Gedicht fand, in dem ein slavischer Dichter sich über seine Schweizer Reise äusserte oder wenn die Schweiz als amönische Landschaft beschrieben wird, hat mich das interessiert. Auch hier habe ich durch langes Sammeln einen Fonds zusammengebracht. Auch mein Kollege Carsten Goehrke war von Anfang an sehr aufgeschlossen für die Probleme der schweizerisch-slavischen Beziehungen, wir taten uns zusammen; 1985 haben wir begonnen, erste Besprechungen und Vorkonferenzen durchzuführen, und während 6½ Jahren, 1988–1994, lief dann ein Projekt, der Nationalfonds bewilligte dafür insgesamt etwa 1,4 Millionen Franken. Es wurde eine Datenbank angelegt, von der ich im Augenblick leider nicht weiss, wieweit sie noch konvertierbar ist, es erschienen vier Forschungsbände. Dieses Projekt hat einen grossen Teil meiner Zeit gefordert.

Sasse: Während unseres Gespräches habe ich versucht herauszufinden, nach welchem Prinzip Sie Ihre Bücher ordnen. Tolstoj steht oben links, nicht weit entfernt davon Pasternak. Alphabetisch ist es jedenfalls nicht …

Brang: Nein, im Prinzip chronologisch. [Steht auf und geht zum Bücherregal.] Hier fängt es an, Altrussisch, hier bis ins 18. Jahrhundert. Und hier steht Karamzin, sogar die Geschichte, die *Istorija gosudarstva rossijskogo*. Was man so alles gekauft hat… Teils aus Leidenschaft, teils weil man ein Buch, das im Seminar vorhanden ist, auch selbst haben wollte, um das Seminarexemplar den Studierenden zu überlassen. Ausserdem kann man in eigenen Büchern Anstreichungen machen … Viele meiner Bücher habe ich schon in die Zentralbibliothek gegeben. Das Durcheinander? Ich kann Ihnen sagen, die Kamera läuft [lacht], ich bin froh, dass ich meine Frau gelegentlich fragen kann, du, wo steht denn der, wo habe ich den wieder hingestellt.

Sasse: Auch wenn Sie in Zürich als Einmannbetrieb die ganze Breite des Fachs vertreten mussten, dann gab es doch sicherlich einen Autor, den Sie mehr mochten als andere?

Brang: Ja.

Sasse: Und, wer war das?

Brang: Ja, Puškin [lacht]. Brauchen wir nicht lange zu überlegen.

Sasse: Sagen Sie doch kurz warum.

Brang: Muss man das rechtfertigen? In den letzten Sätzen der Dissertation habe ich geschrieben, dass Puškin ein Universum ist, er ist so vielseitig, aber immer ist da auch diese gebändigte Form, hinter der man die unerschöpfliche Energie spürt.

Sasse: Herr Brang, ich danke Ihnen für dieses Gespräch.

»Die grosse Form liegt mir nicht«

SYLVIA SASSE IM GESPRÄCH MIT ILMA RAKUSA

Sylvia Sasse: Liebe Frau Rakusa, 2009 haben Sie den Schweizer Buchpreis erhalten für Ihr autobiografisch inspiriertes Buch *Mehr Meer*. Das Buch beginnt mit einer Reise an die Orte Ihrer Kindheit – nach Rimaszombat beziehungsweise Rimavská Sobota in die heute Slowakische Republik, nach Budapest und dann nach Ljubljana und Triest, ans Meer. Sie reisen aber nicht nur in der Erinnerung zurück. Wann haben Sie die Orte Ihrer Kindheit wieder aufgesucht?

Ilma Rakusa: In Slowenien war ich sehr oft, denn dort lebt meine ganze Verwandtschaft väterlicherseits, zu der ich ein herzliches Verhältnis habe. Auch mag ich Ljubljana und Maribor, die Weinberge um Jeruzalem, die Karstlandschaft Richtung Meer. Mitten im Karst findet seit 1986 das bekannte slowenische Literaturfestival *Vilenica* statt; ich habe regelmässig daran teilgenommen und wurde 2005 sogar Preisträgerin, was die schöne Folge hatte, dass ein Gedichtband ins Slowenische übersetzt wurde. Und vom Karst ist es nur ein Katzensprung nach Triest; diese Gelegenheit habe ich mir nie entgehen lassen. Sehe ich die Bucht von Triest, den Leuchtturm, das weisse Schloss Miramar, bin ich augenblicklich glücklich.
Nach Budapest führten mich die Wege eher selten. Und meine Geburtsstadt Rimaszombat habe ich erst 2004 wiedergesehen, nach 56 Jahren. Es war ein berührender Moment. Mütterliche Verwandte gibt es dort keine mehr, ich kam offiziell wegen einer Lesung nach Rimavská Sobota – und wurde mit einem Empfang im Rathaus überrascht. Gesang, Reden, Geschenke, als wäre die verlorene Tochter in den Schoss der Heimat zurückgekehrt. Sehr bewegend. Zum ersten Mal sah ich bewusst mein Geburtshaus, die Apotheke meiner Mutter, alles, wovon sie mir so oft erzählt hatte. Ich kann mir ihre Kleinstadtkindheit seither viel besser vorstellen.

Sasse: Sie verflechten die Erinnerungen an die Kindheit in Ihrem Buch mit Reflexionen aus der Gegenwart, mit kleineren Exkursen, Versen und Stillleben. Insgesamt sind es 69 Miniaturen, aus denen sich Vergangenes und Gegenwärtiges zusammensetzen. Sie sind also der kleinen Form auch beim Schreiben der Autobiografie treu geblieben?

Rakusa: Die grosse Form liegt mir nicht. Ich bin im Innersten Lyrikerin, mir fehlt der Atem für episches Erzählen. Indem ich mich für kürzere, vignettenhafte Kapitel entschieden habe, konnte ich mir sprachliche Intensität erlauben, was mir sehr wichtig ist. Für Zusammenhänge sorgen Leitmotive, wiederkehrende ›Muster‹. Entstanden ist ein Gebilde, das – wie ich hoffe – gleichzeitig kohärent und durchlässig ist, das heisst dem Leser genug Spielraum für eigene Fantasien (und Erinnerungen) gewährt.

Sasse: Sie beschreiben sich in Ihrem Buch als leidenschaftliche Leserin, »hungrig nach Lektüre«: »Lesend entdecke ich mich selbst. Lesend entdecke ich das Andere.« Lässt sich auch so etwas wie eine Lesebiografie erzählen? Sie erwähnen unter anderen Dostoevskij, wer gehört noch in diese Reihe?

Rakusa: Ich erwähne mehrere prägende Leseeindrücke, aber bei Weitem nicht alles, was ich zwischen 6 und 16 an Büchern verschlungen habe. Im Zusammenhang mit meinem kindlichen Wunsch, ›Weltforscherin‹ zu werden, steht die Lektüre von Thor Heyerdahls *Kon-Tiki,* Heinrich Harrers *Sieben Jahre in Tibet* und anderen Berichten über Entdeckungsreisen. Dann las ich begeistert Indianerbücher – Coopers Lederstrumpf-Romane, Karl Mays *Winnetou* –, aber auch Selma Lagerlöfs *Wunderbare Reise des Nils Holgersson.* Mit Dostoevskijs Roman *Schuld und Sühne,* den ich ungewöhnlich früh und klammheimlich las, verlagerte sich mein Interesse auf die Entdeckung innerer Welten. Der Eindruck war gewaltig, nicht umsonst widme ich Dostoevskij ein ganzes Kapitel in meinem Buch. Dostoevskij liess mich nie mehr los. Und dass ich später Slavistik studiert habe, hat unmittelbar mit diesem Leseerlebnis zu tun.
Während der Gymnasiumszeit beschäftigten mich unter anderen T. S. Eliot *(Four Quartets),* Martin Buber *(Chassidische Geschichten),* Gershom Sholem *(Kabbala),* die Franzosen Bernanos und Valéry, die englischen *metaphysical poets,* neben Dostoevskij auch Tolstoj, Turgenev, Gončarov, Leskov, Čechov. Während meines Studienjahrs in Leningrad entdeckte ich – dank Freunden – Mandel'štam und Cvetaeva, von denen es in den Buchläden nichts zu kaufen gab.
Die Idee gefällt mir, einmal eine reine Lesebiografie zu schreiben.

Sasse: Über Triest kommen Sie 1951, noch vor der Einschulung, mit Ihrer Familie in die Schweiz, nach Zürich. In Ihrem Buch schreiben Sie: »Ein halbes Leben hinterm Eisernen Vorhang, was hätte es aus mir gemacht.« Der Satz hat mich sehr berührt, zumal ich selbst mein halbes Leben hinterm Eisernen Vorhang verbracht habe. Sie sind zwar nicht in Osteuropa geblieben, haben aber Osteuropa zu Ihrem Beruf gemacht. Woher rührt diese Entscheidung?

Ilma Rakusa

Rakusa: Für das Slavistik-Studium war Dostoevskij ausschlaggebend. Doch spielte auch meine halbslowenische Herkunft eine Rolle. Die slavische Welt übte eine starke Anziehung auf mich aus. Jahrelang konnte ich diese Länder nicht bereisen, da es der Staatenlosenpass nicht erlaubte. Kaum war ich im Besitz eines Schweizer Passes, fuhr ich nach Prag. Danach gab es kein Halten mehr. Ich bin froh, dass ich meinen Drang nach Osten beruflich fruchtbar machen konnte. Blicke ich auf meine Aktivitäten zurück, bin ich so etwas wie eine Brückenbauerin zwischen Ost und West. Diese Rolle scheint auf mich zugeschnitten zu sein, und ich fühle mich unvermindert wohl darin.

Sasse: Slavistik haben Sie Ende der 60er Jahre in Zürich und in Leningrad studiert und 1971 mit einer Promotion zum Motiv der Einsamkeit in der russischen Literatur, unter anderen beim romantischen Dichter Evgenij Baratynskij, abgeschlossen. Können Sie sich an Ihren Studienbeginn in Zürich erinnern? Vielleicht an die erste Vorlesung?

Rakusa: Ich erinnere mich an die wunderbaren alten Räumlichkeiten an der Florhofgasse, wo das Slavische Seminar untergebracht war. Ein Fachwerkhaus mit knarrender

Holztreppe und leicht schiefen Wänden, kleinteilig, ein wenig puppenhausartig, intim. Hier wurde einem der Stoff wirklich nahegebracht, im wörtlichen Sinn. Hier lernte ich Altkirchenslavisch, besuchte Seminare über Dostoevskij, über den Messianismus bei den Slaven. Ich muss sagen, ich war von Anfang an fasziniert: von der Welt, die sich mir auftat, aber auch von der besonderen Atmosphäre des Unterrichts. Wir waren wenige, eine kleine, verschworene Gemeinde, und das hatte seinen grossen Reiz. Zumal Peter Brang ein leidenschaftlicher Lehrer war. Gäbe es eine Zeitmaschine, ich würde gerne für ein paar Wochen dahin zurückkehren, wo ich slavistisch Feuer fing. Meine Wissbegier schien keine Grenzen zu kennen.

Sasse: Ein Slavistikstudium zur Zeit des Kalten Krieges hatte, wie ich mir vorstellen kann, sicherlich auch etwas Abenteuerliches. Es war politisch brisant, die Literatur hatte einen anderen Stellenwert. Lässt sich das Studium der slavischen Literaturen damals überhaupt noch mit dem Studium heute vergleichen?

Rakusa: Kaum. Wir waren eine kleine Gruppe von Begeisterten. Niemand dachte an konkrete Berufsaussichten. Aber alle suchten wir Tuchfühlung mit dem Osten, wollten in der Sowjetunion, in Polen oder der Tschechoslowakei ein Studienjahr verbringen. Das war abenteuerlich und faszinierend zugleich. Was mich anbelangt: mein Leningrader Jahr war das intensivste in meinem ganzen Leben. In nächtelangen Küchengesprächen erfuhr ich, was Freundschaft heisst, bei privaten Lesungen, wie existenziell Literatur sein kann. Hier das repressive Regime – dort die Gegenwelt der Kunst, mächtig auf ihre Art. Diese Spannung hatte etwas Elektrisierendes.
Ich werde auch nie vergessen, wie ich in der Saltykov-Ščedrin-Bibliothek monatelang Bücher exzerpierte. Fotokopierautomaten gab es ja nicht, ich schrieb alles eigenhändig ab. Dadurch prägte es sich anders ein.
Ebenso unvergesslich sind die Begegnungen mit Efim Ėtkind, Dmitrij Lichačev, Lidija Ginzburg, Jurij Lotman und mit meinem Mentor Viktor Manujlov, der mir in seinem Kommunalka-Zimmer Briefe von Sergej Esenin und Aquarelle von Maksimilian Vološin zeigte. Das war Studium *live*, unmittelbar und zutiefst berührend.

Sasse: Wie war es damals möglich, Kontakte zu Künstlern und/oder Dissidenten zu knüpfen?

Rakusa: Da spielten Zufälle mit. Jemand hatte mir die Adresse eines Theaterwissenschaftlers gegeben, dieser machte mich mit einer Kollegin bekannt, die ihrerseits Kontakte zu Künstlern und Literaten hatte. Plötzlich befand ich mich in einem grossen Freundeskreis.
Besonders interessant war der Kreis um Efim Ėtkind. Er bestand aus Literaturwissenschaftlern ebenso wie aus Literaten, und zwar mehrheitlich dissidenten Schrift-

stellern. Auch Ėtkind lernte ich über eine Drittperson kennen. Unsere Freundschaft dauerte bis zu seinem Tod.

Sasse: In Ihrem Buch *Mehr Meer* schildern Sie eine Begegnung mit Iosif Brodskij im März 1972 in Leningrad, kurz vor dessen Ausbürgerung am 5. Juni im selben Jahr. Brodskij wurde damals von den sowjetischen Behörden in ein Flugzeug nach Wien gesetzt, nachdem man ihm alle Manuskripte abgenommen hatte. Haben Sie mit ihm auch über seine politische Situation gesprochen? Oder war das nicht möglich beziehungsweise nicht angebracht?

Rakusa: Nein, wir unterhielten uns nicht über Politik und seine Situation. Ich sass in seinem Zimmer, das ich durch einen Schrank hindurch betreten hatte, und sprach mit ihm über Baratynskij, Achmatova, John Donne, W. H. Auden – seine Lieblingsdichter. Allerdings erregte die kleine amerikanische Flagge, die auf dem Schrank stand, meine Aufmerksamkeit, doch wagte ich nicht zu fragen, was sie zu bedeuten hatte. Später wurde mir dann einiges klar.
Im März 1972 traf ich Brodskij ein zweites Mal – bei Ėtkind. Er las uns das neu entstandene Gedicht *Sretenie* (Darstellung im Tempel) vor und bat mich, eine Kopie in die Schweiz mitzunehmen und einer französischen Freundin zu übergeben. Ich habe meine Botenpflicht erfüllt, mehr noch, ich habe das Gedicht ins Deutsche übersetzt.
Sasse: Haben Sie ihn nach der Ausbürgerung im Westen wieder getroffen?

Rakusa: Ja. Bei einem Literatursymposium in Graz, mehrmals zufällig im winterlichen Venedig, zweimal in Zürich. Bei seinem ersten Besuch schenkte ich ihm meine russische Hermes-Baby, eine praktische kleine Reiseschreibmaschine. Er war überglücklich. Bei seinem letzten Besuch legte er sich im Garten untern Apfelbaum und machte – müde von einem Vortrag, den er am Englischen Seminar gehalten hatte – ein Nickerchen. Ich bat meinen Sohn, ihn zu fotografieren. Wie sich hinterher herausstellte, war kein Film im Apparat. Danach sind wir uns nie mehr begegnet.

Sasse: *Sretenie* war das letzte von Brodskij in Russland geschriebene Gedicht und bezieht sich auf das jüdische Ritual »Darstellung des Herrn«. Brodskij widmet es Anna Achmatova. Hat mit *Sretenie* das Übersetzen bei Ihnen begonnen?

Rakusa: *Sretenie* war gewissermassen die Initialzündung. Ich fand es faszinierend, etwas aus dem Manuskript zu übersetzen. Auch passte das Gedicht perfekt in die Anthologie *Gott in der neuesten sowjetischen Poesie,* die ich mit Felix Philipp Ingold im Arche Verlag herausgab.

Sasse: Sie sprechen sieben Sprachen – Ungarisch, Slowenisch, Serbokroatisch, Deutsch, Französisch, Englisch und Russisch. Damit sind Ihre Übersetzungsmöglichkeiten schier unbegrenzt. Und dennoch haben Sie sich für einige wenige Autorinnen und Autoren entschieden, denen Sie ›treu‹ sind, darunter Marina Cvetaeva, Marguerite Duras und Danilo Kiš. Wie kam es zu diesem Verhältnis von Autorin oder Autor und Übersetzerin beziehungsweise Übersetzerin und Autorin, Autor?

Rakusa: Als ich 1972 die poetische Prosa von Marina Cvetaeva entdeckte, war ich völlig hingerissen. Ihre Lyrik zu übersetzen, hätte ich mich damals nicht getraut, aber die Prosa reizte mich spontan. Und so stürzte ich mich ins Abenteuer und veröffentlichte 1973 im Benziger Verlag eine kleine Auswahl von autobiografischen Erzählungen, Essays und Briefen der Cvetaeva, die im deutschen Sprachraum noch völlig unbekannt war. Heute weiss ich, dass ich mich übernommen hatte, auch ging alles zu schnell. Doch habe ich mich im Lauf der Zeit immer mehr eingearbeitet, habe die vielfältigen Verästelungen von Cvetaevas Werk gründlich studiert und ihre Sprache – mit all ihren Eigenheiten – quasi verinnerlicht. Es war nur konsequent, dass ich immer weiter übersetzt habe. Irgendwann kam ich mir fast wie ein Medium vor.
Cvetaeva habe ich mindestens zehn Jahre meines Lebens gewidmet und bin an kein Ende gekommen – ihre aus dem Nachlass veröffentlichten Notizbücher locken mich sehr –, mit Marguerite Duras aber glaube ich abgeschlossen zu haben. Es war eine Liebesgeschichte der besonderen Art, *Sommer 1980, Der Liebhaber, Das tägliche Leben* und anderes zu übersetzen, daneben einen Materialienband über Duras herauszugeben. Ich bin in dieses literarische Universum tief eingetaucht, fühlte mich aber von den letzten Büchern nicht mehr angesprochen.
Bei Danilo Kiš bedaure ich unendlich, dass es nichts mehr zu übersetzen gibt. Seine literarische Welt war für mich eine der Fremdnähe und übersetzerisch die grösste Herausforderung überhaupt. Kiš' gestochen scharfe Sprache, die so grandios die Labyrinthe des Stalinismus und die Tragödien des jüdischen Mitteleuropa evoziert, hat mit dem poetisch-elliptischen Stil der Cvetavea oder der Duras nichts gemein. Auch nicht mit meiner eigenen literarischen Diktion. Ich musste mir diese andere Sprache zu eigen machen, und das war hartes Exerzitium. Von Buch zu Buch fühlte ich mich sicherer. Vielleicht ist *Sanduhr* das Beste, was mir als Übersetzerin gelungen ist.

Sasse: Von Kiš haben Sie neben *Sanduhr* auch *Ein Grabmal für Boris Davidović* (1983), *Der Heimatlose* (1996) und zuletzt, 2007, gemeinsam mit Peter Urban, vier Stücke übersetzt. Wann haben Sie ihn kennengelernt?

Rakusa: Ich lernte ihn kennen, als ich das *Grabmal* übersetzte. Im Februar 1983 schrieb ich ihm nach Paris, wenig später trafen wir uns dort. Er lud mich in sein

Lieblingsrestaurant, die »Rotonde« in Montparnasse, ein, wo sich seit je die revolutionäre Boheme traf. Wir verstanden uns auf Anhieb, unterhielten uns dreisprachig (ungarisch, serbokroatisch, französisch) über Literatur und Leben, Poesie und Politik. Er war gross, schlank, hatte dichtes, lockiges Haar: ein temperamentvoller Erzengel, der nach einigen Gläsern Wein zu theatralischer Form auflief und mir – und der versammelten Kellnerschar – vorführte, wie Krleža den Frauen die Hände zu küssen pflegte. – Auf die erste Begegnung folgten viele weitere: in Paris, Frankfurt, Ljubljana, zuletzt in Zürich. Im Januar 1989 kam er, bereits schwer krank, zu einer Lesung ins Theater am Hechtplatz und besuchte mich zu Hause. Im Oktober starb er an Lungenkrebs. Kiš gehört zu den Menschen, die ich am meisten vermisse. Es verband uns eine Freundschaft, die – durch den Fokus auf sein Werk – ebenso konzentriert wie innig war. Als Übersetzer wird man ja unfreiwillig zum Vertrauten, und Kiš war sich dessen sehr bewusst. Zugleich war er voll Respekt und Dankbarkeit für meine Arbeit. Unsere Korrespondenz ist inzwischen (in der Zeitschrift *Sarajevske sveske*) veröffentlicht. Und wenn ich an all die Aufsätze denke, die ich über ihn geschrieben habe, an das Übersetzte und Edierte, merke ich, dass Kiš in meiner Lebenstopografie ein eigener Kontinent ist.

Sasse: Die literaturwissenschaftliche Beschäftigung mit Literatur hat sich in den vergangenen 50 Jahren immer wieder stark verändert, mal standen formalistisch/strukturalistische Zugangsweisen im Vordergrund, dann wieder kulturhistorische, dann dekonstruktive. Gibt es literaturwissenschaftliche Texte oder Literaturwissenschaftler beziehungsweise Philosophen, die Ihnen besonders am Herzen liegen? Ihnen vielleicht die Augen geöffnet haben?

Rakusa: Am stärksten geprägt haben mich die russischen Formalisten: Šklovskijs Aufsätze *Kunst als Verfahren* und *Die Erweckung des Wortes*, Ėjchenbaums *Die Illusion des skaz* und *Wie Gogols Mantel gemacht ist*, Tynjanovs *Das literarische Faktum* und so weiter. Ohne dieses Rüstzeug hätte ich mich nie an die Analyse literarischer Texte herangewagt. Viel gelernt habe ich auch von Michail Bachtin (in Sachen Polyphonie und Karnevalisierung) und schliesslich von Jurij Lotman, den ich während meines Studiums in Leningrad zweimal persönlich erleben konnte.

Sasse: Die Formalisten waren damals sehr jung, Šklovskij gerade mal 21, als er 1914 *Die Erweckung des Wortes* schrieb. Was sagen Sie heute Slavistik-Studenten, die ganz am Anfang stehen und manchmal gar nicht wissen, warum sie sich mit Literaturwissenschaft auseinandersetzen sollen?

Rakusa: Wenn sie das gar nicht wissen, sind sie an der Uni wohl fehl am Platz, dann nützt alle Überzeugungsarbeit wenig. Aber das kommt doch eher selten vor. Ich drücke es mal etwas altmodisch aus: Ich versuche die Studenten für literarische Texte zu begeistern, indem ich ihnen das Lesen beibringe. Das will nämlich gelernt sein. Und erst wer zu lesen versteht, kann sich ans Interpretieren machen. Meines Erachtens lesen die Studenten viel zu wenig. Damit meine ich Primärtexte. Was aber sollen Sekundärtexte, wenn keine vorgängige Lektüre stattgefunden hat? Meine Assistenz besteht darin, ihnen das künstlerische Funktionieren von Texten aufzuzeigen. Wir haben es ja mit Literatur, nicht mit Zeitungstexten zu tun. Wer nicht über Inhalte hinauskommt, hat wenig begriffen. Zugegeben, für das Literarische an der Literatur muss man schon etwas Flair haben. Völlig unmusische Geister sollten kein Literaturstudium beginnen.

Sasse: Sie haben wie keine andere einen Überblick über die literarischen Entwicklungen der letzten 40/50 Jahre in Osteuropa. Das ist ein schier endloses Feld von Autoren und literarischen Entdeckungen. Welche literarischen Ereignisse sind Ihnen – neben Kiš – besonders in Erinnerung geblieben?

Rakusa: Sehr wichtig war für mich Gennadij Ajgi. Ich habe sein Werk über 20 Jahre hinweg verfolgt und finde es nach wie vor einzigartig. Ajgi war Tschuwasche, schrieb aber auf Russisch. Seine Lyrik lässt sich nicht einordnen, folgt eigenen Gesetzen, Imaginationen und Intonationen. Der Ajgi-Sound ist schlicht unwiderstehlich, wobei ich noch im Ohr habe, wie Ajgi selbst seine Gedichte las – nicht pathetisch, aber irgendwie schamanisch. Ein betörender Singsang. Ich habe ihn noch wenige Monate vor seinem Tod lesen gehört, anlässlich einer gemeinsamen Veranstaltung in Bremen. Wir waren befreundet, haben Briefe und Bücher getauscht, übersetzt habe ich ihn allerdings nicht, es blieb bei einigen Aufsätzen, die ich ihm gewidmet habe.
Was die russische Szene betrifft, muss ich auch die Moskauer Konzeptualisten erwähnen. Ich habe die Dichter-Künstler-Gruppe in Moskau kennengelernt – unvergesslich die Besuche in den Ateliers von Ilja Kabakov und Andrej Monastyrskij – und ihre Aktivitäten mit Interesse weiterverfolgt. Lev Rubinštejn, Dmitrij Prigov, der frühe Sorokin waren Entdeckungen, später Pavel Pepperštejn, der mit seiner »Medizinischen Hermeneutik« eine neue Spielart des Konzeptualismus schuf. Mit einer gewissen Wehmut denke ich an die Zeit zurück, als sie bei mir zu Hause vorlasen: Rubinštejn, Prigov (der nicht mehr lebt), Pepperštejn (der kein Flugzeug mehr besteigt). Es war Anfang der 1990er Jahre.

Sasse: Und ausserhalb Russlands?

Rakusa: In Ungarn hat sich das grosse Trio Péter Esterházy, Péter Nádas, Imre Kertész als resistent gegen Moden und Trends erwiesen. Ihre Werke füllen inzwischen meine Bücherregale, Nádas' dreibändiges Opus magnum *Parallelgeschichten* (2005) hat musilsche Qualitäten. Daneben gibt es hochbegabte jüngere Autoren wie Attila Bartis *(Die Ruhe)* oder György Dragomán *(Der weisse König)*.
A propos Jugend: Zu den faszinierendsten literarischen Entdeckungen der letzten Jahre gehören für mich die jungen Ukrainer Serhij Žadan und Ljubko Dereš. So viel Rasanz, gepaart mit Feingefühl, ist ziemlich einmalig. Und mit welch abgründigem Humor die postkommunistische Transformationszeit geschildert wird, Chapeau!
Natürlich bewundere ich auch die (geopoetischen) Essays von Jurij Andruchovyč und seinem polnischen Kollegen Andrzej Stasiuk, nicht zuletzt wegen ihrer subjektiven Sicht und ihrer starken Sprache.
In Sachen exjugoslawischer Literatur halte ich mich mit Gewinn an die Bücher von Bora Ćosić, David Albahari, Dževad Karahasan und Dubravka Ugrešić: vier Namen, vier unterschiedliche poetische Universen. Albahari kehrt immer wieder zur Thematik des Holocaust zurück, Karahasan umkreist bosnische Befindlichkeiten (mit Rekurs auf islamische Philosophie), Ćosić schildert die jugoslawische Geschichte seit dem Zweiten Weltkrieg – und darin die eigene Lebensgeschichte – als absurdes Theater, Dubravka Ugrešić arbeitet sich ingeniös am Thema der Emigration ab, nachdem sie sich in furiosen Essays von ihrer kriegsverseuchten Heimat losgesagt hat.
Und fast hätte ich die Slowenen vergessen: den wunderbaren Lyriker und Essayisten Aleš Šteger. Sein Gedichtband *Buch der Dinge* macht aus alltäglichen Gegenständen poetische Epiphanien.

Sasse: Sie haben gerade die boomende ukrainische Literatur erwähnt. Um die russische Gegenwartsliteratur ist es gerade etwas still geworden. Wie schätzen Sie die literarische Lage in Russland ein?

Rakusa: Eine schwierige Frage. Russland ist ein riesiges Land, wie soll man da – aus der Distanz – einen Überblick über das politische oder kulturelle Geschehen gewinnen? Ich fühle mich ziemlich ratlos. Es genügt heute ja nicht mehr, literarische Zeitschriften durchzublättern, man müsste auch im Internet ständig auf der Suche sein, zumal junge Autoren ihre Arbeiten direkt ins Netz stellen.
Wahrscheinlich tut sich einiges, ohne dass wir davon wissen. Der literarische Mainstream allerdings wirkt nicht umwerfend. Seit Jahren bemühe ich mich, etwas Brauchbares für den Suhrkamp Verlag zu entdecken. Ausser kleinen Funden – wie dem Kurzroman *Durst* von Andrej Gelasimov – ist die Ausbeute mehr als dürftig. Die Bücher, die uns über Agenturen erreichen, sind literarisch oft wenig überzeugend, haben eine problematische ideologische Tendenz oder eine so ausschliesslich russische Ausrichtung, dass sie in Westeuropa kaum Leser finden würden.

Besser bestellt ist es um die Lyrik und Essayistik, aber gerade an diesen Genres sind westliche Verlage kaum interessiert.

Sasse: Vor Kurzem hat die Staatsanwaltschaft in Moskau Ermittlungen aufgenommen gegen Viktor Erofeev wegen »Russophobie«, die Anklage dann wieder fallen lassen, im Prozess gegen den Kurator der Ausstellung über »Verbotene Kunst«, Erofeevs Bruder Andrej, hat sich die Staatsanwaltschaft durchgesetzt und beide zu Geldstrafen verurteilt. Mir scheint, was früher die Zensur verhinderte, erledigen nun die aus dem Boden schiessenden Kläger und die Staatsanwaltschaft ...

Rakusa: Ja, die Lage ist diesbezüglich schlimm. Wer im Wohlstand lebt, zeigt sich politisch desinteressiert. Doch ein nicht unwesentlicher Teil der Bevölkerung driftet nach rechts, kultiviert einen rabiaten Nationalismus und Chauvinismus, der mit Fremdenfeindlichkeit und Antisemitismus einhergeht. Russland soll wieder erstarken, soll zur angsteinflössenden Militärmacht werden und so weiter. Leider spielt die orthodoxe Kirche zum Teil mit, gefällt sich in ihrer Rolle als Staatskirche, statt demokratische Prinzipien hochzuhalten. Und die Regierung ist zentralistisch, kontrolliert die Medien. Eine durchgreifende Demokratisierung des Landes hat nicht nur nicht stattgefunden, sondern wirkt nachgerade illusorisch.

Sasse: Haben Sie den Eindruck, dass die Autoren aus Osteuropa inzwischen im europäischen Literaturbetrieb angekommen sind? Oder werden sie – in öffentlichen Veranstaltungen und Förderprogrammen – immer noch auf territoriale Fragen oder Themen eingeschränkt?
Rakusa: Unterschiedlich. Autoren wie Imre Kertész, Péter Nádas oder Péter Esterházy gelten längst als europäische Schriftsteller, um nicht zu sagen als Schriftsteller von Weltrang. In anderen Fällen aber folgt die Rezeption einem landeskundlich-politischen Interesse. Der Boom der ukrainischen Literatur in Deutschland ist ein typisches Beispiel: Jurij Andruchovyč oder Serhij Žadan werden nicht in erster Linie wegen ihrer literarischen Qualitäten gelesen, sondern weil man aus ihren Werken Näheres über die Ukraine erfahren möchte. Nur folgerichtig ist dann, dass Andruchovyč vor dem Europa-Parlament in Strassburg über die Orangene Revolution reden muss. Vom osteuropäischen Schriftsteller erwartet man nach wie vor, dass er die Rolle des *homo politicus* übernimmt.
Ich finde diese Erwartungshaltung ziemlich fatal, ebenso die stereotype Festlegung osteuropäischer Literatur auf territoriale Fragen. Leider hat sie Tradition. Doch sollte es im Zeitalter der Globalisierung, des Internets und so weiter gelingen, diese Sichtweise zu sprengen und die osteuropäischen Schriftsteller aus der Exotenecke zu befreien, um sie als Künstler zu würdigen.

Sasse: Ja, da findet eine absurde Verwechslung statt. Weil sich osteuropäische Autoren seit den 90er Jahren für den Zusammenhang von Geografie und Poetik interessieren (Stichwort Geopoetik), werden sie immer mehr als Heimatberichterstatter wahrgenommen. Der an den Universitäten leider zu beobachtende Trend in Richtung *area studies* tut dazu sein Übriges.
Geografie spielt auch in Ihrem Buch *Mehr Meer* eine wichtige Rolle, das Meer, Akazienalleen, tuchgrosse Plätze, Tiefland, Wind. Sie schreiben, dass Ihre innere Kompassnadel immer nach Osten zeige. Welche Rolle spielen diese geografischen Bilder beim Schreiben?

Rakusa: Sie sind Konstanten der Erinnerung und zugleich Sehnsuchtsmetaphern. Ihre Evokation ist für den Text zentral: in diesen Bildern wird Biografisches verortet und sinnfällig gemacht. Es geht nicht zuletzt um Atmosphäre. Wo nötig – wie im Fall von Triest – habe ich die Geografie durch die Historie ergänzt, um dem Ort mehr Tiefenschärfe zu geben.

Sasse: Mit etwas Atmosphärischem, dem Wind, endet auch Ihr Buch *Mehr Meer*. Der Unberechenbarkeit des Meeres und des Windes setzen Sie als letzten Satz »Staune und vertraue« entgegen. Ist das auch Ihr Lebensmotto?

Rakusa: So könnte man sagen. Ich habe in meiner Kindheit viele Umzüge und Wechsel erlebt, bin durch viele Fährnisse gegangen. Aber nichts konnte mich in meinem Grundvertrauen und in meiner staunenden Haltung erschüttern. Das ist ein grosses Glück. Zum einen verdanke ich es meinen Eltern, zum andern meinem neugierigen Naturell. Und wenn ich mir – im Leben und in der Kunst – etwas erhalten möchte, dann genau dies: Offenheit, Kindlichkeit, mit anderen Worten das Staunen und das Vertrauen.

»Themen werden umso interessanter, je mehr man über sie weiss«

STUDIERENDE UND ABSOLVENTEN ÜBER DAS STUDIUM DER SLAVISTIK

Wie kam es zu Deinem Slavistikstudium in Zürich?

Oliver Nievergelt (32), Russische Literaturwissenschaft (Nebenfach)
Da ich mein zuerst gewähltes 2. Nebenfach (Latein) nach drei Semestern für mein Hauptfach (Philosophie) und Nebenfach (Geschichte) für nicht mehr so wichtig hielt, entschied ich mich, eine neue Sprache als 2. Nebenfach zu wählen. Die Wahl fiel dabei aus zwei Gründen auf Russische Literaturwissenschaft. Erstens wollte ich keine Sprache aus einer mir bereits bekannten Sprachfamilie lernen. Und zweitens sollte die Fortsetzung einer Wanderreise von Zürich nach Odessa gehen, also in ein russischsprachiges Gebiet.

Mia Barbara Mader Skender (29), Slavistik (1. und 2. Nebenfach), Abschluss 2008, akademische Mitarbeiterin an der Universität Konstanz
Zunächst habe ich nur den Sprachkurs Kroatisch Oberstufe besucht, um meine Muttersprache zu pflegen. Die Lektorin hat es mir nahegelegt, das Studium der Slavistik im Nebenfach aufzunehmen, und da mich dieser Gedanke immer mehr angesprochen hat, begann ich im folgenden Semester Russisch zu lernen.

Laura Greminger (26), Slavistik (Hauptfach), 13. Semester
Ich bin zweisprachig aufgewachsen: Deutsch und Tschechisch. Nach dem Abschluss des Gymnasiums war ich ein Jahr in Prag, um meine Tschechischkenntnisse zu verbessern. Entgegen meinen Erwartungen bekam ich immer mehr Freude daran, die Sprache bis ins kleinste Detail zu verstehen und zu erlernen. Deshalb zog ich ein Sprachstudium in Betracht. Zuerst schwankte ich zwischen Romanistik und Slavistik, entschied mich dann aber für die Slavistik, weil ich lieber an einem kleineren, persönlicheren Institut studieren wollte.

Victor Pazinski (29), Slavistik (Hauptfach), Abschluss 2010, Leiter Personalwesen
Eigentlich war es eher Zufall. Ursprünglich wollte ich Slavistik nur für ein Jahr belegen, um Russisch zu lernen und danach etwas anderes studieren. Als ich dann das Studium aufgenommen hatte, kam ein Wechsel nicht mehr infrage.

Kalina Suter-Voutova (30), Slavistik (Hauptfach), Abschluss 2006, wissenschaftliche Mitarbeiterin an der Universität Basel
Ich habe Slavistik studiert, weil ich mich zur Sprachwissenschaft hingezogen fühlte und ich auf dem Gebiet der slavischen Sprachen über die sicherste und breiteste Kompetenz verfügte. Ich wollte mehr über die Geschichte, Kultur, Literatur und natürlich die Sprachen der Slaven lernen und meine Muttersprache (Bulgarisch) im Kontext der anderen slavischen Sprachen ausleuchten.

Gianna Frölicher (25), Slavistik (Hauptfach), 10. Semester, Arbeit im Sekretariat des Slavischen Seminars Zürich
Eigentlich war es eher ein Zufall. Sprachen und Literatur haben mich schon immer fasziniert, ich dachte aber eher an ein Studium der Romanistik oder Anglistik. Da ich jedoch nach der Matur nicht sofort studieren wollte, legte ich ein Zwischenjahr ein und entschied mich, ein halbes Jahr im Ausland zu verbringen. Irgendwie hat es mich nach Minsk in Weissrussland verschlagen, denn seit einem Austauschprojekt noch während des Gymnasiums mit einer Schule in der russischen Provinzstadt Rybinsk fühlte ich, dass es mich auch in den Osten zieht. Nach der Rückkehr suchte ich aus Sehnsucht nach dem Osten mitten im Semester das Slavische Seminar in Zürich auf ... und blieb!

Fabienne Frei (32), Russistik (Nebenfach), Abschluss 2005, Radiojournalistin
Es war ein Herz-Entscheid. Der Klang des Russischen und die Geschichte und Kultur des Landes haben mich schon lange interessiert. Und Zürich war halt am nächsten.

Christoph Bürge (25), Slavistik (Hauptfach), 10. Semester
Das Slavistikstudium erweckte bei mir schon relativ früh Interesse, da es Raum für Neues bietet, was meiner Ansicht nach nicht jeder Studienrichtung in solchem Mass eigen ist. Bei der Studienwahl standen auch andere Sprachstudien in der engeren Auswahl, wobei jedoch nur die Slavistik die Möglichkeit bot, einen Sprachraum zu erforschen, welcher dem Grossteil der Menschen bei uns völlig fremd ist. Im Gegensatz zu vielen Studienkollegen am Slavischen Seminar in Zürich betrat ich mit der Slavistik ein Gebiet, das für mich absolutes Neuland war.

Christine Honegger (34), Slavistik (Hauptfach), Abschluss 2002, Diplomatin und gegenwärtig zuständig für die bilateralen politischen Beziehungen der Schweiz mit Osteuropa und Zentralasien
Schon früh interessierte ich mich für Politik und politische Prozesse und daher kam das Interesse für den slavischen Raum ganz automatisch. Schliesslich passierten dort in den späten 1980er und den frühen 1990er Jahren die grossen Veränderungen. In diesem Zusammenhang machte ich im Gymnasium 1993 ein Austauschjahr in Russland, aus welchem dann später der Entscheid wuchs, Slavistik zu studieren.

Benjamin Goldschmidt, Slavistik (MA)
Ich hatte vorher einen Bachelor in Politologie und Internationalen Beziehungen in Brünn (Tschechische Republik) gemacht. Danach hatte ich genug von den Sozialwissenschaften und wollte in die Geisteswissenschaften wechseln.

Gregor Bühlmann (29), Slavistik (Hauptfach), Abschluss 2008, Erbenermittler
An meine eigentliche Motivation, Slavistik zu studieren, kann ich mich nicht mehr klar erinnern. Ich weiss aber, dass der Entschluss noch während des Gymnasiums gefallen war. Klar war auch schon früh, dass ich in irgendeiner Form Literaturwissenschaft studieren wollte. Dass es dann Slavistik wurde, ist so gesehen wohl eher dem Zufall zuzuschreiben.

Spielte bei Deiner Studienwahl der eigene Mitgrationshintergrund oder derjenige Deiner Angehörigen eine Rolle? Wenn ja, inwiefern?

Victor Pazinski
Zwar habe ich einen Migrationshintergrund, doch spielte dieser eine untergeordnete Rolle. Es war mehr das Interesse an den Sprachen und Kulturen der Slavia, das mich zum Studium der Slavistik ansportnte. Da ich jedoch durch meine Herkunft hierzu bereits einen Zugang hatte beziehungsweise gewisse Grundkenntnisse vorhanden waren, konnte ich mir ein Bild davon machen, worauf ich mich einliess.

Tamara Pejnović (29), Slavistik (Hauptfach), 14. Semester, administrative Assistentin am Departement Architektur der ETH Zürich
Ja, ich bin inzwischen Schweizerin mit serbischem Migrationshintergrund und meine Wurzeln waren für meine Studienwahl entscheidend. Ich wollte mehr über Osteuropa erfahren, weil ich fand, dass der Osten in meiner Grundausbildung zu wenig behandelt wurde. Ausserdem wollte ich meine Sprachkenntnisse verbessern.

Kalina Suter-Voutova

Mein Migrationshintergrund hat selbstverständlich eine Rolle gespielt, als Bulgarin weiss man schon vor dem Studium viel, beherrscht die kyrillische Schrift und kann auf einer gegebenen Basis aufbauen. Die Tatsache, dass ich Slavin bin, war und ist massgebend für das tiefere Interesse an der Materie, die an der Slavistik in Zürich gelehrt wird.

Jelena Milošević (26), Osteuropastudien, Abschluss BA 2010, anschliessend MA, Trainee Rechtsberaterin bei der Rechtsberatungsstelle für Asylsuchende St. Gallen (HEKS)

Dass meine Eltern gebürtige Serben und eingebürgerte Schweizer sind, hat bestimmt eine gewisse Rolle bei der Wahl meines Studiums gespielt. Ich hatte vorher Spanisch im Hauptfach studiert. Irgendwann merkte ich, dass mich dieses Studium nicht erfüllt, dass ich mich dort nicht geborgen fühle und immer als Fremde wahrgenommen werde. Ausserdem spielte die geringe Aussicht auf eine Arbeit nach dem Studium – sofern man später nicht Lehrerin oder Lehrer sein möchte – eine grosse Rolle. Ich habe den Eindruck, mit meiner aktuellen Fächerkombination ein viel breiteres Spektrum an Arbeitsangeboten zu haben, weil Osteuropa und die Osteuropäer, da sie so zahlreich in die Schweiz einwanderten und einwandern, hier aufgrund ihrer zahlreichen Einwanderung in der Schweiz stets ein Thema sein werden.

Gianna Frölicher

Nein, nicht direkt, aber ich komme aus einer sehr durchmischten Familie, was die Herkunft anbelangt. Alle meine Grosseltern waren in irgendeiner Weise Migranten. Manchmal denke ich, dass dies unter anderem ein Grund dafür ist, warum es mich immer wieder wegzieht und die Fremde sich manchmal vertraut anfühlt.

Fabienne Frei

Das hat keine Rolle gespielt. Einen Migrationshintergrund habe ich nicht und auch in meinem Umfeld hat mich niemand zu diesem Fach ermuntert. Im Gegenteil – die Reaktionen waren meist skeptisch.

Claudio Habicht (31), Slavistik (Hauptfach), Abschluss 2004, freier Journalist

Die Vorfahren meiner Grossmutter, bei der ich als Kind viel Zeit verbrachte, stammten aus der Ukraine und Litauen und wohnten vor dem Zweiten Weltkrieg in Warschau, wo sie einen Holzhandel betrieben. Russisch war die erste Sprache meiner Grossmutter. Sie hat immer wieder von ihren Verwandten erzählt, Bilder gezeigt – für mich war das eine mystische Welt, die ich kennen lernen wollte. Darum habe ich schon am Gymnasium Russisch als Freifach gewählt und danach das Slavistikstudium aufgenommen.

Slavistenfest 2009 in den Räumlichkeiten des Slavischen Seminars

Was waren oder sind Deine Interessenschwerpunkte im Studium und warum?

Victor Pazinski
In erster Linie Linguistik und polnische Renaissancelyrik. Wieso? Eine Faszination, die ich bis heute nicht erklären kann.

Tamara Pejnović
Ich habe schon immer gerne gelesen und über das Gelesene diskutiert, deshalb habe ich mich in der Slavistik auf die Literaturwissenschaft konzentriert. In den Nebenfächern wanderte ich von der Philosophie zur Spanischen Literaturwissenschaft und blieb dann schliesslich bei der Soziologie im ersten und der Publizistikwissenschaft im zweiten Nebenfach stehen. Die Soziologie lässt sich meiner Meinung nach mit fast allen Fächern gut kombinieren und die Publizistik fand ich auch wieder wegen dem Bereich der gedruckten Medien interessant.

Oliver Nievergelt
Aufgrund meines Hauptfaches ist die russische Philosophie der Interessenschwerpunkt in meinem Slavistikstudium. Die Beschäftigung damit fasziniert mich insbesondere deshalb, weil es sich um eine philosophische Kultur handelt, die nicht mit dem Ballast – oder der Hilfestellung – jahrtausendealter philosophischer Terminologie arbeitet. Es ist also einerseits die Faszination einer in philosophischer Hinsicht jungfräulichen Sprache und andererseits der Gewinn einer Seitenperspektive auf die europäische philosophische Tradition.

Mia Barbara Mader Skender
Meine Interessenschwerpunkte im Studium waren das Erlernen von Sprachen und mein wachsendes Interesse für Linguistik, was zur Folge hatte, dass ich meine Lizentiatsarbeit in der Slavischen Sprachwissenschaft geschrieben habe.

Kalina Suter-Voutova
Mein Interessenschwerpunkt war ganz klar die Sprachwissenschaft – das Funktionieren der Sprache hat mich schon immer fasziniert – als Ausdrucksmittel für so viele verschiedene Individuen, die sich für die verschiedensten Themen und mit den verschiedensten Hintergründen eines Codes bedienen, um sich zu verstehen. Die Literaturwissenschaft war mir im Vergleich zu vieldeutig, zu ambivalent und bot mir zu viele Interpretationsmöglichkeiten.

Jelena Milošević
Aufgrund meines Interesses an Gesellschaftsfragen und am aktuellen weltpolitischen Geschehen fühle ich mich zur Geschichte etwas mehr hingezogen, weil sie meiner Meinung nach die Substanz liefert, aktuelle Ereignisse mithilfe des Wissens von Vergangenheit besser zu verstehen. In der Slavistik interessiert mich mehr die Sprachwissenschaft, weil sie für mich greifbarer ist als die Literaturwissenschaft. Die Sprachwissenschaft ist für mich wie Mathematik: logisch und nachvollziehbar, man kann Daten erheben, diese auswerten, Tendenzen formulieren. Die Sprachwissenschaft finde ich als Fach sehr spannend, weil man die eigene Sprache erforschen und ihre Entwicklung erfassen kann.
Die Literaturwissenschaft ist ein Teil meines Studiums, das meiner Meinung nach eher meiner intellektuellen Entwicklung geholfen hat, aber nicht wirklich mit meinen Interessen korrespondiert. Sie ist jedenfalls eine gute Ergänzung und Abwechslung zu den anderen beiden Teilfächern, die mich hauptsächlich interessieren.

Gianna Frölicher
Zu Beginn des Studiums fand ich die Sprachwissenschaft interessant, weil sie konkreter und fassbarer war. Mit der Literaturwissenschaft fühlte ich mich schnell

Polnischunterricht bei Małgorzata Gerber 2011

Übung zu Diglossie bei Markus Giger 2011

überfordert. Bald hat sich dies jedoch geändert, weil sich in der Literatur riesige Räume eröffnen. Literatur kann alles in sich aufnehmen: Philosophie, Kunst, Musik, alle möglichen Perspektiven und auch die eigene Perspektive als lesende Person.

Fabienne Frei
Mir war es vor allem wichtig, einen breiten Überblick zu erhalten. Für mich war relativ schnell klar, dass ich nach dem Abschluss des Studiums nicht wissenschaftlich arbeiten möchte. Wissenschaft ist mir zu wenig praktisch und zu weltfern.

Claudio Habicht
Die Literatur hat mich schon immer fasziniert, weil man die Gesellschaft eines Landes, die Politik und so weiter meiner Meinung nach sehr gut durch das Prisma der Literatur erfassen kann. Ebenfalls interessierten mich linguistische Themen wie die Sprachgeschichte – wenn man weiss, wie eine Sprache entstanden ist, sich entwickelt hat, beherrscht man sie besser.

Christoph Bürge
Bei mir stand im Studium immer der Wunsch im Vordergrund, die russische und die serbokroatische Sprache möglichst gut zu erlernen. Der systematische Sprachunterricht bietet hierfür genügend Möglichkeiten, genauso wie die Beschäftigung mit der Kultur, Literatur und Geschichte der jeweiligen Länder.

Christine Honegger
Das Funktionieren der Sprache im Zusammenhang mit Kultur, Geschichte und Politik.

Benjamin Goldschmidt
Russische und tschechische Literatur und osteuropäische Geschichte. Das war eine Folge meines vierjährigen Studienaufenthalts in Tschechien sowie meines Bestrebens, weg von den empirischen Sozialwissenschaften zu einem eher hermeneutischen Ansatz zu kommen.

Gregor Bühlmann
Während des Studiums wurde mir Folgendes klar: Themen werden umso interessanter, je mehr man über sie weiss. Aus diesem Grund konnte ich mich für fast jedes Thema begeistern – vielleicht mit Ausnahme des Altkirchenslavischen. Erst spät habe ich dann einen Schwerpunkt auf Themen gesetzt, die rein räumlich zur Rzeczpospolita vor 1772 gehörten. Russische Literatur war in meinen Augen schon etwas abgegriffen und ich habe etwas Belarussisch gelernt, woraus sich mein Fokus auf polnisch-belarussische Themen ergab.

Glaubst Du, dass Deine intellektuelle Entwicklung in besonderem Mass durch das Slavistikstudium beeinflusst wurde beziehungsweise wird?

Tamara Pejnović
Ich weiss nicht, ob meine intellektuelle Entwicklung in besonderem Mass beeinflusst wurde. Da ich als Lizentiatsstudentin auch Fächer aus reinem Interesse besucht habe, habe ich mich in vielen Bereichen weitergebildet, die mich persönlich und auch intellektuell bereichert haben.

Oliver Nievergelt
Selbstverständlich beeinflusst mein Slavistikstudium meine intellektuelle Entwicklung, wenn vielleicht auch nicht in besonderem Masse. Durch die Beschäftigung mit der russischen Literatur und Philosophie habe ich gründlich verstanden, dass die intellektuelle Tätigkeit aus mehr Quellen gespiesen wird, als ich vormals dachte – auch Kategorien wie Schönheit oder Hingabe können wissenschaftliches Denken entscheidend beeinflussen.

Laura Greminger
Als ich nach dem Erwerb von Tschechisch und Russisch anfing, Bosnisch/Kroatisch/Serbisch zu lernen, befürchtete ich, ein Sprachdurcheinander zu bekommen. Je mehr ich mich jedoch mit einer slavischen Sprache beschäftigte, desto besser fand ich mich in den anderen slavischen Sprachen zurecht.

Jelena Milošević
Ausschlaggebend ist meiner Meinung nach der persönliche Wille, sich auf die Themen einzulassen und sich von ihnen prägen zu lassen. Das Studium an sich hat zu meiner intellektuellen Entwicklung sehr viel beigetragen, wahrscheinlich, weil ich das studiert habe, was mich wirklich interessiert und womit ich mich gänzlich identifizieren kann.

Gianna Frölicher
Vielleicht ist es noch zu früh, darüber zu sprechen. Ich glaube aber schon, dass mich das Slavistikstudium sehr prägt in meiner Denkweise, in meiner Perspektive auf die Welt und in meinem Fokus. Manchmal (ver)zweifle ich an Osteuropa, wenn es fremd ist. Aber trotzdem kann ich den Osten schwer vergessen, nachdem er mich angesteckt hat.

Fabienne Frei
Es war für mich eine gute Möglichkeit, mich mit einem neuen Thema vertieft und lange zu beschäftigen. Und das nicht nur über Bücher, sondern auch im Land selber. Insofern eine gute Horizonterweiterung und intellektuelle Herausforderung.

Claudio Habicht
Ein Studium beeinflusst die intellektuelle Entwicklung eines jeden, da ist die Slavistik keine Ausnahme. Es ist aber sicher so, dass ein Studium, das sich mit fremden Kulturen befasst, den Horizont mehr öffnet als andere Studiengänge und so zur persönlichen Entwicklung beiträgt.

Christoph Bürge
Ich denke, dass ein Studium jedem bei der persönlichen Entwicklung hilft. Meiner Ansicht nach hat mir das Slavistikstudium besonders dabei geholfen, gegebene Grenzen (soziale, kulturelle und auch geografische) zu hinterfragen und die Konstruiertheit hinter solchen Konstruktionen zu erkennen. Neben den erlernten Sprachen erscheint mir besonders die erworbene Fähigkeit wichtig, sich mit unterschiedlichen Frage- und Problemstellungen auseinandersetzen zu können.

Benjamin Goldschmidt
Ja. Ich habe erfahren, dass die intellektuelle Auseinandersetzung mit Osteuropa eine unerlässliche Ergänzung zur Erfahrung vor Ort ist und diese um viele vorher nur erahnte Facetten erweitert.

Wie schätzt Du die aktuellen Entwicklungen in Ost-, Mittel- und Südosteuropa ein? Welche Bedeutung misst Du dabei der Slavistik als Wissenschaft bei?

Victor Pazinski
Die Verlagerung mehrerer wirtschaftlicher Bereiche aus West- nach Osteuropa macht das Slavistikstudium durchaus attraktiv. Es scheint, als ob es heutzutage für Firmen aus Europa zwei Optionen gibt, um Produktionen oder Dienstleistungen billig sicherzustellen: Schwellenländer und – für Firmen, die in die EU investieren wollen – Osteuropa. Kenntnisse über diese Länder werden dabei immer wichtiger. Es lässt sich auch auf Seiten der Human Resources feststellen, dass diese Softskills immer wichtiger und gefragter werden.

Tamara Pejnović
Ich denke, dass sich der Grossteil der Länder mehr und mehr wirtschaftlich und politisch stabilisiert und dass Mittel-, Ost- sowie Südeuropa inzwischen auch von

Westeuropa anders wahrgenommen wird als noch vor 10–20 Jahren. Generell hat sich die Wahrnehmung meiner Meinung nach verbessert. Die Slavistik als Wissenschaft ist in diesem Zusammenhang insofern wichtig, als sie Studenten zu zukünftigen slavistischen Fachkräften ausbildet, welche für die internationale Kommunikation unentbehrlich sind.

Oliver Nievergelt
Ich habe keine originelle oder konkrete Meinung zu dieser Frage. Eine allgemeine Antwort geht in die Richtung, dass wissenschaftlicher Austausch und fundierte Erschliessung des kulturellen Erbes in einem aufklärerischen Sinn immer zu einer differenzierteren politischen Entwicklung beitragen kann.

Mia Barbara Mader Skender
Da sich die Gebiete in Ost-, Mittel- und Südosteuropa immer mehr an die EU annähern, erachte ich die Slavistik als Wissenschaft als sehr bedeutend. Es braucht momentan und wird in der Zukunft noch Experten für diese Gebiete brauchen, die nicht nur eine der Sprachen beherrschen, sondern auch die kulturellen und historischen Hintergründe der jeweiligen Länder kennen.

Laura Greminger
Ich schätze die friedliche Entwicklung in Südosteuropa als eher schwierig ein. Die Entwicklung in Mittel- und Osteuropa sehe ich weniger gefährdet, als sie in den Medien dargestellt wird. Die Slavistik als Wissenschaft kann die osteuropäischen Länder in ihrem Selbstbewusstsein stärken und das Interesse im Westen wecken, sich für diese Länder einzusetzen.

Kalina Suter-Voutova
Die aktuellen Entwicklungen in Osteuropa waren meiner Meinung nach absehbar. Jedes Land durchlebt die Wende etwas anders, doch schlussendlich müssen sie alle die gleichen Veränderungen auf vielen verschiedenen Ebenen durchlaufen. Meiner Meinung nach hat die Slavistik unter anderem die Aufgabe, durch das Forschen und Präsentieren der Forschungsresultate eine Art Präsenz zu markieren, zu zeigen, dass der teilweise schlechte Ruf der Länder und Menschen in Osteuropa vielfach vollkommen unbegründet ist. Die Slavisten sind diejenigen, die nicht nur aus persönlichen, sondern auch aus wissenschaftlichen Gründen hinter Osteuropa stehen und wenigstens ein bisschen dazu beitragen, dass die Welt mit etwas mehr Wissen in den Osten Europas sieht.

Jelena Milošević

Es ist sehr schwierig, pauschal eine Tendenz für ein so grosses geografisches Gebiet zu formulieren. Südosteuropa wird in den nächsten Jahren hoffentlich verbleibende und aus dem Krieg geerbte Probleme, wie zum Beispiel die Kosovofrage oder die Frage nach dem Namen Makedoniens, mithilfe internationaler Organisationen und der EU lösen können. Ich bin zuversichtlich, dass sich Südosteuropa positiv entwickelt, gerade im Hinblick auf bereits eingetretene beziehungsweise anstehende EU-Beitritte.

Gianna Frölicher

Es ist schwer zu sagen, wie sich die Länder in Ost-, Mittel- und Südosteuropa entwickeln werden. Ich kann nur aus persönlicher Erfahrung sagen, dass die Länder, die ich bereist habe, sich mit einer unheimlichen Geschwindigkeit verändern. Beispielsweise konnte ich Minsk, als ich nach fünf Jahren Abwesenheit wieder in die Stadt kam, fast nicht wiedererkennen. Vor allem fiel mir eine neue Generation auf, die nach dem Ende der Sowjetunion aufgewachsen ist. Die Jugendlichen haben einen anderen Blick auf die Welt, scheint es mir, und viel Motivation, diese Welt zu entdecken. Der Graben zu einer älteren Generation, die noch in der Sowjetunion aufgewachsen ist, scheint mir riesig. Gerade mit der wachsenden Aufmerksamkeit in den Medien ist es meiner Meinung nach wichtig, dass es eine profunde wissenschaftliche Auseinandersetzung mit dem Osten gibt. Der wissenschaftliche Austausch bietet auch immer Gelegenheit für persönliche Kontakte, die trotz medial globalisierter Welt nicht selbstverständlich sind.

Fabienne Frei

Ich nehme die Entwicklung in Russland wahr als ein Pendeln zwischen kleinen Fortschritten und grossen Rückschritten, wobei ich meine Informationen vor allem aus den Medien habe und Verzerrungen also wahrscheinlich sind. Die Slavistik als Wissenschaft begegnet mir dabei kaum, was aber sicher auch daran liegt, dass ich vor allem die russische Politik verfolge.

Claudio Habicht

Russland bleibt unzugänglich und vom Westen abgeschnitten (Visa, bürokratische Hürden), wobei es den Leuten (in den Städten) besser geht als noch vor einigen Jahren. Allerdings sind sich Westeuropäer und Russen nach wie vor fremd. Polen, das ich besser kenne als Russland, entwickelt sich rasant, wobei viele Polen sich überrumpelt fühlen. Allgemein sind die Leute meines Erachtens aber zufriedener seit dem EU-Beitritt.
Die Slavistik ist wichtig, weil sie zwischen Ost und West vermittelnd wirken kann. Gerade in ländlichen Gegenden geht es nicht ohne die jeweiligen Landessprachen und kulturelle Kenntnisse.

Christoph Bürge
Die Entwicklungen im osteuropäischen Raum divergieren, meiner Meinung nach, in den letzten Jahren stark. Während vor allem in der Russischen Föderation die Basis für eine gesunde wirtschaftliche Entwicklung gelegt wird, macht sich im Grossraum Balkan Stagnation breit. Ich denke, dass die Slavistik als Wissenschaft hauptsächlich das Ziel verfolgen sollte, mit verbreiteten Vorurteilen aufzuräumen. Zudem hat sie als wissenschaftlicher Repräsentant eines vielschichtigen kulturellen und sprachlichen Raums eine wichtige Aufgabe.

Benjamin Goldschmidt
Aus mitteleuropäischer Sicht wird Osteuropa, wie einst der Orient, entmystifiziert. Das macht das Fach einerseits weniger ›sexy‹, andererseits kann es eine langfristige, stabile und vielschichtigere Auseinandersetzung mit diesem Raum ermöglichen. Dennoch ist der Eiserne Vorhang, auch 20 Jahre nach der Wende, noch überall spürbar und hat direkte Auswirkungen auf das Leben der Menschen vor allem östlich davon. Europa hat die Vorstellung vom ›schmuddeligen‹ Osteuropa noch lange nicht abgelegt. Es wird noch etwas dauern, bis der Begriff Osteuropa obsolet wird beziehungsweise die Menschen in Mittel- und Westeuropa anfangen, zwischen den einzelnen Regionen zu differenzieren und sie nicht mehr im Gegensatz zum Eigenen zu sehen.

Gregor Bühlmann
Osteuropa macht kritisch. Meiner Meinung nach reicht die intellektuelle Entwicklung in der Slavistik nicht nur in die Tiefe, sondern sie geht auch in die Breite. Meine Haltung gegenüber Osteuropa hat sich insofern geändert, als ich mein Studium als Russist begonnen und als Polonist-Albaruthenist beendet habe. In diesem Sinn: Osteuropa habe ich erst während des Studiums kennengelernt.

Hast Du nach Deinem Universitätsabschluss eine Arbeit aufgenommen, die unmittelbar oder mittelbar auf Deiner Studienkombination bezogen ist? War es für Deinen Arbeitgeber ausschlaggebend, dass Du Slavistin oder Slavist bist? Sollte die Slavistik in Deinem heutigen Beruf keine ausschlaggebende Rolle spielen, pflegst du dennoch Kontakte mit den slavischen Kulturen?

Victor Pazinski
Während des Studiums habe ich im Human Resources Managment angefangen. Für meinen ersten Job waren meine Sprach- und Kulturkenntnisse durchaus relevant, da ich in einer Abteilung beschäftigt war, die unter anderem Osteuropa betreut hat. In meiner heutigen Tätigkeit spielt mein Studium keine grosse Rolle mehr. Ich pflege dennoch Kontakte mit den Kulturen.

Mia Barbara Mader Skender

Meine momentane berufliche Tätigkeit als Projektmitarbeiterin im Fachbereich Sprachwissenschaft/Slavistik an der Universität Konstanz hat einen engen Bezug zu meinem Studium. Daneben arbeite ich an meinem Dissertationsprojekt aus dem Bereich der Slavischen Sprachwissenschaft und bin weiterhin als Doktorandin an der Universität Zürich immatrikuliert. Ich hoffe, dass ich auch in Zukunft an einer ähnlichen Stelle werde arbeiten können.

Kalina Suter-Voutova

Ich bin nach dem Studium im Bereich der Slavistik geblieben, und zwar als wissenschaftliche Mitarbeiterin für ein Nationalfondsprojekt, das über das Slavische Seminar der Universität Basel läuft. Für meinen Arbeitgeber war es ganz sicher ausschlaggebend, dass ich Slavistik studiert habe. Die Kultur Osteuropas ist Teil meiner Kultur, insofern ja, selbstverständlich.

Jelena Milošević

Ich arbeite als Trainee in der Rechtsberatungsstelle für Asylsuchende in St. Gallen. Dort beraten wir die Asylsuchenden in rechtlichen Fragen, erklären ihnen Entscheide des Bundesamts für Migration und des Bundesverwaltungsgerichts, schreiben Beschwerden und andere Rechtsschriften. Obwohl diese Stelle eine Rechtsberatungsstelle ist und ich nicht Jura studiert habe, habe ich aufgrund meiner Fächerkombination die Möglichkeit erhalten, dort ein Sommerpraktikum zu absolvieren. Im Moment bin ich zu 40 Prozent als Trainee angestellt. Die Arbeit bereitet mir sehr viel Freude, gerade auch, weil häufig Asylsuchende aus dem osteuropäischen Raum kommen, mit denen ich mich in ihrer Muttersprache unterhalten kann. Ich denke für diese Stelle spielte das Slavistikstudium keine besondere Rolle. Eine wesentliche Rolle spielte meine Herangehensweise an die Arbeit, mein Umgang mit den Asylsuchenden und den Kollegen, aber auch analytische und recherchiertechnische Fähigkeiten, die ich mir im Studium angeeignet habe.

Manchmal – oder sogar sehr häufig – spielt es keine wesentliche Rolle, was man studiert hat, sondern wie man auf die Leute zugeht und welche Fähigkeiten man hat (dann vor allem die Fähigkeit, sich mit neuen Themen und Gebieten auseinanderzusetzen, die einem weder im Gymnasium noch im Studium beigebracht wurden).

Ich bin privat mit der Kultur Osteuropas verbunden. In meiner Freizeit lese ich oft Bücher über Migrations- und Integrationsthemen, besuche Theater- oder Filmaufführungen, die mit Osteuropa verbunden sind (zum Beispiel wegen des Regisseurs), bereise Osteuropa.

Fabienne Frei
Ich habe mich bei der Russland-Abteilung einer Bank beworben – habe dann aber abgesagt, weil ich ein Praktikum bei einem Radiosender machen konnte. Slavistik spielt bei meinem jetzigen Job keine Rolle mehr – allerdings konnte ich während meines Praktikums auch mit dem Russland-Korrespondenten des Radios zusammenarbeiten. Es hatte für meinen Arbeitgeber wohl insofern einen indirekten Einfluss, als der Umgang mit der Sprache im Journalismus doch ziemlich wichtig ist. Der Kontakt ist vor allem virtuell. Und sonst mal ein Buch oder ein Film.

Claudio Habicht
Ich habe fünf Jahre als Journalist gearbeitet (wovon die letzten zwei Jahre beim Tages-Anzeiger). Mein Studium hat mir erlaubt, über mittel- und osteuropäische Themen zu schreiben. Zurzeit arbeite ich im Lektorat eines Verlags in Zürich, der auf Schweizer Literatur spezialisiert ist. Ich schreibe aber nach wie vor für verschiedene Zeitungen und Magazine über russische und polnische Literatur.

Christine Honegger
Beruflich setze ich mich mit dem exsowjetischen Raum auseinander. Ich denke schon, dass meine Ausbildung für die Arbeitgeber eine Rolle gespielt hat. Wahrscheinlich war aber weniger wichtig, dass ich ausgerechnet Slavistin bin. Es ging wohl eher um den regionalen Fokus. Fast alle Diplomaten haben beim Eintritt in den diplomatischen Dienst entweder einen regionalen oder einen thematischen Schwerpunkt. Wenn ich osteuropäische Geschichte oder sonst etwas Vergleichbares studiert hätte, dann wäre das also vermutlich nicht weniger nützlich gewesen. Kontakte zum slavischen Kulturraum pflege ich genauso beruflich wie privat.

Gregor Bühlmann
Zunächst das Wichtigere: Ja, ich bin noch in Kontakt mit der osteuropäischen Kultur – täglich. In meiner Arbeit – die erst noch anzutreten ist – spielen slavische Sprachkenntnisse eine Rolle, ausserdem die Fähigkeit zu recherchieren und die Annahme, dass man sich mit etwas beschäftigt, was sehr wohl einen selber, sonst aber keinen interessiert.

Wie stellst Du Dir Deine spätere berufliche Tätigkeit vor? Wäre die Arbeit als Slavistin beziehungsweise Slavist oder eine Arbeit, die mit den slavischen Kulturen in enger Beziehung steht, Dein Traumjob?

Victor Pazinski
Da ich schon – obwohl noch Student – in die Berufswelt integriert bin, ist die Frage nach meinem Traumjob nicht visionär. Ich sehe den Traumjob als die maximale Schnittmenge von sich bietenden Möglichkeiten, eigenen Interessen und eigenen Fähigkeiten. Insofern lässt sich die Frage durchaus mit Ja beantworten. Eine Zusammenarbeit mit Menschen aus slavischen Kulturen auf privatwirtschaftlicher Basis wäre für mich ein Traumjob.

Tamara Pejnović
Ich bin gerade daran, mein Studium abzuschliessen. Im Moment würde ich nach dem Studium einfach gerne Geld verdienen, um mir in zwei bis drei Jahren etwas Eigenes aufbauen zu können. Ich spiele schon mit dem Gedanken, einige Zeit in Belgrad oder eventuell auch in Sankt Petersburg zu verbringen, um mich dort eventuell selbständig zu machen.

Oliver Nievergelt
Ich sehe zwei berufliche Optionen für mich. Für die philosophische oder geschichtswissenschaftliche akademische Karriere wird mir mein Slavistikstudium nicht entscheidend helfen können. Für die zweite Berufsoption, die ich mir vorstellen könnte, eine Managementtätigkeit in einem Unternehmen, das wirtschaftliche Kontakte zu Russland hat, erachte ich mein Slavistikstudium hingegen als karrierefördernd.

Laura Greminger
Da ich meine Berufschancen in der Slavistik nicht so hoch einschätze, habe ich bereits ein Praktikum im Bereich der Kunstgeschichte absolviert und schreibe auch meine Lizentiatsarbeit in der Kunstgeschichte. Aber vielleicht ergibt sich ja doch noch eine Gelegenheit, wo ich die Kenntnis der slavischen Sprachen einsetzen kann.

Jelena Milošević
Meine spätere berufliche Tätigkeit, zum Beispiel in einem kantonalen Amt, beim Bund, in einer NGO et cetera, sollte mit den Themen Integration, Migration, Ausländer möglichst eng verknüpft sein. Das ist für mich die oberste Priorität. Wenn ich jetzt meinen Traumjob skizzieren müsste, dann wäre ich in einem Schweizer Unternehmen oder einer eidgenössischen Organisation im Ausland angestellt und würde vor Ort etwas bewirken.

Gianna Frölicher
Ja, mein Traum wäre es schon, einen Beruf zu finden, der mit der Slavistik zu tun hat. Mit Slavistik meine ich erstens den Bezug bei der Arbeit zu Mittel- und Osteuropa und zweitens eine Arbeit, die im kulturellen Bereich liegt, vielleicht ein kultureller Betrieb, ein Literaturhaus oder eine Organisation mit Kulturaustausch. Vielleicht würde ich auch gerne mal für eine gewisse Zeit im Ausland arbeiten.

Christoph Bürge
Es steht noch nicht fest in welches berufliche Tätigkeitsfeld es mich verschlagen wird. Natürlich wäre es schön, wenn sich das Studium in gewisser Weise auch auf der beruflichen Ebene auszahlen würde und ich einer Arbeit nachgehen könnte, die mit den slavischen Kulturen in einer Beziehung steht.

Benjamin Goldschmidt
Ich möchte unbedingt in meiner Arbeit mit Osteuropa zu tun haben. Eine Arbeit als Slavist wäre vielleicht nicht mein Traumjob, aber ich könnte sie mir sehr gut vorstellen.

Was ist (bis jetzt) Dein prägendstes Erlebnis während Deines Slavistikstudiums?

Victor Pazinski
Es ist nicht möglich, das Studium auf ein Erlebnis zu reduzieren. Deren gab es viele. In zwischenmenschlicher Hinsicht lässt sich das familiäre Klima am Seminar nennen, das wohl in den Festen gut zum Ausdruck kommt. Die optimale Betreuung durch die Professoren und die Assistenz – ermöglicht durch die geringe Anzahl Studenten. Sehr prägend für mich waren die beiden Auslandsaufenthalte in Sankt Petersburg und Krakau. Das waren Erlebnisse, die meinen Horizont in jeder Hinsicht erweitert haben.

Tamara Pejnović
Die Reisen im Zusammenhang mit dem Studium haben mich persönlich am meisten bereichert. Da wäre die Reise nach Moskau, Sankt Petersburg, aber auch die Exkursion zu den Moliseslaven nach Italien zu nennen. Das Gelernte anwenden oder auch sehen zu können ist die schönste Erfahrung, die man während des Studiums machen kann.

Oliver Nievergelt
Am prägendsten war eindeutig mein einjähriger Studienaufenthalt in Sankt Petersburg. Der Kontakt mit einer Sprachkultur ist für ein Literaturstudium in vielerlei Hinsicht unersetzlich. Man liest die Bücher neu, Wörter eröffnen bisher unbekannte Bedeutungsfelder und werden durch eine Fülle von Bildern zur lebendigen Literatursprache.

Laura Greminger
Am stärksten in Erinnerung wird mir sicher die zehntägige Exkursion mit Studenten der Slavistik und der Osteuropäischen Geschichte nach Mazedonien bleiben. Wir bereisten das westliche Mazedonien und unternahmen einen Abstecher nach Albanien.

Jelena Milošević
Das prägendste Erlebnis war die zweiwöchige Exkursion nach Makedonien und Albanien. Es wäre schön, wenn solche Studienreisen etwas häufiger angeboten würden, da sie viele Vorteile bieten: Erstens lernt man die Studierenden etwas besser und auf einer persönlicheren Ebene kennen, zweitens lernt man auch die Dozenten besser kennen und profitiert von ihrem Wissen direkt vor Ort, drittens fokussiert eine solche Studienreise jene Besichtigungspunkte, welche kulturell und geschichtlich von wichtiger Bedeutung sind. So bleibt das Studium nicht nur theoretisch, sondern wird auch praktisch vor Ort veranschaulicht.

Gianna Frölicher
Ich glaube, das waren meine langen Zugfahrten im Osten. Da ich nicht sehr gerne fliege, kam ich meistens im Zug in den Osten. Mir gefällt das Gefühl der Distanz, spannend ist immer wieder der Übertritt über die Grenze. Vor allem dort, wo sich symbolisch für den Übergang vom Westen in den Osten die Gleise ändern und man 3 Stunden lang stehen muss, während die Fahrgestelle ausgewechselt werden. Oft war ich allein unterwegs, was den Menschen meist sofort auffiel und zu spannenden Gesprächen führte. Einmal wurde ich im Zug nach Minsk von einem weissrussischen Männerchor ›adoptiert‹. Sie luden mich zum Essen (und Trinken) ein und unterhielten mich musikalisch.

Fabienne Frei
Ein Austauschsemester in Sankt Petersburg.

Claudio Habicht
Die Slavistenfeste … Nein, im Ernst, das war sicher der erste Aufenthalt in Sankt Petersburg, mein erster Aufenthalt in Russland überhaupt. Eindrücklich, ein Land zwischen West und Ost, weder Fisch noch Vogel, weder Asiaten noch Europäer.

Christoph Bürge

Zu den prägendsten Erlebnissen meines Studiums gehören sicherlich die Sprachaufenthalte in Moskau (Russland), Belgrad und Novi Sad (Serbien). Besonders deshalb, da man über die Sprache Freundschaften mit Menschen anderer Kulturen und Länder schliessen kann, die über die Studienzeit hinaus andauern. Diese Kontakte ermöglichen wiederum neue Perspektiven und eröffnen möglicherweise berufliche Zukunftsaussichten in den jeweiligen Ländern.

Gregor Bühlmann

Mein prägendstes Erlebnis war – das habe ich erst im Nachhinein begriffen – dass ich von allem Neuen an der Uni so überfordert war, dass ich erst im zweiten Semester herausfand, wie man in die Bibliothek des Slavischen Seminars hineinkommt, dass man dort selber Bücher finden kann oder wie man sie eventuell findet.

Anhang

Studierendenstatistik 1961–1989, 1990–2011

Eine genaue Statistik nach Studienrichtungen wurde erst ab 1968 geführt. Aus verschiedenen Gründen lassen sich auch für einige der späteren Jahre keine Zahlen angeben. Ungeachtet der Lücken gibt die Statistik Auskunft über die Entwicklung des Fachs. Die Aufteilung bis Wintersemester 1988/89 spiegelt die damalige Prüfungsordnung, diejenige ab Wintersemester 2006/07 trägt den durch die Bologna-Reform bewirkten Änderungen Rechnung.

Im Sommersemester 1961 waren es 9 Studierende, bis Sommersemester 1965 belegten zwischen 15 und 25 Studierende das Hauptfach und Nebenfach, im Wintersemester 1965/66 insgesamt 30.

StudentInnen, 1968–1989

Semester	Hauptfach Slavistik	1. Nebenfach Slavistik	1. Nebenfach Russistik	2. Nebenfach Russistik	Total
WS 1968/69	21	20	25	4	70
WS 1969/70	24	17	22	4	68
WS 1970/71	27	18	14	6	65
WS 1971/72	24	14	18	9	65
WS 1972/73	24	16	17	14	71
WS 1973/74	25	9	24	10	68
WS 1974/75	32	6	30	16	84
WS 1975/76	35	4	26	17	82
WS 1976/77	–	–	–	–	–
WS 1977/78	–	–	–	–	87
WS 1978/79	–	–	–	–	–
WS 1979/80	–	–	–	–	–
WS 1980/81	44	8	38	6	96
WS 1981/82	49	7	38	10	104
WS 1982/83	–	–	–	–	–
WS 1983/84	–	–	–	–	–
WS 1984/85	–	–	–	–	–
WS 1985/86	–	–	–	–	–
WS 1986/87	–	–	–	–	–
WS 1987/88	55	12	69	27	163
WS 1988/89	64	15	74	26	179

StudentInnen, 1989–2006

Semester	Hauptfach	Nebenfach	Total
WS 1989/90	74	124	198
WS 1990/91	65	123	188
WS 1991/92	–	–	72
WS 1992/93	64	92	156
WS 1993/94	–	–	–
WS 1994/95	–	–	–
WS 1995/96	42	–	–
WS 1996/97	47	–	–
WS 1997/98	48	–	–
WS 1998/99	47	131	178
WS 1999/00	43	124	167
WS 2000/01	60	151	211
WS 2001/02	60	128	188
WS 2002/03	70	127	197
WS 2003/04	77	142	219
WS 2004/05	83	152	235
WS 2005/06	88	151	239

StudentInnen, 2006–2009

Semester	Lizentiat Hauptfach	Lizentiat Nebenfach	BA Hauptfach	BA Nebenfach	Russistik	Total
WS 2006/07	74	137	12	12		235
HS 2007	61	115	19	33		228
HS 2008	55	98	33	41		227
HS 2009	50	81	45	70	5	251

2006 wurde zudem auf BA und MA Stufe in Kooperation mit der Osteuropäischen Geschichte der Studiengang «Osteuropastudien» installiert, der inzwischen von ca. 40 Studierenden belegt wird. Sie werden in der obigen Statistik nicht erfasst.

AssistentInnen

Nach der ersten Assistentenstelle wurde 1966 eine zweite, 1971 eine dritte bewilligt. Anlässlich der Berufung von Robert Zett 1974 wurde eine vierte Assistierendenstelle geschaffen und zugleich eine der bestehenden in die Stelle eines (ständigen) wissenschaftlichen Mitarbeiters umgewandelt. Zusätzlich erhielt das Seminar eine halbe (ab 1978 eine ganze) Sekretariatsstelle. Die Assistierenden werden in der Reihenfolge ihres ersten Anstellungstermins genannt. Die Anstellungszeiten wurden des Öfteren wegen Auslandsaufenthalten und Ähnlichem unterbrochen. Die Aufteilung in Sprach- und Literaturwissenschaft wurde 1974 eingeführt.

Slavische Sprach- und Literaturwissenschaft, 1961–1974

Name	Zeit der Anstellung
Stadler, Rudolf	16. 4. 1961–30. 9. 1961
Watts, Julyan	1. 10. 1963–31. 10. 1963
Schlienger (Locher), Rosmarie	1. 1. 1966–30. 9. 1968
Stoffel, Hans-Peter	1. 1. 1966–31. 3. 1970
Spengler, Ute	1. 1. 1966–31. 3. 1970
Bürki, Eva-Maria	1. 10. 1967–30. 9. 1968
Weiss, Christian	1. 10. 1968–15. 7. 1971
Baur (Goslicki), Elisabeth	1. 5. 1969–15. 7. 1971
Schmid, Regula	1. 3. 1970–31. 12. 1974 (wissenschaftliche Mitarbeiterin bis 2001)
Grimm, Eva	11. 4. 1970–31. 12. 1970
Züllig (Bankowski), Monika	1. 1. 1971–15. 3. 1978
Poggiolini, Gianni	1. 2. 1971–31. 3. 1971
Rakusa, Ilma	15. 7. 1971–15. 10. 1977
Kanyar-Becker, Helena	16. 7. 1971–31. 12. 1976

Fachbereich Sprachwissenschaft, 1974–2011

Name	Zeit der Anstellung
Weiss, Daniel	1. 4. 1974–14. 9. 1980
Speck, Stefan	16. 4. 1974–15. 9. 1978
Maurer, Walter	16. 10. 1978–31. 3. 1984
Schibli, Roland	15. 9. 1980–14. 9. 1986
Schmid, Marco	18. 4. 1983–31. 5. 1988
Attinger, Bozena Anna	1. 4. 1986–31. 10. 1988
Suter, Paul	1. 2. 1990–30. 4. 1992
Breu, Anna	15. 8. 1992–30. 9. 1993
Maurice, Florence	1. 10. 1993–30. 9. 1996

Jurovskij, Viktor	15. 10. 1993–15. 8. 1994
Mendoza, Imke	1. 9. 1994–31. 8. 1996
Kummer, Renate	1. 10. 1996–30. 9. 2003
Sailer, Isabelle	1. 6. 2003–30. 5. 2005
Honegger, Christina	1. 10. 2003–30. 4. 2006
Sandoz, Isabelle	1. 10. 2005–30. 9. 2010
Möhl, Anna	seit 1. 1. 2007
Ulrich, Sonja	seit 30. 11. 2007
Mažara, Jekaterina	seit 1. 10. 2010

Fachbereich Literaturwissenschaft, 1974–2011

Name	Zeit der Anstellung
Roth, Susanna	1. 1. 1977–31. 7. 1982
Weideli, Beatrice	15. 10. 1977–31. 3. 1983
Ritz, German	1. 8. 1982–31. 7. 1993
Hess-Kasprzak, Ewa	1. 4. 1983–31. 1. 1984
Amberg, Lorenzo	1. 2. 1984–31. 1. 1990
Urech, Hans	15. 10. 1987–14. 10. 1990
Grob, Thomas	1. 1. 1989–31. 3. 1995
Geisser, Svetlana	1. 2. 1990–15. 10. 1993
Binswanger, Christa	16. 8. 1994–30. 9. 2000
Rizek, Martin	1. 4. 1995–31. 8. 1995
Loetscher, Ueli	1. 9. 1995–30. 9. 1996
Gall, Alfred	1. 10. 1996–31. 10. 2006
Wolf, Annemarie	1. 10. 2000–31. 3. 2007
Steinfeld, Joseph	1. 10. 2000–30. 9. 2001
Habicht, Claudio	1. 4. 2005–31. 3. 2006
Bühlmann, Gregor	1. 4. 2007–30. 7. 2009
Junghans, Katja	1. 11. 2006–31. 9. 2008
Petzer, Tatjana	seit 1. 8. 2009
Prica, Dimitrije	seit 1. 8. 2009
Krier, Anne	seit 1. 8. 2009

Lizentiatsarbeiten und Dissertationen

Lizentiatsarbeiten bei Peter Brang

Stoffel, Hans Peter, *Studien zur russischen Skisportterminologie zwischen 1895 und 1915*, Zürich 1968.
Spengler, Ute, *D. S. Merežkovskij als Kritiker*, Zürich 1968.
Müller-Bürki, Eva, *Die Natur in der Lyrik von A. K. Tolstoj*, Zürich 1969.
Schlienger, Rosmarie, *Zur Geschichte der sprachpflegerischen Bemühungen in Russland*, Zürich 1970.
Weiss, Christian, *Aleksandr Bloks Auffassung vom Künstler*, Zürich 1970.
Baur, Elisabeth, *Die Hauptmotive in der Prosa von Bruno Schulz*, Zürich 1970.
Schmid, Regula, *Untersuchungen zu Ludvík Aškenazys Prosawerk*, Zürich 1972.
Laub, Rudolfo, *Bal'mont als Vermittler englischer Literatur anhand seiner Übersetzung von Shelleys »The Cenci«*, Zürich 1973.
Other, Aladar, *Die slowakische literarische Zeitschrift »Mladé Slovensko«*, Zürich 1973.
Züllig, Monika, *Geschichte und Probleme der Sprachpflege in Polen*, Zürich 1973.
Wille, Arnold, *Valerij Brjusov als Übersetzer lateinischer Dichtung*, Zürich 1974.
Stehli, Helen, *Die Pereverzevščina*, Zürich 1974.
Kanyar, Helena, *Karel Konrád und sein Roman »Roschod!« Versuch einer Interpretation*, Zürich 1975.
Stieger, Cyrill, *Majakovskijs »Oblako v štanach«*, Zürich 1976.
Heusser, Regula, *Die Darstellung von Mensch und Gesellschaft in den wissenschaftlich-phantastischen Zukunftsromanen von I. A. Efremov*, Zürich 1976.
Ritz, German, *Blok und Heine. Zu Bloks Heine-Übersetzungen und seinen Essays über den deutschen Dichter*, Zürich 1977.
Lämmel, Christina, *Sowjetische Kritik der Werke E. Hemingways*, Zürich 1977.
Scheidegger, Gabriele, *Die »Priklady kako pišutsja komplementy raznye na nemeckom jazyke«. Untersuchungen zum ersten modernen russischen Briefsteller*, Zürich 1977.
Heintz-Rutschmann, Vreni, *Zum Problem des Mädchenbuchs in der Sowjetunion*, Zürich 1977.
Spichiger, Susann, *Die »Derevenskaja proza« am Beispiel von Fedor Abramovs Roman »Brat'ja i sestry«*, Zürich 1978.
Weideli, Beatrice, *Die Rezeption des »Evgenij Onegin« durch Puškins Zeitgenossen*, Zürich 1978.
Roth, Susanna, *Studien zu Bohumil Hrabals Erzählprosa*, Zürich 1978.
Räber-Schneider, Katka, *Deutschsprachige Dostojevskij-Inszenierungen. »Die Sanfte« in Zürich und Basel*, Zürich 1979.

Antonín, Kuchyňka, *L. E. Obolenskij, Philosoph, Publizist und Literaturkritiker des russischen Populismus*, Zürich 1980.
Schiess, Gabriele, *»Der Bergkranz« von P. Njegoš und seine drei deutschen Übersetzungen. Versuch eines kritischen Vergleichs*, Zürich 1980.
Dutli, Ralph, *Osip Mandel'štam und die französische Literatur*, Zürich 1980.
Kilchsperger, Joelle, *Russische Properzübersetzungen*, Zürich 1981.
Strnad, Jindra, *Shakespeares Sonette – deutsch, čechisch, russisch (George, Vladislav, Maršak)*, Zürich 1981.
Speiser, Irène, *I. F. Annenskij als Übersetzer französischer Dichtung*, Zürich 1982.
Baratoff, Natalie, *Heidnische Motive bei N. S. Leskov*, Zürich 1982.
Spiertz-Ambrus, Ildikó, *Non-verbale Elemente in der »Natürlichen Schule« der russischen Literatur*, Zürich 1982.
Herold, Andreas, *Untersuchungen zu Sprache und Stil der Prosa A. Platonovs*, Zürich 1982.
Rüegg-Steinmann, Gertrud, *Funktion und Aufgabe des Theaters bei Evreinov, unter besonderer Berücksichtigung therapeutischer Momente*, Zürich 1983.
Ribeli, Leo, *Max Frisch in der Sowjetunion. Ein Beitrag zur Rezeptionsforschung (1956–1982)*, Zürich 1983.
Meier, Christoph, *A. K. Tolstojs phantastische Erzählungen*, Zürich 1984.
Kräuchi, Jolantha, *Tiergestalten in den russischen, deutschen und polnischen Sprichwörtern und Redensarten, mit besonderer Berücksichtigung des Wolfes*, Zürich 1984.
Neracher, Marta, *Misslungene Begegnung. Problematik der Emigration in Jaroslav Vejvodas Erzählungen*, Zürich 1985.
Arioli, Marila, *Vorkommen und Darstellung der Gemütsbewegung im russischen Märchen*, Zürich 1985.
Brack, Gabriele, *Robert Burns in Russia*, Zürich 1986.
Wanner, Adrian, *Studien zur russischen Baudelaire-Rezeption*, Zürich 1987.
Benz, Rahel, *Rilke in russischer Übersetzung*, Zürich 1987.
Hermann, Rudolf, *Evgenij Švarc' Märchendramen für Erwachsene im Verhältnis zu ihren Vorlagen*, Zürich 1988.
Enderli-Bearth, Gabriela, *Tolstojs Beziehungen zur französischen Schweiz*, Zürich 1989.
Grob, Thomas, *Avantgardismus für Kinder? Das futuristisch-formalistische Paradigma einer literarischen Kindlichkeit und seine Fortsetzung bei Daniil Charms*, Zürich 1989.
Busz, Stefan, *Hauptaspekte der Rezeption der schweizerischen Literatur in Polen 1945–1978*, Zürich 1989.
Staikov, Zvetelina, *Schweizer Impressionen um die Jahrhundertwende. Die Schweiz im Leben und Werk russischer Symbolisten*, Zürich 1990.
Hirzel, Stefan, *Ökologie und Öffentlichkeit. Zur Rolle der Schriftsteller bei der Entwicklung des sowjetischen Umweltbewusstseins*, Zürich 1990.
Hauswirth, Stefan, *Žukovskij und die Schweiz*, Zürich 1990.
Schmidt, Thomas, *»The Seasons« von James Thomson in N. M. Karamzins Übersetzung. Die Aufnahme der Natur- und Landschaftsbilder*, Zürich 1990.
Dolny, Christoph, *Literarische Funktionen der Personeneigennamen in den Novellen und Erzählungen von I. S. Turgenev*, Zürich 1990.

Kohli-Swara, Anna, *Zur Rezeption der polnischen Literatur in der Schweiz von 1919 bis 1945*, Zürich 1990.

Gerber, Małgorzata, *Die Bedeutung des Schweizer Aufenthalts von Zygmunt Krasiński für sein Schaffen*, Zürich 1990.

Stöcklin, Franziska, *Die Rezeption Gottfried Kellers in Russland und in der Sowjetunion*, Zürich 1991.

Wälter, Sandra, *Zur Vermittlung der modernen französischen Lyrik in Sowjetrussland (unter besonderer Berücksichtigung von Jacques Prévert)*, Zürich 1991.

Brett-Harrison, Joy, *Dichterin in bewegter Zeit. Leben und Werk der Elizaveta Polonskaja (1890–1969)*, Zürich 1991.

Hedinger, Mariann, *Die Lyrik Guillaume Apollinaires in sowjetrussischer Vermittlung (unter besonderer Betrachtung der Übersetzungen von »Le Pont Mirabeau« und »Zone«)*, Zürich 1991.

Streitberg-Tomczak, Elisabeth, *Das Frauenbild in Sprichwörtern und sprichwörtlichen Redensarten (deutsch – polnisch – russisch)*, Zürich 1991.

Wüst, Katja, *Achmatova und Italien*, Zürich 1991.

Bontadina, Nadja, *Alexander Herzen und sein Verhältnis zur Schweiz bis zur Übersiedlung nach London*, Zürich 1991.

Ulrich, Schmid, *Fedor Sologubs Roman »Melkij bes«. Versuch einer Lesung nach intertextuellen Gesichtspunkten*, Zürich 1991.

Beck, Raissa, *Die Entwicklung der sowjetischen Leserforschung 1970–1990. Empirische Leseruntersuchungen im Spiegel des gesellschaftspolitischen Wandels*, Zürich 1992.

Schnetzer, Adrian, *Groteske und Ideologie. Die Rezeption von F. Dürrenmatts Komödie »Der Besuch der alten Dame« in Russland (1956–1991)*, Zürich 1992.

Ruckstuhl, Andreas, *Deutsche Übersetzungen von Dostoevskijs »Brat'ja Karamazovy«. Ein kritischer Vergleich*, Zürich 1992.

Künzli, Adrian, *Interlinguistik und Esperanto im Zarenreich und in der Sowjetunion (Geschichte, Organisation, Ideologie, linguistische und literarische Aspekte)*, Zürich 1992.

Brezina, Suzanne, *Die čechischen Krämerlieder über die Schlacht bei Königgrätz im Spiegel ihrer Zeit*, Zürich 1992.

Spalinger-Bichsel, Regula, *A. F. Koni und die russische Gerichtsrhetorik*, Zürich 1993.

Urech, Hans, *Narration und Präsentation. Paralinguistische und nonverbale Informationsvermittlung am Beispiel kroatischen mündlichen Erzählens*, Zürich 1994.

Brülhart, Priska, *A. N. Majkov (1821–1897) und die Antike*, Zürich 1994.

Gross, Gabrielle, *Konstantin Sergeevič Stanislavskij und Jacques Copeau. Ein Vergleich ihrer Theaterarbeit*, Zürich 1994.

Bjelica, Mila M., *Das Todesproblem bei Ivan Alekseevič Bunin*, Zürich 1995.

Dissertationen bei Peter Brang

Łuczak-Wild, Jeannine, *Die Zeitschrift »Chimera« und die Literatur des polnischen Modernismus*, Luzern 1969.
Ujvary-Maier, Erika, *Studien zum Frühwerk Il'ja Ėrenburgs. Der Roman »Chulio Churenito«*, Zürich 1970.
Spengler, Ute, *D. S. Merežkovskij als Literaturkritiker. Versuch einer religiösen Begründung der Kunst*, Zürich 1972.
Kappeler, Andreas, *Ivan Groznyj im Spiegel der ausländischen Druckschriften seiner Zeit. Ein Beitrag zur Geschichte des westlichen Russlandbildes*, Bern 1972.
Scheibitz, Christina, *Mensch und Mitmensch im Drama Anton Čechovs. Analyse der Dialogtechnik*, Göppingen 1972.
Rakusa, Ilma, *Studien zum Motiv der Einsamkeit in der russischen Literatur*, Luzern 1973.
Stoffel, Hans Peter, *Studien zur Geschichte der russischen Skisportterminologie*, Bern 1975.
Schmid, Regula, *Ludvík Aškenazy. Studien zu seinem Prosawerk*, Bern 1975.
Goślicki-Baur, Elisabeth, *Die Prosa von Bruno Schulz*, Bern 1975.
Kanyar-Becker, Helena, *Karel Konrád und sein Roman »Rozchod!«. Das Kriegserlebnis bei Konrád im Kontext des tschechischen Soldatenromans aus dem 1. Weltkrieg*, Bern 1977.
Stieger, Cyrill, *Majakovskijs »Oblako v štanach«. Versuch einer sprachorientierten Interpretation*, Bern 1980.
Scheidegger, Gabriele, *Studien zu den russischen Briefstellern des 18. Jahrhunderts und zur »Europäisierung« des russischen Briefstils*, Bern 1980.
Goślicki, Jan, *Der junge Brzozowski. Das Werk von Stanisław Brzozowski bis 1906*, Zürich 1980.
Ritz, German, *150 Jahre russische Heine-Übersetzung*, Bern 1981.
Dutli, Ralph, *Osip Mandel'štam. Dialog mit Frankreich. Ein Essay über Poetik und Kultur*, Zürich 1985.
Amberg, Lorenzo, *Kirche, Liturgie und Frömmigkeit im Schaffen von N. V. Gogol'*, Bern 1986.
Roth, Susanna, *Laute Einsamkeit und bitteres Glück. Zur poetischen Welt von Bohumil Hrabals Prosa*, Bern 1986.
Kälin, Ursel, *Die Familiennamen der Beamten im Frühwerk von Gleb Ivanovič Uspenskij. Ein Beitrag zur literarischen Onomastik*, Heerbrugg 1987.
Müller-Bürki, Eva-Maria, *Das Lächeln der schönen Helena. Nonverbales Verhalten in Tolstojs Roman »Krieg und Frieden«*, Bern 1989.
van Sambeek-Weideli, Beatrice, *Wege eines Meisterwerks. Die russische Rezeption von Puškins »Evgenij Onegin«*, Bern 1990.
Dolny, Christoph, *Literarische Funktionen der Personeneigennamen in den Novellen und Erzählungen von I. S. Turgenev*, Bern 1996.
Hirzel, Stefan, *Ökologie und Öffentlichkeit. Untersuchungen zur Rolle der sowjetrussischen Schriftsteller in der ökologischen Bewusstseinsbildung der fünfziger bis achtziger Jahre*, Bern 1996.

Römer-Bontadina, Nadja, *Herzen und die Schweiz*, Bern 1998.
Michel-Staikov, Zvetelina, *Schweizer Impressionen um die Jahrhundertwende. Die Schweiz in Leben und Werk russischer Symbolisten*, Bern 1999.
Gerber, Małgorzata, *Zygmunt Krasiński und die Schweiz. Die helvetischen Eindrücke im Leben und Schaffen des Dichters*, Bern 2006.

Lizentiatsarbeiten bei Robert Zett

Maurer, Walter, *Englische und anglo-deutsche Lehnprägungen im Bereich der russischen Präfixbildungen*, Zürich 1977.
Biró, Alice, *Zur russischen Architekturfachsprache im 18. Jahrhundert*, Zürich 1979.
Kälin, Ursel, *Russische Weinbauterminologie*, Zürich 1980.
Schmid, Markus, *Die Entwicklungsgeschichte des Neutrums im Russischen*, Zürich 1981.
Schibli, Roland, *Die »Vesti-Kuranty« (1600–1648)*, Zürich 1981.
Hämäläinen, Ritva, *Die morphologische Adaptation der ostseefinnischen Lehnwörter im Russischen*, Zürich 1981.
Zielinska, Alicja, *Die Substantivierung der Adjektive im Russischen und Polnischen*, Zürich 1982.
Mahler-Frei, Karin Marina, *Die Substantivkomposita und ihre Äquivalente im Russischen und im Französischen*, Zürich 1982.
Hess-Kasprzak, Ewa, *Struktur und Funktion der Neologismen in der modernen polnischen Science Fiction*, Zürich 1982.
Horváth, Agota, *Der Einfluss des Russischen auf die ungarische Sprache nach 1945*, Zürich 1983.
Durrer, Thomas, *Die Namen der Nadelbäume in den slawischen Sprachen*, Zürich 1985.
Volfson, Routh, *Die griechischen Verben in den bulgarischen Dialekten*, Zürich 1986.
Suter, Paul, *Ein arabisch-polnischer Koran-Tefsir aus dem Jahre 1725. Ein Beispiel aus dem polnischen Aljamiado-Schrifttum*, Zürich 1991.
Pugin, Natalia, *Das Emigrantenrussische in Finnland vom Gesichtspunkt der Phonetik*, Zürich 1991.
Paulovič, Ida, *Mundartlicher und schriftsprachlicher Wortschatz (dargestellt anhand des Slowakischen Sprachatlasses auf dem Gebiet der Pflanzennamen)*, Zürich 1991.
Oberholzer, Martin, *Die tschechische Umgangssprache aus stilistischer, soziolinguistischer und sprachpolitischer Sicht*, Zürich 1991.
Hofer, Sandra, *Die russische Sprache in Russisch-Polen (1815–1915)*, Zürich 1992.
Breu-Wojnarska, Anna-Katarzyna, *Die Stellung des Polnischen in Schlesien aus soziolinguistischer Sicht*, Zürich 1993.
Roffler, Michael, *Die glagolitische Handschrift der altkroatisch-čakavischen Übersetzung der Benediktiner-Regel*, Zürich 1994.
Pokorný, Petr, *Die tschechische Grammatik »Čechořečnost« von Václav Jan Rosa (1672)*, Zürich 1995.

Dissertationen bei Robert Zett

Weiss, Daniel, *Syntax und Semantik polnischer Partizipialkonstruktionen. Im Rahmen einer generativ-transformationellen Sprachbeschreibung,* Bern 1977.
Speck, Stefan, *Die morphologische Adaption der Lehnwörter im Russischen des 18. Jahrhunderts,* Bern 1978.
Maurer, Walter, *Englische und anglo-deutsche Lehnübersetzungen im Russischen,* Zürich 1982.
Biró, Alice, *Russische Baufachsprache des 18. Jahrhunderts,* Bern 1982.
Schibli, Roland, *Die ältesten russischen Zeitungsübersetzungen (Vesti-Kuranty), 1600–1650. Quellenkunde, Lehnwortschatz und Toponomastik,* Bern 1988.
Suter, Paul. Alfurkan Tatarski, *Der litauische-tatarische Koran-Tefsir,* Köln 2004.

Lizentiatsarbeiten bei Jochen Ulrich Peters

Hux, Ivo, *Boris K. Zajcev. Schreiben im Exil,* Zürich 1993.
Parshchikov-Hügli, Martina, *Postmoderne Tendenzen in der Lyrik Viktor Sosnoras. Eine typologische Analyse,* Zürich 1994.
Binswanger, Christa, *»Mit wechselndem Schlüssel«, »Todesfuge« und »Schneebett« von Paul Celan. Zu ihrer Übertragung ins Russische,* Zürich 1994.
Meyer, Christine, *Natur und Mythos im Werk von Čingiz Ajtmatov,* Zürich 1995.
Räss, Anna, *Tolstoj und Rousseau. Die Bedeutung des »Emile« und der »Confessions« für die Trilogie »Detstvo«, »Otročestvo«, »Junost'«,* Zürich 1996.
Lötscher, Ueli, *»Widerstand« und »Widerstreit«. Die Funktion des Ästhetischen bei A. P. Platonov (»Čevengur«),* Zürich 1996.
Gall, Alfred, *Zarenbild und Zarenmythos. Darstellung des Zaren bei russischen Bauern und bei A. S. Puškin,* Zürich 1996.
Špur, Danijela, *Josip Murn und M. Ju. Lermontov. Eine interliterarische Beziehung als konstruktiver Beitrag zum literarischen Prozess vom romantischen Subjektivismus zum neuromantischen Objektivismus in Murns Lyrik,* Zürich 1998.
Mjölsnes, Ettore, *Poetik der Erinnerung. Das Selbstbildnis und die Epochenbewertung in Ju. Olešas »Ni dnja bez stročki« und V. Kataevs »Almaznyj moj venec«,* Zürich 1998.
Kohler, Corinne, *Ivan Sergeevič Turgenevs »Dvorjanskoe gnezdo« und Gustave Flauberts »L'Education sentimental«. Poetik des realistischen Romans,* Zürich 2000.
Wolf, Annemarie, *»Evgenij Onegin« als ironische Transformation französischer Prätexte. Aleksandr Puškins Versroman vor dem Hintergrund der modernen Intertextualitätstheorie,* Zürich 2002.
Rolle, Dominik, *Satire und das Groteske in Viktor Pelevins »Omon Ra« und »Žizn' nasekomych«,* Zürich 2002.

Drozdova, Elena, *Der einsame Wanderer Joseph Brodsky als Essayist und Lyriker*, Zürich 2003.
Nicklaus, Mylène, *Geschichte und Geschichten bei A.S. Puškin. Der Pugačëv-Aufstand in der Historiographie und im historischen Roman*, Zürich 2004.
Nauer, David, *Die Rezeption von Viktor Pelevins Romanen »Čapaev i Pustota« und »Generation P« in Russland*, Zürich 2004.
Mullis, Ruben, *»Ja k vam pridu v kommunističeskoe daleko«. Vladimir Majakovskij – die Genese und Destruktion eines Mythos in der Sowjetunion und in Russland*, Zürich 2005.
Thomsen, Lena, *Die Karenins, Bovarys und Briests. Ehe und Familie zwischen fingierter Wirklichkeit und aussertextueller Realität*, Zürich 2006.
Junghans, Ekaterina, *The Spectrum of Intertextual Links in Vladimir Nabokov's Novel »Dar'«*, Zürich 2007.
Terzig, Tatjana, *Valerija Narbikovas Dynamisierung der Sprache. Formen und Funktionen der »anderen« Literatur aus systemtheoretischer Sicht*, Zürich 2008.
Andrist Brüderlin, Katrin, *Dem Lachen auf der Spur. Komische Elemente in Čechovs »Čajka« und »Višnevyj sad«*, Zürich 2008.

Dissertationen bei Jochen Ulrich Peters

Hux, Ivo, *Schreiben im Exil. Boris K. Zajcev als Schriftsteller und Publizist*, Bern 1997.
Gall, Alfred, *Hermetische Romantik. Die religiöse Lyrik und Versepik F. N. Glinkas aus systemtheoretischer Sicht*, Bern 2001.
Binswanger, Christa, *Seraph, Carevič, Narr. Männliche Maskerade und weibliches Ideal bei Poliksena Solov'eva (»Allegro«)*, Bern 2002.
Kisters-Räss, Anna, *Autorschaft und Selbstanalyse. Der junge Tolstoj als Tagebuchautor und Schriftsteller*, Weinfelden 2005.

Lizentiatsarbeiten bei Daniel Weiss

Giger, Markus, *Resultativa im modernen Tschechischen unter Berücksichtigung der Verhältnisse in den westslavischen Nachbarsprachen, insbesondere im Obersorbischen*, Zürich 1996.
Pešović, Branka, *Die Funktion der serbokroatischen Konversationspartikeln ›pa‹ und ›ma‹ im Vergleich zur deutschen Abtönung*, Zürich 1997.
Valicek, Anna, *Infinitivkonstruktionen in der russischen und tschechischen Standardsprache. Eine kontrastiv-dependenzsyntaktische Analyse*, Zürich 1998.
Schwendimann, Ueli, *Periphrasen in polnischen pressesprachlichen Texten*, Zürich 1998.
Neeracher Lauper, Sandra, *Techniken der Selbstdarstellung im Wahlkampf zur polnischen Präsidentschaftswahl 1995*, Zürich 1998.
Jankovský, Petr, *Super-šokolad, super-ceny. Taktiken und Textgeschichten in russischen und tschechischen Werbeanzeigen*, Zürich 1999.

Zumstein, Marc, *Spezifische und unspezifische Prädikate als sprachliche Indikatoren des Verhältnisses zwischen Mensch und Tier im Russischen*, Zürich 2000.
Walker, Rahel, *Sein und Zeit – Bytie i Vremja*, Zürich 2000.
Reichmuth, Esmeralda, *Eine kontrastive Studie zur Sprachverwendung von deutsch Mensch und russisch ›čelovek‹*, Zürich 2000.
Nicolas, Svetlana, *Die slavistischen Velarpalatalisationen und ihre chronologisch relevanten Entwicklungsabläufe*, Zürich 2000.
Krol, Magdalena, *Aspekte der polnischen Werbung in den Printmedien*, Zürich 2001.
Oertle, Simon, *Vorne – hinten und innen – aussen. Zu zwei grundlegenden Raumvorstellungen im Russischen*, Zürich 2002.
Kykalová, Denisa, *Die russische Börsensprache*, Zürich 2002.
Honegger, Christine, *Veränderungen im Interview in Russland seit 1991*, Zürich 2002.
Sailer, Isabelle, *Elidierte Verben in der gesprochenen russischen Sprache*, Zürich 2003.
Kraus, Susanna, *Die Entwicklung des tschechischen ›Newspeak‹ in der ersten Tschechoslowakischen Republik*, Zürich 2004.
Haag, Matthias, *»Ova vek'e go imam čitano«. Zur Resultativität im Makedonischen. Eine Analyse des IMA-Perfekts*, Zürich 2004.
Modarres, Isabelle, *Körperteile und Emotionen in polnischen Phraseologismen*, Zürich 2005.
Valko, Peter, *Russische und ungarische Doppelverben im Vergleich*, Zürich 2006.
Sutter-Voutova, Kalina, *Leerstellen im Sprachvergleich*, Zürich 2006.
Chlad-Hubináková, Žaneta, *Modalauxiliare im Slovakischen und ihre deutschen Entsprechungen*, Zürich 2006.
Bernold, Anna, *Narrativnye struktury v ustnych i pis'mennych rasskazach o perežitom. Sopostavitel'nyj analiz*, Zürich 2006.
Ulrich, Sonja, *Reflexivverben im Russischen und im Serbischen*, Zürich 2007.
Ciklaminy, Zorka, *Phonetische, morphologische und syntaktische Besonderheiten russischer ›pričitanij‹ als interdialektale Phänomene im diachronen Vergleich*, Zürich 2007.
Čelakovský Steiner, Nicole, *Rechtssprache und interlinguale Äquivalenz am Beispiel der Termini im Strafrecht Russlands, Tschechiens und der Schweiz*, Zürich 2007.
Mader, Mia-Barbara, *Die kroatische Standardsprache auf dem Weg zur Ausbausprache*, Zürich 2008.
Andrianova Huber, Irina, *Aktuelle russische Werbeanzeigen für Nahrungsmittel in der regionalen Presse*, Zürich 2008.
Ammann, Elena, *Jazykovaja situacija v Respublike Chakasija Rossijskoj Federacii*, Zürich 2008.
Zajdel, Karolina, *Resultative im Polnischen*, Zürich 2009.
Serafini-Burtscher, Martina, *Sprachpolitik in der Russischen Föderation. Fallstudie Karelien*, Zürich 2009.
Pobuda, Maria, *Juristisch sensitive Sprechakte. Ehrverletzungen im Tschechischen und ihre Wertung vor Gericht*, Zürich 2009.

Gütling, Nicole, *Die Meinungsfreiheit an der Grenze zwischen Sprache und Recht. Eine sprachwissenschaftliche und rechtliche Betrachtung anhand linguistischer Expertisen im Bereich der Ehrverletzungsdelikte*, Zürich 2010.

Zürcher, Nina, *Zu evidenziellen und epistemischen Bedeutungen von sogenannten vvodnye slova im Russischen (am Beispiel von pochože und po-vidimomu)*, Zürich 2010.

Paziński, Viktor, *Aggressionen in ausgewählten polnischen politischen Internetforen*, Zürich 2010.

Masterarbeiten bei Daniel Weiss

Mazara, Jekaterina, *Every Mama Needs a Baby. Konzeptualisierungen von Mutterrollen im Russischen*, Zürich 2010.

Dissertationen bei Daniel Weiss

Maurice, Florence, *Der modale Infinitiv in der modernen russischen Standardsprache*, Zürich 1996.

Mendoza, Imke, *Zur Koordination im russischen: ›i‹, ›a‹ und ›da‹ als pragmatische Konnektoren*, Zürich 1996.

Jurovskij, Viktor, *Bessojuznye složnye predloženija v direktivnych rečevych aktach*, Zürich 1996.

Kurt, Sibylle, *Erlebte Rede aus linguistischer Sicht. Der Ausdruck von Temporalität im Französischen und Russischen. Ein Übersetzungsvergleich*, Bern 1999.

Giger, Markus, *Resultativa im modernen Tschechischen. Unter Berücksichtigung der Sprachgeschichte und der übrigen slavischen Sprachen*, Zürich 2003.

Kummer, Renate, *Nicht mit Gewehren, sondern mit Plakaten wurde der Feind geschlagen! Eine semiotisch-linguistische Analyse der Agitationsplakate der russischen Telegrafenagentur ROSTA*, Bern 2006.

Sandoz, Isabelle, *Emotion und Sprache im Polnischen. Gefühle im Spiegel somatischer Phraseologie*, angenommen 2010.

Jankovsky, Peter, *Werbung. Taktiken, Sprechakte, Textschichten (eine pragmalinguistische Untersuchung anhand russischer und čechischer Werbeanzeigen aus den 90er Jahren)*, angenommen 2010.

Lizentiatsarbeiten bei German Ritz

Mouzinho, Thomas, *Strukturbausteine in Saša Sokolovs »Škola dlja durakov«*, Zürich 1992.

Aschwanden, Brigitte, *Auf den Spuren eines Phänomens. Versuch einer Annäherung an den polnischen Stalinismus*, Zürich 1992.

Brügger, Liliane, *Groteskes im Roman »Ožog« (»Gebrannt«) von Vasilij Aksënov*, Zürich 1993.

Baer, Josette, *Politik, »Anti-Politik« und Literatur bei Václav Havel*, Zürich 1993.

Schlatter, Jörg, *Auf den Wellen von TSF. Jaroslav Seiferts poetisches Werk und dessen Übersetzung ins Deutsche*, Zürich 1994.

Kozlow-Bellmann, Monica, *Aspekte der Behandlung jüdischer Thematik in der neueren polnischen Literatur*, Zürich 1994.

Brandner Gürtler, Meret, *Die »Vest pocket Revue« und die Theateraufsätze von Jindřich Honzl. Ein Beitrag zur tschechischen Theateravantgarde*, Zürich 1994.

Špendov, Andrey, *Der polnische Mythos im Zerrspiegel der »Zielona gęś«. Eine semiotische Analyse des Dramolettzyklusses »Zielona gęś« von Konstanty Ildefons Gałczyński*, Zürich 1995.

Kummer, Renate, *Übergang und Untergang. Betrachtungen zu Rausch und Drogen bei Stanisław Ignacy Witkiewicz*, Zürich 1995.

Rieser, Armin, *MA Kuzmin. Symbolistische Geschlechter-Entwürfe und Homotextualität im Prosawerk*, Zürich 1998.

Rey, Madeleine, *Ljudmila Petruševskaja und das russische Frauendrama. Inszenierte Geschlechterdifferenzen. Alltag zwischen Wermut und Schwermut*, Zürich 1998.

Schmid Pfändler, Brigitta, *Die Lyrik von Mirra Aleksandrovna Lochvickaja. Das weibliche Echo des kulturellen Aufbruchs der Männer im Russland der letzten Jahrhundertwende*, Zürich 2000.

Trochanowski, Igor, *Niemiecko-polskie losy we wspólczesnej literaturze polskiej na przykładzie powieści Stefana Chwina pod tytulem »Hanemann«*, Zürich 2001.

Leszczyńska, Anna, *Holocaust i Literatura. Między dokumentem i fikcją. Na przykładzie prozy Jarosława Marka Rymkiewiczca i Hanny Krall*, Basel 2002.

Velten, Nadine, *Nabokov als zweisprachiger Autor. Das Beispiel »Otchaianie/Despair«*, Zürich 2003.

Habicht, Claudio, *Jarosław Iwaszkiewicz und sein Russlandbild*, Zürich 2003.

Benovici Kamber, Sarah, *Die Kunst des Erinnerns in Vladimir Nabokovs Autobiographie »Speak, Memory. An autobiography revisited«*, Zürich 2003.

Rohrer, Monika, *Literarische Tagebücher. Selbstdarstellung der polnischen Opposition der siebziger Jahre. Eine Analyse der Miesiące von Kazimierz Brandys und Marian Brandys' »Od dzwonka do dzwonka«*, Zürich 2004.

Walczak, Matylda, *»Die grossen Deutschen sind eben unmenschlich«. Die Rezeption von Thomas Mann in der polnischen Literatur*, Zürich 2005.

Radmilović, Ivana, *Schwierigkeiten des literarischen Übersetzens unter besonderer Berücksichtigung von ausgewählten Gedichten Marina Cvetaevas*, Zürich 2005.

Minder, Bettina, *Das Dichter-Ich und der »Aufklärer«. Zum »Traktat moralny« von Czesław Miłosz*, Zürich 2005.

Züger, Patrizia, *Tschechische feministische Science-Fiction? Eine Erzähltextanalyse des Romans »Cvokyně« von Eva Hauserová*, Zürich 2006.

Buljubašić Planinčić, Arijana, *Erinnerung in Danilo Kišs Triptychon »Rani jadi«, »Bašta, pepeo« und »Peščanik«*, Zürich 2006.

Bühlmann, Gregor, *Jan Barščëüski. Das Fremde auf dem Hintergrund der Phantastik und der Greimas'schen Semiotik*, Zürich 2006.

Wille, Barbara, *Episoden aus dem Grenzland. Jarosław Iwaszkiewiczs Książka o Sycylii*, Zürich 2007.

Prica, Dimitrije, *Smetanas Libuše. Ein Nationalmythos als Operntextvorlage*, Zürich 2008.

Kovács, Zsuzsanna, *Zwischen Verschiebung und Etablierung. Konstellationen des Weiblichen in Ljudmila Ulickajas Erzählung »Sonečka«*, Zürich 2008.

Rohner-Baranova, Natalia, *»The Gloom and the Glory of Exile«. Narrative Gestaltung des Exils in Vladimir Nabokovs Werk*, Zürich 2009.

Neumayer, Jana, *Die Verteidigung der tschechischen Sprache in der Geschichte und Literatur*, Zürich 2010.

Szerenyi, Elena, *Zamjatins »Wir« im Spiegel des literaturkritischen Ansatzes der Gegenwart*, Zürich 2010.

Kubat, Małogrzata, *Olga Tokarczuk »Dom dzienny, dom nocny«*, Zürich 2010.

Ruf, Christine, *Molière auf der russischen Bühne*, Zürich 2010.

Fisch, Hans Peter, *Der östliche Nachbar. Das Russlandbild von Józef Mackiewicz und Czesław Miłosz im Licht der postkolonialen Kritik*, Zürich 2010.

Lizentiatsarbeit bei Sibylle Kurt

Natalia Jordi, *Eigenarten des Russischen bei bilingualen russisch-deutsch sprechenden Vorschulkindern mit besonderer Berücksichtigung der Nominalflexion*, 2009.

Lizentiatsarbeit bei Ilma Rakuša

Tamara Pejnović, *Erinnern und Vergessen. Danilo Kiš und Aleksandar Tišma: zwei Autoren, eine Vergangenheit*, Zürich 2010.

Lizentiatsarbeiten und Masterarbeiten bei Sylvia Sasse

Bürge, Christoph, *Der Stachel der eigenen Fremdheit. Fremdheitserfahrungen bei Danilo Kiš und David Albahari*, Zürich 2010.

Goldschmidt, Benjamin, *Imaginationen des Anderen in Puškins Kaukasustexten*, Zürich 2011.

Dissertation bei Sylvia Sasse

Philipp, Torben, *Zwischen Blindheit und Allsicht. Fotografische und poetische Konstellationen des Sichtbaren im russischen Realismus*, Zürich, Berlin 2011.

Gastvorträge und Lesungen 1961–2010

ReferentIn	Vortragstitel	Datum
Jerzy Kuryłowicz, Krakau	Persönliches und belebtes Geschlecht im Slavischen	5. 6. 1962
Boris Unbegaun, Oxford	Die Entstehung der russischen Schriftsprache	13. 12. 1963
Margarete Woltner, Bonn	Utopischer Roman und ›Wissenschaftliche Phantastik‹ in Russland	13. 1. 1964
Ludolf Müller, Tübingen	Die Gestalt Christi in der Dichtung Dostoevskijs und Pasternaks	12. 2. 1965
Bernhard Stasiewski, Bonn	Reformation und Gegenreformation in Polen	18. 11. 1966
Vasilij P. Aksenov, Moskau	Molodoe pokolenie i sovetskaja literatura	29. 11. 1966
Antonín Tejnor, Prag	Probleme der slavischen sprachwissenschaftlichen Terminologie	10. 5. 1967
Oskar Barthel, Warschau	Zwingli und Calvin in Polen	11. 6. 1968
Dmitrij Tschižewskij, Heidelberg	Die Emblematik und die slavischen Literaturen	27. 6. 1968
Karel Horálek, Prag	Die Prager linguistische Schule gestern und heute	28. 1. 1969
Antonín Liehm, Prag	Zum Verständnis der tschechischen Kulturentwicklung der 1960er Jahre	4. 2. 1969
Josef Ružička, Bratislava	Aus der Entwicklung der slovakischen Schriftsprache seit 1900	13. 6. 1969
Friedhelm B. Kaiser, Bonn	Zensur in Russland von Katharina II. bis 1917	24. 2. 1970
Wilhelm Schulz, Berlin	Die Wurzeln der Autokratie in Russland	12. 5. 1970
Carsten Goehrke, Münster	Raum als historischer Faktor, dargestellt am Beispiel Russlands und der Sowjetunion	2. 6. 1970
Vladimir Markov, Los Angeles	Hat es einen russischen Expressionismus gegeben?	2. 7. 1971
Vladimir Markov, Los Angeles	Slogovye bliznecy v russkom stiche	2. 7. 1971
Jurij Striedter, Konstanz	Die Poesie als ›neuer Mythos‹ der Revolution bei Majakovskij	16. 11. 1971
Johannes Holthusen, München	Die Bedeutung des Stils bei Andrej Belyj	17. 1. 1973
M. K. Lukonin, Astrachan'; S. V. Sartakov, Omsk; V. I. Stezenskij, Moskau	Diskussion im Seminar mit den drei sowjetischen Schriftstellern	7. 10. 1973
Günther Wytrzens, Wien	Majakovskij und Cvetaeva	6. 2. 1974
George Ivask, Seattle	Peterburg – Leningrad v russkoj poèzii	7. 6. 1974
Aleksandr I. Solženicyn, Sternenberg	Gespräch mit Studenten	20. 2. 1975
Anatolij Levitin-Krasnov, Luzern	Über die Verfolgung der Kirche in der Ukraine	21. 1. 1976
Georges Nivat, Genf	Ob Aleksandre Solženicyne	WS 1976
Einar Haugen, Harvard	Fragen der Sprachpolitik und Diglossie	26. 4. 1977

Stjepan Babić, Zagreb	*Probleme der kroatischen Sprachnorm*	8. 6. 1977
Iosif A. Brodskij, München	*Lesung von Gedichten*	WS 1977
Herbert Bräuer, Köln	*Laut- und Formdubletten im heutigen Russisch und ihre Differenzierungsleistung*	21. 6. 1978
Il'ja Z. Serman, Jerusalem	*Nekrasov kak urbanist*	9. 1. 1979
Aleksandr K. Žolkovskij, Amsterdam	*Podgotovka rifmennogo slova (na materiale russkoj poėzii)*	29. 1. 1980
Michail P. Alekseev, Leningrad	*Die Anfänge der Bekanntschaft Russlands mit der deutschschweizerischen Literatur*	9. 9. 1980
Siri Sverdrup Lunden, Oslo	*Russenorsk*	12. 11. 1980
Kyrill Uspenskij, Harvard	*Slovar' russkoj nenormativnoj leksiki. Principy otbora materiala i struktura slovarja*	21. 1. 1981
Albert Bartoszewicz, Warschau	*Ob obščich tendencijach razvitija sovremennogo russkogo literaturnogo jazyka*	12. 5. 1981
Erich Bryner, Zürich	*Der geistliche Stand in Russland (18.–20. Jahrhundert)*	19. 5. 1981
Darko Suvin, Montreal	*Die Tradition der russischen wissenschaftlichen Phantastik und die Brüder Strugackij*	25. 5. 1981
Aleksandr A. Zinov'ev, Moskau	*Otvetstvennost' za istoriju*	8. 7. 1981
M. Kubrík, Prag	*Zur Problematik der strukturell-semantischen Analyse des russischen Satzes (vom Standpunkt der Prager Schule)*	19. 1. 1982
Stanislav Hafner, Graz	*Lexikalisch-semantische Innovationen in der altserbischen Literatursprache*	17. 6. 1982
Stanislav Hafner, Graz	*Franz Miklosich als Literaturwissenschaftler*	18. 6. 1982
Vladimir A. Solouchin, Moskau	*Lesung aus den Werken und Diskussion*	2. 6. 1983
Pavle Ivić, Belgrad	*Die Entwicklung der Schriftsprache bei den Serben und Kroaten im 19. Jahrhundert*	28. 5. 1984
Gerhard Neweklowsky, Klagenfurt	*Elektronische Konkordanz des Katechismus 1550 von Primus Truber. Ein Hilfsmittel für die Sprachforscher*	13. 7. 1984
Wolfgang Eismann, Bochum	*Das Alphabet in der Phraseologie*	28. 9. 1984
Zygmunt Zagórski, Poznań	*Polonistyka w Poznaniu*	9. 1. 1985
Arnold B. McMillin, London	*Russification and its opponents in modern Byelorussian literature*	3. 5. 1985
Vitalij V. Ševoroškin, Ann Arbor	*Die Umgangssprache der russischen Intellektuellen*	5. 11. 1985
Reinhard Lauer, Göttingen	*Das russische Sonett der Puškinzeit*	19. 11. 1985
Božidar Finka, Zagreb	*Der kroatische čakavische Dialekt*	18. 12. 1985
Marta Wyka, Krakau	*Literatura drugiego obiego*	19. 2. 1986
Otto Kronsteiner, Salzburg	*Methodius und die alten slavischen Kirchensprachen*	7. 5. 1986

Edmund Heier, Waterloo, Canada	*Lavater und das literarische Porträt in der russischen Literatur*	6. 6. 1986
Hans Rothe, Bonn	*»Ein Tag« von A. Solženicyn. Aus der sowjetischen Welt*	3. 7. 1986
Martin Wegner, Jena	*Dostoevskij-Übersetzung*	7. 10. 1986
Hans Peter Stoffel, Auckland	*Strukturveränderungen in slavischen Auswanderersprachen*	8. 12. 1986
A. Colin Wright, Kingston, Ontario	*Superflous People in the Russian and Soviet Theatre of the 1920s*	29. 1. 1987
Bulat Š. Okudžava	*Lesung in der Aula der Universität*	23. 11. 1987
Werner Lehfeldt, Konstanz	*Das Gesprächsbuch des Sultans (eine arabisch-persisch-griechisch-serbische Handschrift des 15. Jahrhunderts)*	15. 12. 1987
L'ubomír Ďurovič, Lund	*Kindersprache in der Diaspora*	7. 6. 1988
Valentin Rasputin	*Zadači pisatelja v naše vremja*	10. 6. 1988
Hans Günther, Bielefeld	*Gor'kij und Nietzsche. Der vitale Konflikt in Gor'kijs frühen Erzählungen*	13. 12. 1988
Jurij Archipov, Moskau (IMLI)	*Diskussion mit Studierenden*	15. 2. 1989
Dmitrij Prigov, Moskau	*Novye tečenija v russkoj poėzii*	25. 4. 1989
Nina S. Pavlova, Moskau (IMLI)	*Das Projekt »Schweizerliteratur« am IMLI*	2. 6. 1989
Nina S. Pavlova, Moskau (IMLI)	*Vosprijatie tvorčestva Friša i Djurrenmata*	14. 6. 1989
Michail B. Mejlach, Leningrad	*Ob'edinenie Real'nogo Iskusstva (Obėriu)*	22. 6. 1989
Ernst Eichler, Leipzig	*Zur Missionsterminologie bei den Slaven*	29. 6. 1989
Vladimir N. Turbin, Moskau	*Tvorčestvo Andreja Bitova*	30. 11. 1989
Martin Wegner, Jena	*Macht und Ohnmacht von Utopien – Fëdor Dostoevskij und Lev Tolstoj*	7. 12. 1989
Martin Wegner, Jena	*Diskussion über die Dostoevskij-Übersetzung in 20 Bänden*	11. 12. 1989
Vladimir M. Markovič, Sankt Petersburg	*Michail Ju. Lermontov i lirika russkogo avangarda*	12. 11. 1991
Andrej G. Bitov, Sankt Petersburg	*Autorenlesung*	4. 12. 1991
Ralph Dutli, Heidelberg	*Europa und der Stier. Ein Mythos, ein Gedicht, ein Essay. Überlegungen zu Ossip Mandel'štam und Europa*	18. 2. 1992
Maria Podraza-Kwiatkowska, Krakau	*Die Doppelgängerkonstruktion in der polnischen Literatur*	27. 2. 1992
Vladimir G. Sorokin, Moskau	*Entwicklung des Moskauer Konzeptualismus*	6. 5. 1992
Květoslav Chvatík, Konstanz	*Sieben Etappen der Prager Moderne*	7. 5. 1992
Vladimir M. Nedjalkov	*System der russischen Konverben*	23. 4. 1992
Christine Engel, Innsbruck	*Literatur zwischen Ideologie, Heilslehre, Unterhalt*	13. 5. 1992

Walter Koschmal, München	Am Anfang war die Trägheit. Das Prinzip der Doppelung bei Ivan Gončarov	10. 6. 1992
Evgenij Dobrenko, SanktPetersbug	Socialističeskij realizm i avantgard	18. 6. 1992
Askol'd B. Muratov, Sankt Petersburg	Vladimir Solov'ev. Poėt i myslitel'	19. 11. 1992
Dalibor Blažina, Zagreb	Kreowanie postaci w dramatach Stanisława Ignacego Witkiewicza	24. 2. 1993
Wolf Schmid, Hamburg	Die zweifelhafte Erleuchtung (Čechovs »Student«)	9. 2. 1993
Klaus Seemann, Berlin	Das russische Drama der 80er Jahre	17. 2. 1993
Georg Witte, Bochum	Kindheit in autobiographischen Texten des 18. Jahrhunderts	11. 5. 1993
Jean Bonamour, Paris	Smysl nazvanija komedii A. S. Griboedova »Gore ot uma«	2. 6. 1993
Aleksej Parščikov, Moskau	Obstanovka minus – ja	3. 6. 1993
Květoslav Chvatík, Konstanz	Jan Mukařovskýs Interpretation von Čapeks Prosa	16. 6. 1993
Karla Günther-Hielscher, Bochum	Eurasien-Mythos der neuen Rechten	1. 7. 1993
Jurij D. Apresjan, Moskau	Systemic Lexicography	8. 7. 1993
Vladimir V. Kolesov, Petersburg	Die Philosophie der russischen Sprache	14. 12. 1993
Jindřich Toman, USA	Der Prager linguistische Kreis	16. 12. 1993
Natascha Drubek, München	Die Macht der Bilder – Dziga Vertovs »Kolybel'naja«	26. 1. 1994
Hans Günther, Bielefeld	Der Feind in der totalitären Kultur. Die Utopieproblematik bei Dostojevskij	2. 2. 1994
Aleksandr E. Kibrik, Moskau	Sami s usami	9. 6. 1994
Marietta O. Čudakova, Moskau	Poėtika russkoj prozy	9. 6. 1994
Christian Trepte, Leipzig	Jarosław Iwaszkiewicz. Ruhm und Ehre	27. 6. 1994
Jurij Basilov, Sankt Petersburg	Jazykovaja subkul'tura russkoj pravoj oppozicii 1992–1994 gg.	7. 7. 1994
Reinhard Lauer, Göttingen	Tolstojs »Anna Karenina« – dreimal gelesen	2. 11. 1994
Włodzimierz Bolecki, Warschau	Die Groteske in Kunst und Literatur der Jahrhundertwende	3. 11. 1994
Andrej Sinjavskij, Paris	Satira i Grotesk u Abrahama Terca	16. 11. 1994
Stefanie Geldbach, Berlin	Anapher und automatische Übersetzung	9. 2. 1995
Kazimierz Feleszko, München	Sprachpolitik und relativer Status von Regionalsprachen	14. 2. 1995
Naíra Gelaschwili	Russland und der Kaukasus	18. 4. 1995
Georges Nivat, Genf	Modeli buduščego v russkoj kul'ture	18. 5. 1995
Aleksander D. Duličenko	Slavische Minoritätensprachen	28. 6. 1995
Julduz G. Nigmatullina	Čto ostanetsja ot sovetskoj literatury?	15. 11. 1995

Karlheinz Kasper, Leipzig	Sammeln und arrangieren. Ein Darstellungsprinzip der russischen Spätavantgarde und Postmoderne	23. 11. 1995
Leonid L. Iomdin, Moskau	Asymmetrie lokaler und temporaler Präpositionen	11. 12. 1995
Nina D. Arutjunova, Moskau	Kategorija neopredelennosti (nedoskazannosti). Fragment iz russkoj kartiny mira	24. 1. 1996
Hans Günther, Bielefeld	Die Stadt und der Garten. Verworfene und entworfene Utopie bei Dostoevskij	1. 2. 1996
Greville Corbett, Surrey	The Contribution of Slavonic Data to a Typology of Grammatical Number	13. 5. 1996
Renate Lachmann, Konstanz	Zur Semantik der phantastischen Literatur	1996
Tilman Berger, Tübingen	Alte und neue Formen der Höflichkeit im Russischen	13. 12. 1996
Jurij Striedter, Harvard	Erzählter Terror oder Drakulas Überleben als Geschichten und Geschichte	30. 1. 1997
Maksim Krongauz, Moskau	Sowjetischer antisowjetischer Humor – fremde Nähe – Celan als Übersetzer	11. 12. 1997
Ekaterina V. Rachilina, Moskau	Semantika glagola viset'	6. 4. 1998
Jurij Striedter, Harvard	Čechovs »Kirschgarten«	28. 4. 1998
Igor Mel'čuk, Montreal	1. Voice and Case in Maasai and a General Theory of Voice 2. Kratkoe vvedenije v frazeologiju	12. 5. 1998
Andrzej Borowski, Krakau	Zmieniająca się tożsamość – Pomiędzy umiłowaniem tradycji własnych a fascynacją obcymi wzorami	14. 5. 1998
Rolf Herkelrath, Leipzig	Postmoderne, Virtualität und Skandal. V. Erofeevs »Das Mädchen und der Tod« und das »Jüngste Gericht«	27. 5. 1998
Vladimir Sorokin, Moskau	O novych tendecijach v sovremennoj russkoj literature	10. 11. 1998
Christine Engel, Innsbruck	Das Problem der Wirklichkeitskonstruktion in V. Sorokins »Die Herzen der Vier«	12. 11. 1998
Karlheinz Kasper, Leipzig	V. Makanins Roman »Anderground ili Geroj našego vremeni«	15. 12. 1998
Rolf Fieguth, Freiburg i. Üe.	Cyprian Norwid, Milczenie. Lektüre und Analyse	11. 1. 1999
Andrej A. Zaliznjak, Moskau	Novgorodskie berestranyje gramoty. Novyje raskopki	18. 1. 1999
Elena V. Padučeva, Moskau	O roli metonimii v koncentralnych strukturach	19. 1. 1999
Juliana Kaminskaja, Sankt Petersburg	Russische visuelle Poesie der 80er und 90er Jahre	
François Bondy, Zürich	Witold Gombrowicz	28. 6. 1999
Klaus Staedtke, Bremen	Zwischen Realismus und religiösen Symbolismus	20. 1. 2000

Jiří Holý, Prag	Kontinuität/Diskontinuität. Von der Moderne zur historischen Avantgarde in der tschechischen Literatur	31. 1. 2000
Igor' Boguslavskij, Moskau, Madrid	Sandhi v sintaksise: zagadka uže nie	5. 6. 2000
Ol'ga Boguslavskaja, Moskau	Semantika viny (na russkom jazyke)	21. 6. 2000
Christine Engel, Innsbruck	Witze über die neuen Russen unter dem Aspekt der Ökonomie	14. 12. 2000
Elisabeth Cheauré, Freiburg	Anlässlich der Kreutzersonate ...	8. 1. 2001
T. Ito, Tokio	Begegnungen zweier nicht-westlicher Kulturen. Russland und Japan aus der Sicht eines japanischen Intellektuellen	7. 2. 2001
Igor Klech, Moskau	Genius Urbi	19. 4. 2001
Bogusław Linette, Poznań	Wladyslaw Reymont. Die Bauern als Spiegelbild	7. 5. 2001
B. Avarin	Peterburgskaja lirika 90-ch godov	8. 5. 2001
Aleksej D. Šmelev, Moskau	K postroeniju ›Enciklopedii russkoj duši‹ (lingvističeskij analiz izbrannych ključevych ponjatij vrode lad', mir i dr.)	31. 5. 2001
Steffi Widera, Bamberg	Richard Weiner	19. 6. 2001
Ewa Walusiak, Toruń	Polskie zaimki przysłówkowe implikujące negację	7. 6. 2001
Juliana Kaminskaja, Sankt Petersburg	Sprachreflexion in der zeitgenössischen russischen Lyrik	26. 6. 2001
Maciej Grochowski, Toruń	Kolejność a następstwo. Relacje semantyczne	28. 6. 2001
Vladimir Sorokin, Moskau	Lesung	4. 10. 2001
Schamma Schahadat, Salzburg	Das Leben ordnen	12. 11. 2001
Ulrich Schmid, Basel	Der Schriftsteller als Zensor. ›A. I. Gončarov‹	28. 11. 2001
Dirk Kretzschmar, Bochum	Literatur und Politik. Ein systematischer Problemaufriss am Beispiel Russlands	17. 1. 2002
Wolfgang Beilenhoff, Bochum	Masse und Massenmedien	5. 2. 2002
Jurij Murašov, Konstanz	Der Begriff des Gesamtkunstwerks bei Richard Wagner und Boris Groys	23. 4. 2002
Juliana Kaminskaja, Sankt Petersburg	Literatur nach Sozrealismus und Untergrund. Schwimmende Grenzen in der heutigen russischen Prosa	3. 7. 2002
Leonid L. Iomdin, Moskau	Eine Lektion in automatischer Übersetzung	22. 1. 2003
Reinhard Ibler, Giessen	M. Ju. Lermontovs »Maskerade« als romantisches Drama	14. 5. 2003
Ralph Dutli, Heidelberg	Ich mach ein Lied aus blossem Nichts	21. 5. 2003
N. Rosanova, A. Zanadvorova, Moskau	Die sprachliche Welt des heutigen Städters. Spontane Gespräche aus Moskau	2. 6. 2003
Alexander Wöll, Regensburg	Zauber der Analogie. Ekstase und Traum bei Jakub Deml in der tschechischen Moderne	16. 6. 2003
Michail L. Gasparov, Moskau	O. Mandel'štam. »Notre Dame« i »Reims Laon«	30. 10. 2003

Jens Herlth, Köln	›Und die übrigen Generäle der Klassik‹: Selbstmonumentalisierung bei Majakovskij und Brodskij	20. 1. 2004
Juliana Kaminskaja, Sankt Petersburg	Poetische russische Prosa der Gegenwart. Marina Palej	22. 6. 2004
Dorothee Gelhard, Regensburg	Wie lesen? Interferenzen der modernen Literaturtheorie und rabbinischem Midrasch	4. 11. 2004
Ralph Dutli, Heidelberg	Die Seligkeit der Wörter: Schlaflosigkeit, Tod und die Magie des Namens. Ossip Mandel'štams »Solominka«. Gedicht (1916) als Gedächtnis der russischen Dichtung	23. 11. 2004
Konstantin Azadovskij, Sankt Petersburg	Nikolaj Kljuev i problema narodnosti v literature serebrjanogo veka	30. 11. 2004
Ewa Walusiak, Toruń	Probleme der semantischen Beschreibung von Pronomina	8. 12. 2004
Karla Hielscher, Bochum	Die absolute Freiheit von Vorurteilen. Thematisierung und Dekonstruktion der nationalen Stereotypen bei Anton P. Čechov	8. 12. 2004
Gabrielle Hogan-Brun, Bristol	Sprachpolitik und Minderheitenfragen in den heutigen baltischen Staaten	31. 1. 2005
Karlheinz Kasper, Leipzig	Postmoderne oder neuer Realismus? Viktor Pelevins Roman »Svjaščennaja kniga oborotnja«	27. 4. 2005
Predrag Finci, London	The Arts, the War and the Holocaust	1. 12. 2005
Meilute Ramoniene, Gabrielle Hogan-Brun, Vilnius, Bristol	Multilingualism in the Baltic States	8. 2. 2006
Alexander Wöll, Regensburg	Zwischen Moderne und Postmoderne. Über Brodskijs Gedicht »Statt des wilden Tigers ging ich rein in den Käfig«	31. 5. 2006
Olga Tokarczuk, Wrocław	Autorenabend	11. 12. 2006
Juliana Kaminskaja, Sankt Petersburg	Experimentelle Lyrik in der russischen Gegenwartsliteratur	28. 6. 2006
Irina Kor Chahine, Clermont-Ferrand	Glagol' chvatat' i posessivnye konteksty	1. 2. 2007
Andrea Zink, Basel	Wider die Norm. Nikolaj V. Gogol's Frauenbilder	6. 2. 2007
Wolfgang S. Kissel, Bremen	Die Rolle des Samizdat bei der Auflösung des sowjetischen Kanons	23. 5. 2007
Irina B. Levontina, Moskau	Zur Bedeutung linguistischer Fachgutachten in Zivil- und Strafprozessen (in russischer Sprache)	15. 11. 2007
David Nauer, Moskau	Putins Russland	19. 12. 2007
A. Karpov, Sankt Petersburg	Mednyj vsadnik	2. 4. 2008
Ralph Dutli, Heidelberg	Russische Lyrik des 20. Jahrhunderts	30. 5. 2008

Grigorij E. Krejdlin, Moskau	»Berühre mich nicht!«, »Fass mich bitte hier an!« Haptik als Wissenschaft von der taktilen Kommunikation. Gesten, nonverbale Akte und die Verben des Berührens im Russischen	16. 10. 2008
Grigorij E. Krejdlin, Moskau	Körperteile in Sprache und Kultur. Semantik, Syntax, Pragmatik, Lexikographie	16. 10. 2008
Ekaterina Vel'mezova, Lausanne	Der Körperkode in russischen und tschechischen Zaubersprüchen und volkstümlichen Gebeten	4. 12. 2008
Boris Norman, Minsk	Das Verhältnis von wissenschaftlichem, naivem und sprachlichem Wissen als Problem der Linguistik	7. 5. 2009
Julia Kissina, Karlsruhe	Videopräsentation und Lesung. Aktionsprojekt »Dead Artists Society«	1. 12. 2009
Anna Bolecka, Warschau	Lesung »Uwiedzeni«	14. 12. 2009
Nadine Thielemann, Potsdam	»Gibt es einen weiblichen Höflichkeitsstil?« Am Beispiel des modernen Russischen	11. 3. 2010
Michail Ryklin, Berlin, Moskau	Lager und Krieg. Die Geschichte der Besiegten nach Varlam Šalamov	30. 3. 2010
Zoran Pantelić, Novi Sad	Mapping of Art and Social History in Novi Sad	18. 5. 2010
Susi K. Frank, Berlin	(Un)sichtbarkeit und Erzählbarkeit des Krieges. Tolstojs Sevastopoler Erzählungen als Polemik mit Photographie und Bildkunst	5. 10. 2010
Renate Lachmann, Konstanz	Zwischen Fakt und Artefakt. Zu Texten von Babel', Kiš und Sorokin	30. 11. 2010
Peter Studer, Luzern	Prozesse rund um die Kunstfreiheit in der Schweiz	7. 12. 2010
Egbert Fortuin, Leiden	Russian Conditional Clauses without Conditional Conjunction	16. 12. 2010

Forschungsprojekte am Slavischen Seminar

1973–1980: Peter Brang und Monika Bankowski-Züllig: *Kommentierte Bibliographie zur slavischen Soziolinguistik*, gefördert durch den Schweizerischen Nationalfonds.

1988–1994: Peter Brang, Carsten Goehrke, Robin Kemball: *Schwerpunkte der schweizerisch-slavischen und schweizerisch-osteuropäischen Wechselbeziehungen. Dokumentation und Forschung*, gefördert durch den Schweizerischen Nationalfonds. Wissenschaftliche MitarbeiterInnen: lic. phil. Monika Bankowski-Züllig (Projekt-Koordination), lic. phil. Barbara Balmer, lic. phil. Erich Bertschi, lic. phil. Roman Bühler (EDV-Koordination), lic. phil. Stefan Busz, Dr. Christoph Ferber, lic. phil. Christine Gehrig, lic. ès lettres Irène Hermann, lic. phil. Svetlana Leveillé-Gellermann, lic. phil. Rudolf Mumenthaler, Dr. Heinrich Riggenbach, lic. phil. Adrian Schnetzer, lic. phil. Zvetelina Staikov, lic. phil. Hans Urech (EDV-Koordination), lic. phil. Bernhard Weisshaupt.

1996–2001: Daniel Weiss: *Geschichte der verbalen Propaganda im Realen Sozialismus*, gefördert durch den Schweizerischen Nationalfonds. Wissenschaftliche MitarbeiterInnen: Dr. Viktor Yurovsky, Dr. Renate Kummer, lic. phil. Ueli Schwendimann, lic. phil. Eva Maeder, lic. phil. Lisa Stutz, lic. phil. Tamás Kanyo.

2001–2004: Daniel Weiss: *Foodstuff Information – Reality and Illusions in the Soviet Union*. In Zusammenarbeit mit ForscherInnen aus Omsk, Moskau und Wien, gefördert durch die EU (INTAS). Wissenschaftliche MitarbeiterInnen: Dr. Renate Kummer, lic. phil. Petr Jankovsky

2002–2004: Jochen Ulrich Peters, Ulrich Schmid: *Das Ende der »Kunstperiode«. Kulturelle Veränderungen des literarischen Feldes in Russland zwischen 1825 und 1842*, gefördert durch den Schweizerischen Nationalfonds. Wissenschaftliche MitarbeiterInnen: lic. phil. Iris Hutter, lic. phil. Joseph Steinfeld, lic. phil. Ilja Karenovics.

2003–2008: German Ritz: *Eine neue deutsche Geschichte der Literatur Polens. Externe Perspektiven und Nationalliteratur*, gefördert durch den Schweizerischen Nationalfonds. Das in seiner Anlage international und interdisziplinär angelegte Forschungsprojekt zur Neuschreibung der polnischen Literaturgeschichte musste von der Zürcher Forschungsgruppe auf ein Pilotprojekt zur Romantik eingeschränkt werden. Wissenschaftliche Mitarbeiter: PD Dr. Thomas Grob, PD Dr. Alfred Gall, Dr. Jan Zieliński, lic. phil. Gregor Bühlmann.

2009–2011: Sylvia Sasse: *Sprachkraft und Gedankenmacht. Rezeptionstheorien und -experimente in der russischen und sowjetischen Moderne*, gefördert durch die Deutsche Forschungsgemeinschaft seit 1. 8. 2007, transferiert an die Universität Zürich auf den 1. 8. 2009. Wissenschaftlicher Mitarbeiter: Dr. Wladimir Velminski, Studentische Hilfskraft: Oliver Meckler BA.

2011–2014: Sylvia Sasse: *Literatur und Kunst vor Gericht*, gefördert durch den Schweizerischen Nationalfonds. Wissenschaftliche MitarbeiterInnen: Sandra Frimmel M. A. und Matthias Meindl M. A.

Tagungen und Konferenzen

13.–14. 6. 1987: Peter Brang, Carsten Goehrke, Robin Kemball: Vorbereitungstagung zum Projekt *Schwerpunkte der schweizerisch-slavischen und schweizerisch-osteuropäischen Wechselbeziehungen. Dokumentation und Forschung.*

7.–9. 9. 1989: Peter Brang, Carsten Goehrke: *Schweizerisch-slavische Reisebegegnung vom 18. bis zum 20. Jahrhundert.*

19.–21. 9. 1991: Peter Brang, Carsten Goehrke: *Die Schweiz als Zuflucht und Wirkungsstätte von Slaven im 19. und 20. Jahrhundert.*

8.–10. Oktober 1992: Peter Brang, Carsten Goehrke: *Kulturelle Wechselseitigkeit zwischen der Schweiz und Osteuropa im Wandel der Zeit.*

2.–5. 6. 1994: Jochen Ulrich Peters, German Ritz: *Der Prozess der Enttabuisierung in der russischen und polnischen Gegenwartsliteratur.*

20.–22. 9. 1994: Daniel Weiss: XX. Konstanzer Slavistisches Arbeitstreffen.

13.–14. 5. 1996: Daniel Weiss: *Linguistic Universals and Slavic Languages.*

11.–13. 9. 1997: German Ritz: *Literarische Rezeption und literarischer Prozess. Zu den polnisch-deutschen literarischen Wechselbeziehungen vom Modernismus bis in die Zwischenkriegszeit.*

9.–11. 10. 1997: Markus Giger, Björn Wiemer (Konstanz): *Slavistische Linguistik am Bodensee – POLYSLAV 1* (Universität Konstanz).

27.–29. 8. 1998: German Ritz, Christa Binswanger (Assistentin in Zürich), Carmen Scheide, Nataša Mišković (Assistentinnen in Basel): *Neues Geschlechterbewusstein in Sprache und Geschichte der Moderne. Gender in der polnischen und russischen Jahrhundertwende.*

30.–31. 10. 1998: German Ritz, Janusz Morkowski (Direktor des Polenmuseums, Rapperswil): *Adam Mickiewicz. Von Weimar zu den Alpen in Splügen (200 Jahre Mickiewicz).*

4. 6.–6. 6. 1999: Jochen-Ulrich Peters: *Puškin und die russische Romantik.*

27. 9.–1. 10. 1999: Jochen-Ulrich Peters, Alfred Gall: Graduiertenkurs *Chancen und Perspektiven der Kulturwissenschaften für die Osteuropawissenschaften.*

Oktober 2000: Daniel Weiss: Jahrestagung der Grammatikkommission des Internationalen Slavistenkomitees Slavische Sprachen aus typologischer Sicht.

2.–4. 3. 2001: Alfred Gall: Organisatorische Vorbereitung der 4. Tagung des Jungen Forums Slavische Literaturwissenschaft (JFSL) in Freiburg i. Br.

3.–6. 10. 2001: Olga Burenina: *Konzepte des Absurden in den Slavischen Kulturen des 20. Jahrhunderts.*

13.–15. 6. 2003: Jochen-Ulrich Peters, Ulrich Schmid: *Die russische Intelligencija und der autokratische Staat. Historische und literaturwissenschaftliche Fallstudien.*

29. 5.–2. 6. 2003: Daniel Weiss: Jahrestreffen der INTAS – Arbeitsgruppe im Rahmen des Projekts *Foodstuff Information – Reality and Illusions.*

25.–28. 9. 2005: German Ritz, Alfred Gall, Thomas Grob: *Differenzen im Kanon. Die polnische Romantik im Gegen- und Wechselblick von Geschichte und europäischer Romantik.*

18.–20. 9. 2006: Daniel Weiss: XXXII. Konstanzer Slavistisches Arbeitstreffen.

14. 6. 2008: Nada Boškovska zusammen mit dem Slavischen Seminar: Interdisziplinärer Graduiertenkurs Sprachkulturen und Sprachpolitik.

21.–23. 10. 2010: German Ritz, Anna Buchmann (Direktorin des Polenmuseums, Rapperswil): *Von der Schweiz nach Polen. 140 Jahre Polenmuseum Rapperswil* – Jubiläumskonferenz.

21. 1.–22. 1. 2011: Sylvia Sasse, Wladimir Velminski: *Gedankenübertragung. Immaterielle Kommunikation in Kunst, Wissenschaft und Politik* (gefördert durch die Deutsche Forschungsgemeinschaft und die Universität Zürich).

29. 9. 2011–2. 10. 2011: German Ritz, Sylvia Sasse, Daniel Weiss: *Kommunismus autobiographisch. Privatheit und Ideologie aus retrospektiver Perspektive*. Jubiläumskonferenz des Slavischen Seminars der Universität Zürich.